Bernie Rieder
Oma.Koch.Buch

Kurt-Michael Westermann
Fotograf. Veröffentlichungen in den Magazinen Art, Die Zeit, Geo, Merian, Newsweek, Los Angeles Times, Le Figaro, Paris Match, National Geographic Society und Der Stern. Er hat viel beachtete und prämierte Bildbände fotografiert: „Der Basar – Bibliothek des Orients", „Ingeborg Bachmann in Ägypten", „Attersee – Malen und Leben", „Fingerfood & Co" sowie „Feuer und Flamme", ist Mitglied der Agenturen Corbis und Imagno und stellt international aus und lebt seit 2005 vor allem in Wien. www.km-westermann.com

Claus Schönhofer
Initiator und Textkonzeption. Geboren 1958 in Wien. Journalist, Werbetexter und Autor von Büchern (als Co-Autor mit Armin Assinger, Rainer Pariasek, Peter Elstner und Peter Rapp), TV-Shows (u.a. Life Ball, Domino Day, Das Match, Das Rennen) und Kabarettprogrammen von Peter & Tekal-Teutscher. www.schoenhofer.cc

Bibliografische Information der Deutschen Nationalbibliothek
Die Deutsche Nationalbibliothek verzeichnet diese Publikation in der
Deutschen Nationalbibliografie; detaillierte bibliografische Daten
sind im Internet über http://dnb.d-nb.de abrufbar.

Printed in Austria

Alle Rechte, insbesondere das Recht der Vervielfältigung und Verbreitung sowie der Übersetzung, vorbehalten. Kein Teil des Werkes darf in irgendeiner Form (durch Fotokopie, Mikrofilm oder ein anderes Verfahren) ohne schriftliche Genehmigung des Verlages reproduziert oder unter Verwendung elektronischer Systeme gespeichert, verarbeitet, vervielfältigt oder verbreitet werden.

1. Auflage 2011
© 2011 by Braumüller GmbH
Servitengasse 5, A-1090 Wien

www.braumueller.at

Fotos: Kurt-Michael Westermann
Andere Bezugsquellen: Franz Helmreich Fotografie Wien: S. 179 (rechts unten);
Karin Wasner: S. 114–117, 126 (oben) und 127; Manfred Klimek: S. 136 (links oben, rechts unten) und 245;
Andrea Kühbacher: S. 163; Privatarchiv Stefan Marquard: S. 2
Privat- und Familienfotos Bernie Rieder: Archiv des Autors

Layout: reiter ad-work, Graz
Druck: Ferdinand Berger & Söhne Gesellschaft m.b.H., A-3580 Horn
ISBN 978-3-99100-048-8

Bernie Rieder
Oma.Koch.Buch

Fotograf: Kurt-Michael Westermann
Initiator und Textkonzeption: Claus Schönhofer

braumüller

Vorwort

Ich habe Bernie Rieder bei der einen oder anderen Veranstaltung kennengelernt und sofort geschnallt, dass er anders ist als andere. Dieser leichte Hang zum Wahnsinn, gepaart mit Perfektion und Lässigkeit.
Die Köche-Welt ist eigentlich sehr eng und klein, trotzdem ist immer eine Ecke übrig für „Freigeister" - wie Bernie.
Jedes Mal, wenn wir uns treffen, entstehen ganz spontan Ideen, für die die Zeit eigentlich noch nicht reif ist.
Für mich ist es eine Riesengaudi, ab und an mit Bernie zu arbeiten und zu feiern.
Ich freue mich, dass du mit deiner Provokation erfolgreich bist.

Rock'n'Roll!

Stefan Marquard

Inhalt

Die Oma.	6
Der Koch.	8
Das Buch.	10
Kochtipps und Begriffe	12

Salate — 14

Omas und Bernies Krautsalat	15
Omas Tomatensalat	18
Omas Gurkensalat	18
Omas Rote-Rüben-Salat	18
Bernies Salatdressings	20
Omas und Bernies Kartoffelsalat	22
Omas und Bernies Kartoffel-Mayonnaisesalat	22
3 Ampelsalate	24
Salatklassiker Waldorfsalat nach Bernie mit Sellerie, Stangensellerie, grünem Apfel, Nüssen und Sellerieblättern	30
Gebratener Zucchinisalat mit Ingwer-Senfsauce, gesalzenem Kohlrabi und gehobelten Champignons	31

Vorspeisen — 32

Eingelegtes fürs ganze Jahr	33
3 Vorspeisen mit gebeizter Lachsforelle	36
Gazpachos – grün, rot und gelb	43
Blunzen-Apfel-Krauttürmchen mit knusprigem Speck	46
Kartoffelpuffer mit mariniertem Spargel, einer Honig-Limettencrème, Ei und Oregano	47
Kürbis-Chilibrot mit Orangen	48
Maisbrot mit Curry	51
Flusskrebsbuchteln mit Basilikum und Proseccosauce	52
Asiatisches Nussbrot in der Nussdose gebacken	53
Meine Purbach-Pizza mit Eierschwammerl, Speck und Kürbis	54
Lángos mit Knoblauchöl	55
Flower-Power-Pizza	56

Suppen — 58

Omas Rindsuppe mit Suppeneinlagen	59
Bernies Bouillon mit Ei und Kartoffelschaum	60
Gebratene Schweinsbratensuppe mit Kümmelbratenhascheeknödel und Kartoffel-Speckschaum	63
Klare Entensuppe mit Maisschaum, Kakao und Enten-Ingwerknödel	65
Omas Erbsen-Mehlnockerlsuppe mit Petersilie	66
Bernies Erbsen-Butternockerlsuppe mit Petersilie	67
Kartoffel-Lauchcremesuppe mit Zitronengras und Kokos	69

Dunkle Einbrennsuppe mit Zupfnockerln	71
Zwiebelsuppen	72
Paprizierte Fischsuppen	74

Klassiker der österreichischen Küche — 76

Bernies gebackene, flüssige Beuschelkrokette	80
Zweierlei Karfiol mit Butterbröseln	83
Dreierlei Reisfleisch	86
Omas und Bernies Schinkenfleckerlideen	89
Zweierlei karamellisierte Krautfleckerl	92
Zweierlei Kalbsrahmgulasch	97
Zweierlei Kartoffelgulasch	98
Zweierlei Szegediner Krautfleisch	103
Zweierlei Eiernockerln	104
Zweierlei Grenadiermarsch	107
Zweierlei Risi-Pisi	108
Grünes Risotto mit Erbsen, Kohlrabi, Serranoschinken und Minzöl	112
Rotes Risotto mit grünen Äpfeln, Kren, Pinienkernen und frischem Basilikum	113

Frische Fische — 114

Zander im Lorbeer-Speckmantel mit Thymian	119
Forelle im Zucchinimantel mit Limetten, Zitronen und Zitronengras parfümiert	120
Lachsforellenfilet mit Wasabikruste	121
Saiblingsfilet mit Limettencrème gefüllt im Knusperteig	122
Forelle mit Petersilie gebacken	123
Gedämpfte Bachforelle im Einmachglas mit Kräutern und Gemüse	125

Hendl — 126

Omas Brathendl und Bernies 4-Jahreszeitenhendl	127
Mariniertes Buttermilchhendl mit Lauch-Petersilienpesto	132
3 Varianten Paprikahendl	133
Grünes Curry mit Hendlfleisch, Erbsen, Erbsenschoten, gebratener Banane und Koriander	138

Gemüse — 140

8 Gemüsepürees	141
Rote Paprika mit Sardellen, Oliven und Ziegenkäse in Asche	148
Geschmorter Kürbis mit Zimt, Salbei und Pinienkernen	149
Geschmorter Chicorée mit Birnen, Rosinen und Mandeln	151
Fenchel-Feigeneintopf mit Lorbeer und Zimt	152
Rote Rüben im Salzteig mit Minzsauce	153

Sautanz — 154

Omas Schweinsbraten und Bernies Idee zum Schweinsbraten	158

Schweinefleisch — 166

Omas Stefaniebraten und Bernies orientalische Variation	168
Spareribs mit Johannisbeer-Chilimarinade	175

Schweinsfilet im Brot 176
Schweinsfiletspitzen in Rotweinzwetschken mit gebratenen Serviettenknödelwürfeln und Zwiebeln 178

Kalb und Rind 182
Beiried mit Kräuterbutter gratiniert und zweierlei gebackenen Zwiebeln 183
2 gefüllte Kalbsbrüste 184
Rindsschulterscherzl gekocht oder geschmort 186
Rinderfilet im Ganzen „rosa" im Rotwein gegart 190
Roastbeef in einer Wacholder-Salzkruste 191

Lamm 192
Lammkarree mit Blattspinat, grünen Bohnen, gebackenem Bohnenstrudel und Minzbutter 194

Kartoffeln 196
Gebackene Kartoffeln gefüllt 197
Gebratene Kartoffeln mit Lorbeer gefüllt 200
Rosinen-Kreuzkümmelkartoffeln mit Koriander 201
3 Kartoffelgratins 202
Kartoffel-Ricottanockerl (Gnocchi) 205
Unsere Kartoffelpürees 208

Knödel 212
Papas Semmelknödel 213
Bernies Serviettenknödel 214
Kakao-Briocheknödel 214
Sauerrahmknödel 215
Gebackene Grießknödel 215
Knödel auf Kartoffelteig-Basis gefüllt 216

Desserts 220
Sirups und Limonaden 222
Desserts mit Kirschen 225
Mohn-Wuzzinudeln und Mohn-Birnen-Flammkuchen 226
Unsere Kuchen 228
Der Marmorgugelhupf 231
Schmarren 232
Zwetschkenröster 232
Äpfel im Schlafrock mit Honig und Marzipan 234
Buchteln mit Powidl gefüllt 235
Zitronen-/Schokoladentarte 236
Gratinierte Topfenpalatschinken mit Ingwer-Topfenfülle 239
Dessert-Idee Bernies „Eiskaffee" 241
Dessert „Heiße Liebe flambiert" mit Mascarpone-Crème brulée 242
Bananensplit 2011 244

Danksagung 246

Die Oma.

Was wäre wohl aus mir geworden, wenn ich meine beiden Omas nicht hätte? Bei der Juzzi Oma (Judith Schüller, geboren am 25.1.1927) in Purbach im wunderschönen Burgenland bin ich aufgewachsen. Ihr Grenadiermarsch hat mich groß und stark werden lassen und von ihr habe ich viel übers Kochen gelernt. Kein Wunder, da sie auf über 70 Jahre Kocherfahrung zurückgreifen kann und sich dank eines eigenen Weinbaubetriebs, eines eigenen Heurigen und Kartoffelanbaus viel Wissen angeeignet hat. Auch wenn meine Juzzi Oma nur die Gerichte kochen kann, die sie von ihrer eigenen Mutter gelernt hat, brachte sie mir viele grundlegende Dinge bei. Trotzdem hat sie noch nie etwas von mir gegessen. Oma, ich glaube, es wird Zeit!

Sobald die Ferien begonnen hatten, packte ich meine sieben Zwetschken zusammen und fuhr zur Steffi Oma (Stefanie Rieder, geboren am 8.12.1932 in Oberösterreich, Waizenkirchen) nach Niederösterreich. Genau rechtzeitig zur Jagdsaison für Bachforellen, zum Schwammerlsuchen und zum Naschen von Omas herrlichen Ribisel- und Jostabeerensträuchern. Und wenn die Schule wieder begonnen hatte, war ich pünktlich zur Weinlese wieder in Purbach.

Der Steffi Oma verdanke ich mein Sorgfaltsdenken in Bezug auf Lebensmittel. Sie hat mir beigebracht, wie wichtig der sorgfältige Umgang mit Zutaten ist und dass man nichts verschwenden soll. Da es nach dem Zweiten Weltkrieg kaum etwas zu essen gab, waren meine Großeltern zeit ihres Lebens Selbstversorger und Verschwendung ein Fremdwort. Eigene Hendln, Enten, Ziegen, frisches Gemüse und Himbeeren aus dem Garten und sogar ein eigener Bienenstock sorgten für ihr Überleben. Meine Oma hat sich damals sogar das Kochen selbst beigebracht und zwar richtig gut, wie ich finde. Ohne ihre Mohn-Wuzzinudeln könnte ich nicht mehr leben. Umso mehr freut es mich, dass sie es schon ein paar Mal in mein Restaurant geschafft hat.

Danke Omas, dass es euch gibt!

Der Koch.

Eigentlich wollte ich Astronaut oder Rockstar werden. Ich merkte aber im Laufe der Zeit schnell, dass man in Österreich nicht auf den Mars fliegen kann, sondern höchstens auf die Nase, und meine Gesangskünste niemand hören wollte. Bei meiner Jobauswahl war mir besonders wichtig, dass es ein Handwerksberuf ist, bei dem ich täglich kreativ sein kann. Zugegeben, meine Familie war an dieser Entscheidung nicht ganz unschuldig. Denn mein ganzes Leben drehte sich ums Essen, waren doch neben meinen Omas auch meine Eltern großartige Köche. Zudem spielte sich das Familienleben bei meiner Juzzi Oma immer rund um den Küchentisch ab. Die Küche war unser Kommunikationsort. Der Ort, an dem alle zusammenkamen. Der Ort, an dem meine Oma die meiste Zeit des Tages verbrachte, um die Männer ausreichend zu verköstigen. Nur mit vier Mahlzeiten am Tag konnten sie die schwere, anstrengende Arbeit im Weingarten verrichten. Da meine Oma fast den ganzen Tag kochte, stand ich stets unter dem Einfluss vieler Gerüche. Das brannte sich in mein Gedächtnis ein und die unterschiedlichen Duftnoten ließen mich nicht mehr los. Und genau diese verschiedenen Gerüche sowie die saisonabhängigen Lebensmittel lassen den Beruf des Kochs nie eintönig oder langweilig werden. Als unruhiger Geist, der nie still sitzen kann, brauche ich diese Abwechslung in meinem Leben. Es gäbe für mich nichts Schlimmeres, als tagaus, tagein haargenau das Gleiche zu machen. Ich würde durchdrehen. Auch wenn der Job als Koch beinhart ist und sehr stressig sein kann, so ist er in gleichem Maße auch beruhigend und sinnlich. Aber das Schönste an diesem Beruf ist, dass man Menschen für einen Moment glücklich machen kann. Ich bin nämlich felsenfest davon überzeugt, dass man wirklich glücklich ist, wenn man gut gegessen hat. Außerdem bekommt man in keinem anderen Job so schnell ein Feedback für seine Leistung – ob es nun gut oder schlecht ausfällt.
Welche Stationen mich in meinem Leben geprägt haben ...
Im Laufe der Jahre habe ich unter anderem im Korso, im Ikarus (Hangar-7), im Das Turm und in der Eselmühl gekocht und bei den ORF-Sendungen Das Match, Das Rennen und Wild Cooking mitgemacht. Stationen, die mich weitergebracht und zu dem gemacht haben, der ich heute bin.
www.bernierieder.com

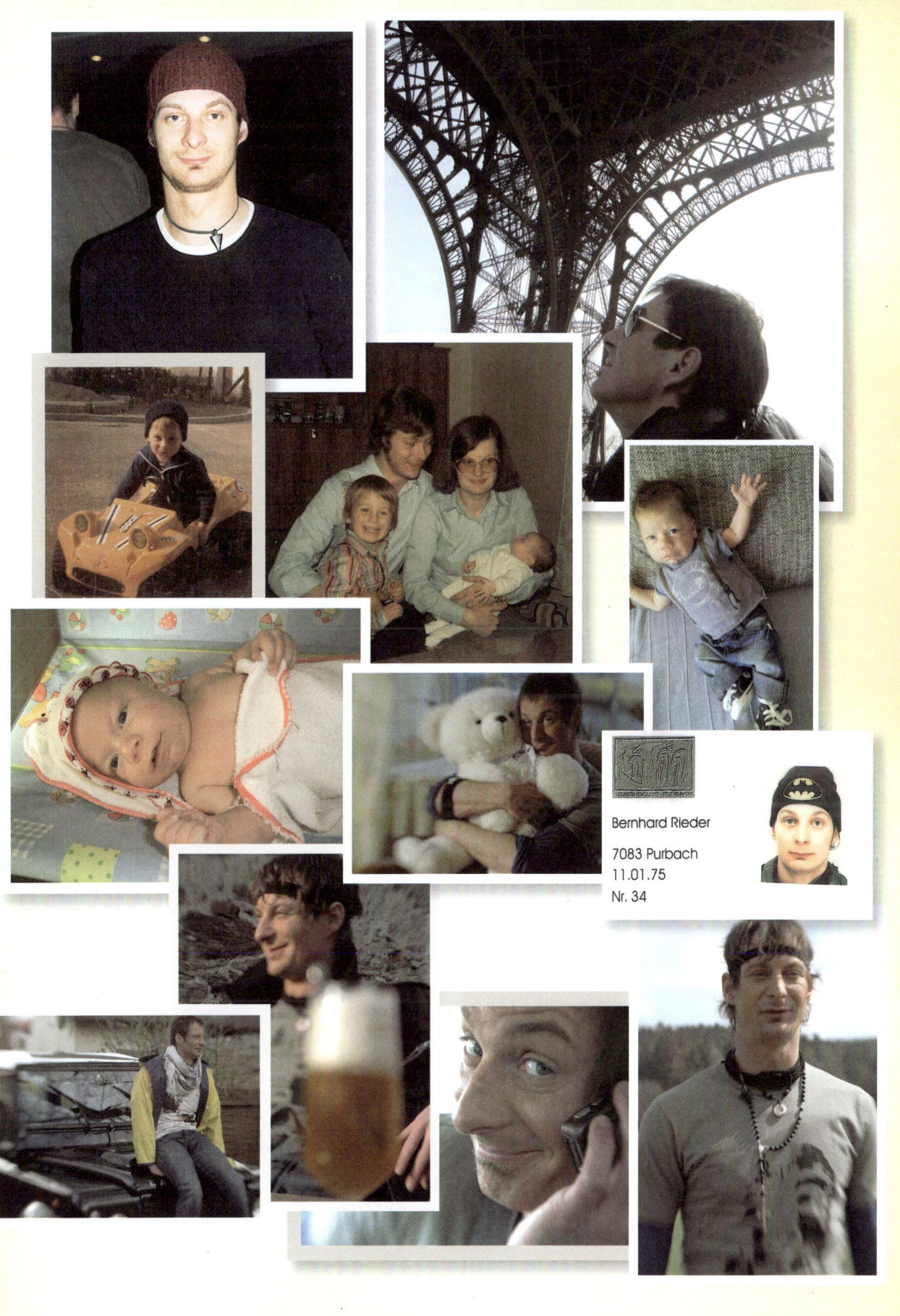

Bernhard Rieder

7083 Purbach
11.01.75
Nr. 34

Das Buch.

Warum Sie in diesem Buch viele klassische und nur wenige Rezepte mit jeder Menge Schnickschnack finden werden? Weil das kein Schwein nachkochen kann! Der Großteil meiner verehrten Kollegen bringt solche überkandidelten Rezepte nur deshalb in Buchform heraus, weil sie sich die Rezepte damit patentieren lassen wollen.
Außerdem ist so ein Buch für sie so etwas wie eine Visitenkarte. Damit die Gerichte auf dem Teller aber auch so aussehen wie auf den Fotos, braucht man Wochen oder eine Profiküche inklusive einer 14-köpfigen Küchenmannschaft. Und wer hat die schon? Deshalb gibt es in meinem Oma.Koch.Buch nur Rezepte, die wirklich jeder nachkochen kann – die meisten davon sind auch ganz schnell und einfach zubereitet. Neben den traditionellen Rezepten meiner Omas finden sich meine kulinarischen und zeitgemäßen Neu-Interpretationen. Aber immer unter der Prämisse, dass der ursprüngliche Geschmack erhalten bleibt.

Aber reden wir nicht lange herum, fangen wir an.

Viel Spaß beim Lesen und Kochen
Bernie Rieder

Kochtipps und Begriffe

Abschrecken
Version 1: Wer kennt das Gefühl nicht, wenn er aus der Sauna direkt in den Schnee hüpft.
Version 2: Gegarte Lebensmittel mit kaltem Wasser abkühlen.

Ananas
Ananas nennt man im Burgenland Erdbeeren, weil in früheren Zeiten die Hauptanbausorte Ananas hieß.

Blanchieren
Die gewünschte Zutat ins kochende Wasser geben, bis 4 zählen, wieder herausnehmen und, wenn es sich um Gemüse handelt, abschrecken.

Blindbacken
Eine Teighülle, die gefüllt werden soll, wird ohne Fülle vorgebacken, damit sie die richtige Form bekommt. Der Boden soll dabei flach bleiben und der Rand aufgebacken werden. Im Grunde ganz einfach: Zunächst den Teig ausrollen und mit einer Gabel kleine Löcher in den Boden stechen, damit sich keine Luftblasen bilden können. Anschließend den Boden mit Backpapier auslegen – so bleibt der Reis nicht picken. Mit Reis oder Hülsenfrüchten beschweren und den Teig mit dieser Blindfülle backen: Nach dem Backen den Reis herausnehmen und die eigentliche Fülle hineingeben.

Braune Butter
Butter in einen kleinen Topf oder eine Pfanne geben. Ich verwende immer eine Stielkasserolle, eine kleine, aber hohe Pfanne mit einem Stiel – meine Oma hat immer die Milch darin gewärmt. Bei der Mengenangabe der Butter unbedingt Folgendes beachten: Zum Klären immer 20% mehr Butter nehmen, als in der jeweiligen Zutatenliste angegeben ist. Die benötigte Buttermenge langsam erhitzen, bis sie zu schäumen beginnt. Bei mittlerer Hitze vorsichtig weiterköcheln lassen, bis sie klar und durchsichtig wird und sich das Milcheiweiß am Boden anlegt – aber aufpassen, dass sie nicht anbrennt. Die Butter vom Herd nehmen und 3 Minuten abkühlen lassen. Ein Sieb mit Küchenrollenpapier auslegen und die Butter vorsichtig abseihen. Man kann auch einen Kaffeefilter aus Papier verwenden. Nun noch einmal auf den Herd stellen, erhitzen und selbst bestimmen, wie braun die Butter werden soll. In der Küche muss sich ein nussiger Geruch entfalten. Die braune Butter passt perfekt zu Nudelgerichten und Gemüse. Außerdem eignet sie sich hervorragend zum Braten von Geflügel oder Fisch und zum Rösten von Nüssen und Pinienkernen.

Erdbeere
Die Erdbeere ist kein Obst, sondern eine Nuss. Die Botanik besagt, dass das Rote der Erdbeere die Schale ist und die kleinen Kerne die Frucht.

Glattes und griffiges Mehl
Glatt und griffig sind zwei österreichische Ausdrücke, um die Körnung des Mehls anzugeben. Das glatte Mehl entspricht Type 480 und das griffige Mehl Type 750.

Goldgelbes Schnitzel
Das Schnitzel soll immer goldgelb herausgebacken werden. Aber woher kommt der Ausdruck „goldgelb"? Wer in der Lombardei im 15. und 16. Jahrhundert genug Geld hatte, ließ seine Schnitzel in Blattgold herausbacken.

Heiße Pfanne oder Topf
Lassen Sie die Pfanne zuerst heiß werden und geben Sie erst dann Öl dazu. So legt sich das Gebratene nicht so leicht an.

Hendl oder Huhn
Hendl isst man in Österreich, Huhn oder Hühnchen in Deutschland.

Honig
Honig ist das einzige Lebensmittel, das nicht verderben kann, wenn es kristallisiert. Einfach unter oder in warmes Wasser halten, bis er wieder flüssig ist.

Karamellisieren
Zucker trocken erhitzen, bis er eine braune Farbe hat. Aber nicht zu lange, da der Zucker sonst verbrennt und bitter wird.

Kartoffeln kochen
Die Kartoffeln in einen Topf geben, reichlich mit Wasser bedecken und etwa 20–30 Minuten kochen lassen – am besten mit 1 TL ganzen Kümmelsamen; diese wirken desinfizierend, sollten die Kartoffeln nicht ordentlich gewaschen worden sein. Die Kochzeit hängt von der Sorte und der Größe der Kartoffeln ab. Um herauszufinden, ob die Kartoffeln gar sind, einfach mit einer Gabel hineinstechen. Wenn die Kartoffeln leicht herunterfallen, sind sie fertig.

Schnittlauch schneiden
Die meisten beginnen beim Schneiden von Schnittlauch am unteren, gerade abgeschnittenen Ende. Die Spitzen bleiben dann als Abfall übrig. Also machen Sie es umgekehrt und fangen Sie bei den Spitzen an.

Marinieren
Marinieren ist eine Konservierungsmethode, um Lebensmittel länger haltbar zu machen. Sie war besonders wichtig, als es noch keine Kühlschränke gab. So legte man Gemüse und Fleisch in Essig und Öl ein. Bei Fisch genügte Salz, um die Flüssigkeit zu entziehen und ihn so länger lagern zu können.

Mehlieren
Eine Form oder ein Blech mit Butter oder Öl ausstreichen, eine Handvoll Mehl hineingeben und die Form oder das Blech in alle Richtungen bewegen, bis überall etwas Mehl haftet. Den Rest des Mehls wieder zurück in die Verpackung schütten.

Mittlere Hitze
Die Herdplatte ist auf der mittleren Stufe eingestellt.

Paprizieren
Paprikapulver nur kurz mitrösten, da es sonst bitter wird, und gleich mit einer Flüssigkeit aufgießen.

Prise
So viel von einem Gewürz nehmen, wie zwischen Daumen und Zeigefinger Platz hat.

Reduzieren
Suppen oder Saucen so lange kochen, bis sich die Menge auf das angegebene Maß (z. B. die Hälfte) verringert, also reduziert hat. Verwenden Sie dafür eher einen höheren Topf mit geringerem Durchmesser, so können Sie den Rückgang der Flüssigkeitsmenge besser abschätzen.

Scharf anbraten
Eine Pfanne sehr heiß werden lassen, etwas Öl hineingeben und ebenfalls heiß werden lassen. Das Fleisch pro Seite für 2 Sekunden in die Pfanne geben, sodass es Farbe nimmt.

Schlagobers
Der österreichische Ausdruck für Sahne.

Siebschöpfer oder Schöpfer?
Siebschöpfer: Schaumlöffel; Schöpfer: Schöpfkelle

Speckig oder festkochend
Speckig und festkochend ist ein und derselbe Begriff.

Tomaten
Tomaten sind „Egoisten". Man sollte sie im Kühlschrank immer allein lagern, da andere Gemüsesorten neben ihnen verderben. Aber ein Tomatenstrauch neben der Balkontür ist besonders nützlich, er hilft gegen lästige Gelsen.

Topinambur
Wird in der Gastronomie heute sehr gerne als Spezialität angeboten. Bei meiner Oma wuchs diese Kartoffelart wild im Garten und sie fütterte damit nach dem Krieg die Schweine. Die Topinambur, auch bekannt als Erdbirne, Ross-Erdapfel oder Jerusalem-Artischocke, ist also nichts Besonderes, schmeckt aber vorzüglich.

Überkühlen
Der Ausdruck „überkühlen" bedeutet, dass die Speise noch lauwarm sein muss.

Wann ist das Rohr vorgeheizt?
Bei jedem Herd mit Elektrobackrohr, den ich kenne, gibt es ein Lamperl (Lämpchen) – meistens rot, aber manchmal auch blau oder grün. Das erlischt, sobald die gewünschte Temperatur erreicht ist.

Wann ist die Pfanne heiß?
Einen Finger kurz unter die Wasserleitung halten und ein paar Tropfen in die Pfanne rinnen lassen. Wenn es zischt, ist sie heiß.

Zitrone zum Schnitzel?
Die Zitrone zum Schnitzel ist eigentlich nicht für den Geschmack gedacht. Da die Brösel der Panier schwer verdaulich sind, soll der Zitronensaft die Verdauung anregen.

Omas Krautsalat

Das brauchen wir

Für 4 Personen

1 Kopf **Weißkraut**
4 EL **Salz**
150 ml **Apfelessig**
600 ml **Wasser**
5 EL **Kristallzucker**
1 TL **gemahlener Kümmel**
6 EL **Maiskeim-** oder **Sonnenblumenöl**
frisch gemahlener **Pfeffer**

So machen wir's

Das Kraut fein schneiden (am besten mit der Brotmaschine), mit 2 EL Salz in einer Schüssel gut vermischen und 20 Minuten ziehen lassen. In der Zwischenzeit die Marinade zubereiten. Hierfür den Essig mit dem Wasser, dem Kristallzucker und dem restlichen Salz gut verrühren, bis sich alles aufgelöst hat.
Das Kraut fest ausdrücken, bis es kein Wasser mehr enthält. In eine Schüssel geben und mit dem Kümmel und dem Öl gut vermengen. Die Marinade darüber gießen und eine halbe Stunde ziehen lassen. Unter Umständen nochmals mit Salz und Pfeffer abschmecken – fertig!

Bernies Krautsalat

Das brauchen wir

Für 4 Personen

300 ml **Maiskeim-** oder **Sonnenblumenöl**
300 g **Mayonnaise**
30 g **Estragon-Senf**
20 g **weißer Pfeffer**, gemahlen
1 Kopf **Weißkraut**
2 EL **Salz**
7 **Karotten**

Für die Essigreduktion:

1 **Zwiebel**
250 ml **Hesperiden-Essig**
250 g **Kristallzucker**
4 bunte **Pfefferkörner**
1 **Lorbeerblatt**

Für die Béchamelsauce:

50 ml **Maiskeim-** oder **Sonnenblumenöl**
50 g **Mehl**
275 ml **Milch**

So machen wir's

Zuerst die Essigreduktion zubereiten. Hierfür die Zwiebel schälen und in Streifen schneiden. Mit den anderen Zutaten in einen Topf geben und aufkochen lassen.
Für die Béchamelsauce das Öl in einem Topf erhitzen. Das Mehl einrühren und kurz mitrösten. Mit der Milch aufgießen und unter ständigem Rühren aufkochen lassen. Langsam abkühlen lassen.
Nun die Essigreduktion mit der Béchamelsauce, dem Öl, der Mayonnaise, dem Senf und dem weißen Pfeffer gut vermischen.
Den Krautkopf in feine Streifen schneiden, mit dem Salz vermengen und eine halbe Stunde ziehen lassen. Das Kraut so fest ausdrücken, bis es kein Wasser mehr enthält. Mit der Marinade verrühren. Zuletzt die Karotten schälen, in Streifen schneiden und dazugeben. Eine Viertelstunde marinieren lassen – fertig!

Sollte etwas von der Marinade übrig bleiben, weil keine große Party bevorsteht, ist das kein Problem – die Marinade ist in Einmachgläsern bei kühler Lagerung lange haltbar.

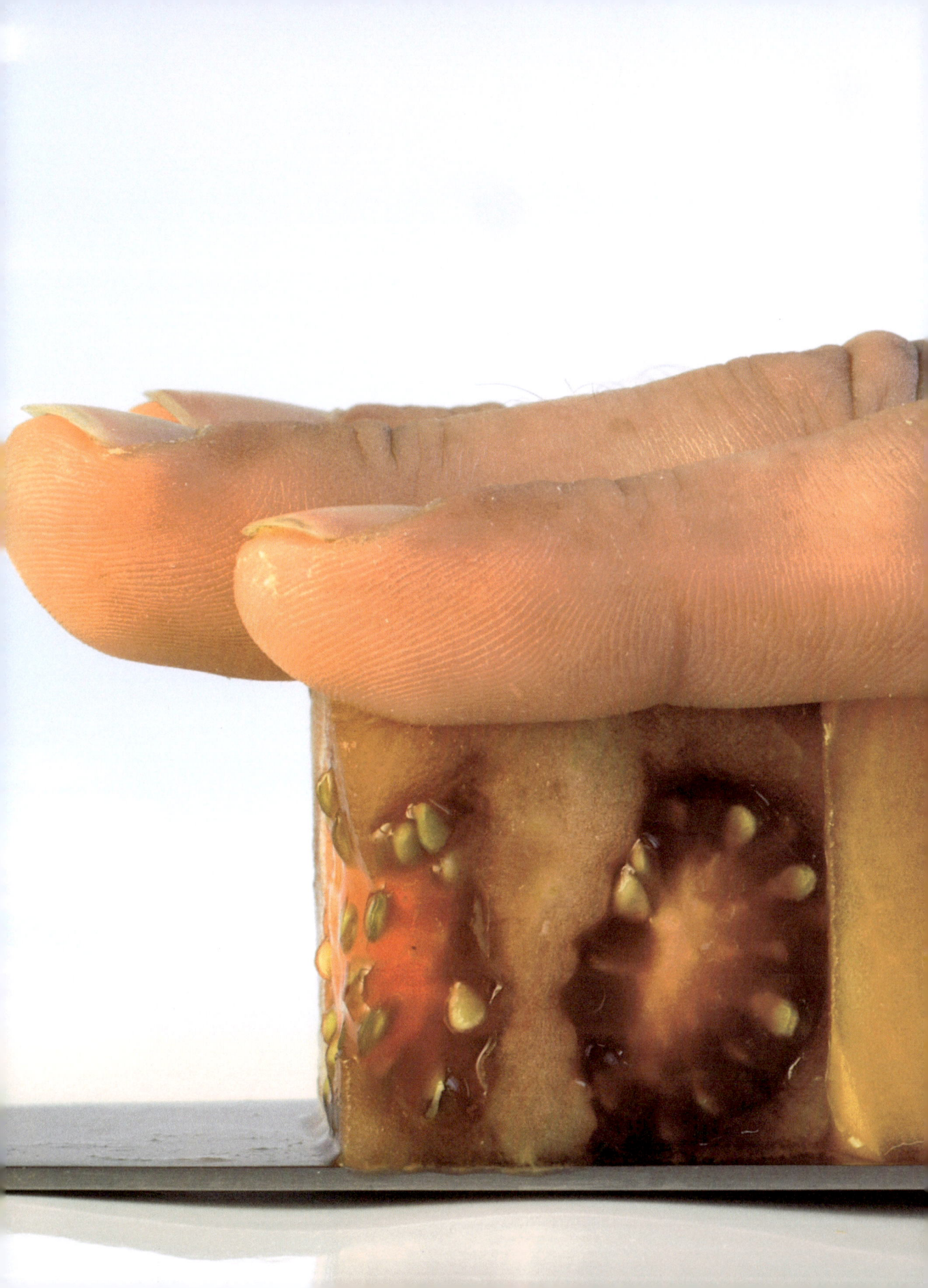

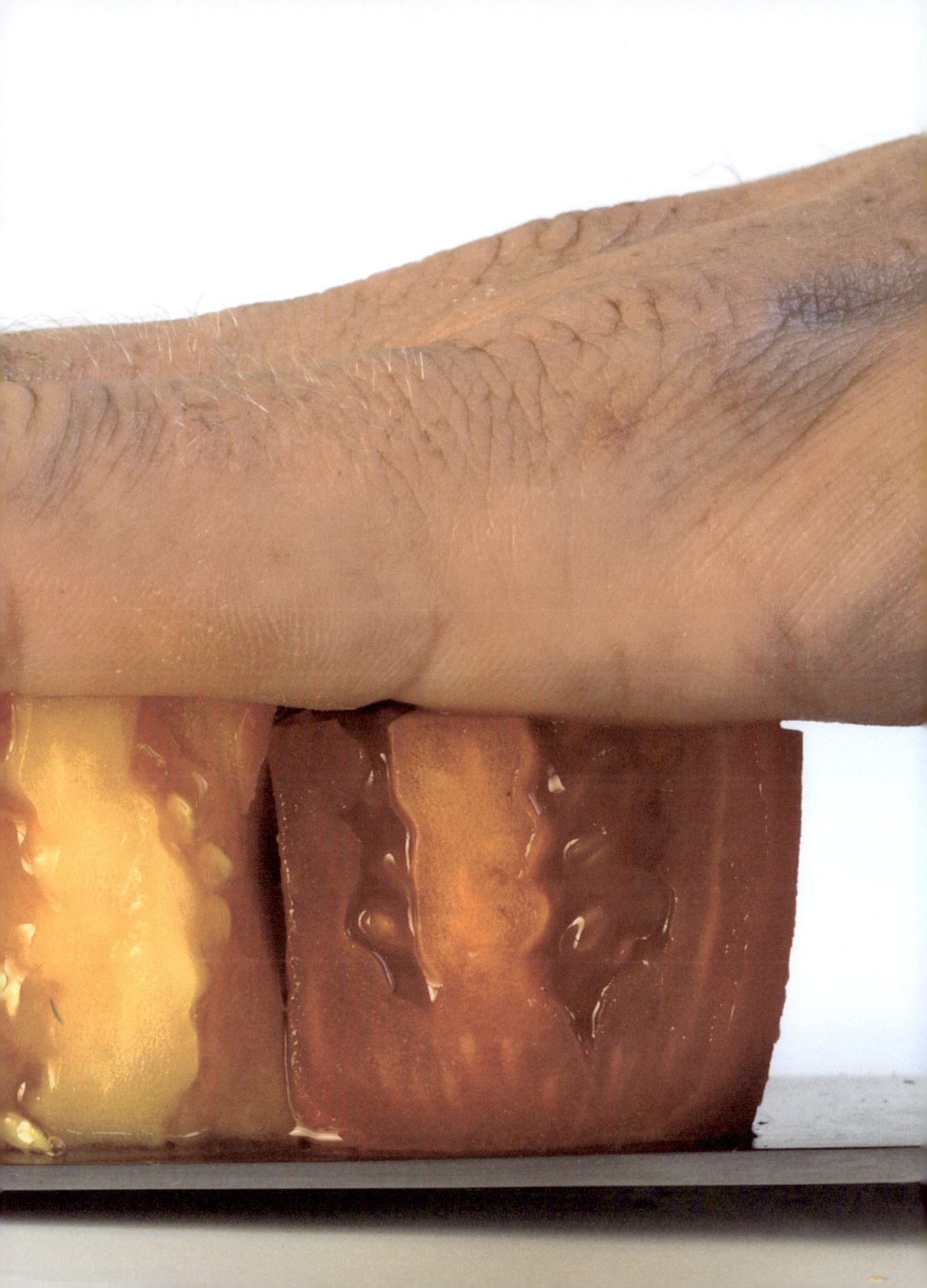

Omas Tomatensalat

Das brauchen wir

Für 4 Personen

600 g **Tomaten**
100 g geschälte und in Würfel geschnittene **rote Zwiebeln**
7 EL **Weißweinessig**
1 TL **Kristallzucker**
8 EL **Oliven-** oder **Traubenkernöl**
Salz und frisch gemahlener **Pfeffer**

So machen wir's

Die Tomaten in feine Scheiben schneiden und mit den Zwiebeln in eine Schüssel geben. Für die Marinade den Essig mit dem Kristallzucker, dem Olivenöl, Salz und Pfeffer gut verrühren. Über die Tomaten gießen – fertig!

Omas Gurkensalat

Das brauchen wir

Für 2 Personen

1 **Salatgurke**
Salz
2 **Knoblauchzehen**, geschält
125 g **Crème fraîche**
2 TL **Honig**
Saft von 1 **Zitrone**
frisch gemahlener **Pfeffer**
Cayennepfeffer

So machen wir's

Die Gurke der Länge nach halbieren und fein schneiden. Mit 2 EL Salz bestreuen, gut durchmischen und 10 Minuten ziehen lassen. Anschließend das gesamte Wasser aus den Gurken drücken.
Die Knoblauchzehen in eine Schüssel pressen und mit Crème fraîche, Honig und Zitronensaft gut verrühren. Mit Salz, Pfeffer und Cayennepfeffer würzen. Zu den Gurken geben, umrühren – fertig!

Omas Rote-Rüben-Salat

Das brauchen wir

150 ml **Hesperiden-Essig**
100 ml **Rote-Rüben-Saft** (in jeder Drogerie oder jedem Supermarkt erhältlich) oder **Wasser**
1 EL **Kristallzucker**
gemahlener **Kümmel** (nach Belieben auch ganzer Kümmel)
Salz und frisch gemahlener **Pfeffer**
1 **Krenwurzen** (Meerrettichwurzel)
750 g geschälte und gekochte **Rote Rüben** (in jedem Supermarkt erhältlich)

So machen wir's

Den Essig mit dem Rote-Rüben-Saft mischen und mit Zucker, Kümmel, Salz und Pfeffer abschmecken. Beim Marinieren kommt es auf häufiges Kosten an. Rote-Rüben-Salat verträgt reichlich Salz und Pfeffer. Wenn der Salat zu süß ausfällt, einfach ein wenig Essig dazugeben. Sollte er zu sauer sein, dann etwas Rote-Rüben-Saft oder Wasser hinzufügen.
Den Kren schälen, in 5 mm dicke Scheiben schneiden und zur Marinade geben. Die Roten Rüben in Würfel schneiden, in eine Schüssel legen und die Marinade darüber gießen. Mindestens einen halben Tag ziehen lassen.

Bernies Senf-Honig-dressing

Das brauchen wir

2 **Knoblauchzehen**
4 EL **Estragon-Senf**
5 EL **Essiggurkerlwasser**
2 EL **Honig**
6 EL **Maiskeimöl**
1 EL **Mayonnaise**
Salz und frisch gemahlener **Pfeffer**

So machen wir's

Die Knoblauchzehen schälen, fein schneiden und mit den restlichen Zutaten in ein hohes Gefäß geben. Mit dem Stabmixer pürieren und beispielsweise auf Omas Krautsalat (siehe Seite 15) verteilen.

Bernies Wasabi-Dressing

Das brauchen wir

Saft von 1 **Zitrone** oder **Limette**
2 EL **Sojasauce**
2 TL dunkles **Sesamöl**
1 TL **Aceto balsamico bianco**
1 TL **Honig**
1 EL **Erdnussöl**
1 TL **Wasabipaste**

So machen wir's

Alle Zutaten gut miteinander vermischen und beispielsweise über klein gewürfelte Rote Rüben gießen. Besonders köstlich schmeckt dieses Dressing ebenfalls zu einer klein geschnittenen Avocado. Dazu passen auch noch Feldsalat, junger Blattspinat und helle Sesamkörner.

Bernies Dressing mit getrockneten Tomaten, Kapern und italienischen Kräutern

Das brauchen wir

8 getrocknete **Tomaten**
3 **Knoblauchzehen**
3 EL **Kapernbeeren**, ohne Stiel
4 EL grob gezupftes **Basilikum** (nie hacken, sonst ist der Geschmack am Brett und nicht, wo man ihn braucht – im Salat)
2 EL frisch gehackte **Petersilie**
2 EL frisch gehackter **Oregano**
Salz und frisch gemahlener **Pfeffer**
4 EL **Olivenöl**
2 EL **Aceto balsamico di Modena**

So machen wir's

Die getrockneten Tomaten in kleine Würfel schneiden. Den Knoblauch schälen und hacken. Alle Zutaten gut miteinander vermischen und abschmecken. Das Dressing über fein geschnittene Tomaten geben – eventuell mit Büffelmozzarella verfeinern.

Bernies saures Holunder-Joghurtdressing

Das brauchen wir

1 **Chilischote**
250 g **Joghurt** (vorzugsweise griechisches Joghurt, aber auch Naturjoghurt eignet sich hervorragend)
Saft und **Schale** von 2 unbehandelten **Zitronen** oder **Limetten**
4 EL weißer **Holundersirup**
1 EL **Honig**
Salz und **Cayennepfeffer**

So machen wir's

Die Chilischote entkernen und klein schneiden. Mit den übrigen Zutaten in einer Schüssel gut verrühren und zu fein geschnittenen Gurken geben (siehe Omas Gurkensalat auf Seite 18). Dieses Dressing passt besonders gut zu gegrillten Zucchini, Blattsalaten oder einem Rote-Rüben-Salat.

Omas Kartoffelsalat

Das brauchen wir

Für 4 Personen

700 g **Kartoffeln** (vorzugsweise Sieglinde oder Kipfler, sonst kleine speckige / festkochende)
550 ml **Rindsuppe** oder **Wasser** mit **Suppenwürfel** aus dem Bioladen
100 ml **Hesperiden-Essig**
50 ml **Tafelöl**
4 TL **Estragon-Senf**
7 TL **Kristallzucker**
3 TL **Salz**
frisch gemahlener **Pfeffer**
1 **Knoblauchzehe**, geschält
4 rote **Zwiebeln**
Schnittlauch

So machen wir's

Omas Kartoffel-Mayonnaisesalat

Das brauchen wir

1 Tube **Mayonnaise**

So machen wir's

Bei meiner Oma gibt's immer Kartoffelsalat und Kartoffel-Mayonnaisesalat. Sie macht zuerst den Kartoffelsalat, schöpft davon die Hälfte heraus und vermengt diese nach Geschmack und Belieben mit Mayonnaise.

Zuerst die Kartoffeln mit der Schale kochen – am besten mit 1 TL ganzen Kümmelsamen; diese wirken desinfizierend, sollten die Kartoffeln nicht ordentlich gewaschen worden sein.
In der Zwischenzeit Suppe, Essig, Tafelöl, Senf, Kristallzucker, Salz, Pfeffer und die gepresste Knoblauchzehe in einen Topf geben, aufkochen lassen und zur Seite stellen.
Die Kartoffeln noch heiß schälen, in Scheiben schneiden und sofort in die Marinade legen – diese sollte noch warm sein. Etwa eine halbe Stunde ziehen lassen. Die Zwiebeln schälen, fein schneiden und zu den Kartoffeln geben. Nochmals eine halbe Stunde ziehen lassen. Bei Bedarf mit Salz und Pfeffer abschmecken und mit fein geschnittenem Schnittlauch garnieren.

Bernies Kartoffelsalat

Omas Kartoffelsalate schmecken einfach großartig – für mich geht's nicht besser! Aber ab und zu eine kleine Abwandlung, warum nicht?

Das brauchen wir

Omas Kartoffelsalat (siehe Rezept)
8 **Essiggurkerln**
5 EL geröstete **Kürbiskerne**
Kürbiskernöl

So machen wir's

Zuerst Omas Kartoffelsalat zubereiten. Danach die Essiggurkerln der Länge nach halbieren und in Scheiben schneiden. Unter Omas Kartoffelsalat mischen, die Kürbiskerne und etwas Kürbiskernöl darüber geben – fertig!

Für alle, die Kartoffelsalat gerne bei einem Lieferservice bestellen: Diese Abwandlung tut auch gekauftem Salat gut – aber besser natürlich, Fernseher abdrehen und gleich selber machen.

Bernies Kartoffel-Mayonnaisesalat

Das brauchen wir

Omas Kartoffel-Mayonnaisesalat
(siehe Rezept)
8 **Essiggurkerln**
1 Bund frische **Radieschen**

So machen wir's

Zuerst Omas Kartoffel-Mayonnaisesalat zubereiten. Dann die Essiggurkerln der Länge nach halbieren und in Scheiben schneiden. Die Radieschen zuerst in Scheiben, dann in Streifen schneiden und gemeinsam mit den Essiggurkerln zu Omas Kartoffel-Mayonnaisesalat geben.

Auch die Blätter der Radieschen verwenden, da sie gut schmecken und den Salat verfeinern. Also beim Einkaufen ebenso auf die Blätter achten!

Salate auf Babybrei-Basis

Babybrei war die Ausgangsidee zu folgenden Gerichten und meine erste kulinarische Erfahrung. Tagein, tagaus bekam ich frisch gemachten Brei aus Karotten, Mais und Erbsen vorgesetzt, bis irgendwann mein Geschmack für viele Jahre „Stopp!" schrie und wie bei einer Ampel auf Rot umschaltete. Ich habe mich oft gefragt, ob ich jemals wieder Babybrei kochen würde, aber jetzt, da ich Papa geworden bin, bereite ich ihn liebend gerne zu. Dank jahrelanger beruflicher Erfahrung weiß ich, dass Obst- und Gemüsesorten immer dann perfekt zusammenpassen, wenn sie die gleiche Farbe haben. Hierbei kann man nichts falsch machen, nur Lagerung und Zubereitung müssen stimmen! Es ist wie in der Mode oder Architektur – eine Farbe, ein Stil! Als Andenken an meine Kindheit habe ich drei lustige, ganz einfache Salate kreiert.

Vogerlsalat mit Erbsenpüree, Erbsen, Erbsenschoten, Minze, Limette, Burrata, Avocado, Wasabinüssen und Gurken

Vogerlsalat: Feldsalat

Das brauchen wir

Für 4 Personen

32 **Erbsenschoten**
100 g tiefgekühlte **Erbsen**
2 **Gurken**
4 **Burrata**
Saft und **Schale** von 1 unbehandelten **Limette**
etwas **Olivenöl**
Salz und frisch gemahlener **Pfeffer**
etwas **Kristallzucker**
4 **Jungzwiebeln**, geschält
24 **Minzeblätter**
1 **Avocado**
4 EL **Wasabinüsse**

So machen wir's

Die Erbsenschoten in Salzwasser 1 ½ Minuten kochen und kalt abschrecken. Die Erbsen ebenfalls weich kochen. Die Gurken zunächst von der Schale befreien und danach mit einem Gemüseschäler der Länge nach bis zum Kerngehäuse weiter schälen, sodass lange Gurkenstreifen entstehen. Die Gurkenstreifen in eine Schüssel geben, etwas salzen und so lange stehen lassen, bis sie Flüssigkeit lassen. Die Streifen vorsichtig ausdrücken und um die Burratakugeln wickeln.
Das Gurken-Kerngehäuse grob zusammenschneiden, pürieren und durch ein Geschirrtuch abtropfen lassen. Dieser Saft ist die Basis des Dressings. Mit Limettensaft, Olivenöl, Salz, Pfeffer und Kristallzucker abschmecken und kalt stellen.
Die Burratakugeln salzen, pfeffern und mit 1 EL Olivenöl gut einreiben. Mit Limettenzesten bestreuen.
Erbsen, Erbsenschoten, die schräg geschnittenen Jungzwiebeln, die grob gezupften Minzeblätter und den gut gewaschenen Vogerlsalat in eine Schüssel geben. Die Avocado achteln und beifügen. Mit dem Dressing marinieren und nochmals würzen.
Das Erbsenpüree auf eine Platte geben, Burrata darauf setzen und mit dem marinierten Salat anrichten. Zuletzt die Wasabinüsse darüber streuen.
Besonders lecker schmeckt der Salat mit einem grünen Apfel.

Erbsenpüree

Das brauchen wir

Für 4 Personen

200 g **Gemüsefond** oder **Wasser** mit **Suppenwürfel** aus dem Bioladen
50 g braune **Butter** (siehe Rezept auf Seite 12)
Salz und frisch gemahlener **Pfeffer**
frisch geriebene **Muskatnuss**
330 g tiefgekühlte **Erbsen**

So machen wir's

Den Gemüsefond mit der braunen Butter aufkochen und etwa 2 Minuten einreduzieren lassen. Mit Salz, Pfeffer und Muskatnuss würzen und die Erbsen direkt aus dem Tiefkühlschrank dazugeben. Weich kochen – das dauert max. 5 Minuten – und sofort pürieren. Durch ein Sieb streichen, damit das Püree feiner wird, und nochmals nachwürzen.
Beim Pürieren können 3 EL Olivenöl oder grüne Kräuter nach Belieben hinzugefügt werden.

Salat mit Karotten-Ingwerpüree, Minikarotten, Lachs, Mandarinen, Karottenchips und geschmorten Karotten

Das brauchen wir

Für 4 Personen

12 **Karotten**
16 **Minikarotten**
3 **Mandarinen**
4 EL eingelegter **Sushi-Ingwer** (im Asiashop oder in der Asia-Abteilung eines Supermarkts erhältlich)
4 rote **Chicorée**- oder **Radicchioköpfe**
320 g **Lachsforelle** oder **Lachs**
in Sushi-Qualität
Saft von ½ **Zitrone**
Salz und frisch gemahlener **Pfeffer**
etwas **Maiskeimöl**
4 TL **Honig** mit einer klein
geschnittenen **Chilischote** vermischt
2 EL **Sesam**

Für das Dressing:

6 EL **Marillensaft**
4 EL **Olivenöl**
3 EL **Zitronensaft**
2 EL **Himbeeressig**
2 EL **Chilisauce Sweet Chicken**
1 TL rote **Currypaste**
Salz und frisch gemahlener **Pfeffer**

So machen wir's

Für das Dressing alle Zutaten in eine Schüssel geben und mit einem Schneebesen gut verrühren. Kalt stellen.
8 Karotten schälen, in 2 cm dicke Scheiben schneiden und entweder einfach nur weich kochen oder mit brauner Butter (siehe Rezept auf Seite 12) in einem Topf langsam schmurgeln lassen, Salz hinzufügen und anschließend zuerst im eigenen Saft, dann im Gemüsefond schmoren lassen, bis sie weich sind (siehe Karotten-Ingwerpüree). Danach nicht pürieren!
Für die Karottenchips die restlichen 4 Karotten der Länge nach in 1 mm dünne Scheiben schneiden (vorzugsweise mit der Brotmaschine, aber auf die Finger achtgeben, oder mit einem Hobel) und im Backofen auf einem Backpapier bei 70° Ober- und Unterhitze trocknen lassen. Nicht vergessen, öfter umdrehen. Das Trocknen kann bis zu 2 Stunden dauern, dies hängt vom jeweiligen Ofen ab. Die Karottenchips schmecken auch hervorragend mit einem Joghurt-Dip.
Für die Minikarotten Salzwasser aufstellen und zum Kochen bringen. Die Minikarotten am Grün anfassen, für 2 Minuten in das kochende Wasser und anschließend unter fließendes, kaltes Wasser halten. Zuletzt mit einem sauberen Geschirrtuch die Schale herunterreiben. Statt der Minikarotten können auch mehr Karotten genommen werden.
Die Mandarinen schälen und für 3 Minuten in kaltes Wasser legen, damit die weißen Fasern leichter heruntergehen.
Nun die Karotten, die Minikarotten, die Mandarinenspalten, den eingelegten Ingwer und die gewaschenen Salatblätter in eine Schüssel geben und mit dem Dressing marinieren.
Den Lachs in 4 gleich große Stücke schneiden und mit Zitronensaft, Salz und Pfeffer würzen. In einer heißen Pfanne in etwas Öl auf beiden Seiten scharf anbraten, herausnehmen und mit der Honig-Chilimischung bestreichen. Mit Sesam bestreuen.
Auf einem Teller das Karotten-Ingwerpüree anrichten und Salat, Karottenchips und gebratenen Lachs darüber geben. Der Salat ist natürlich auch ohne Püree eine Kostprobe wert.

Karotten-Ingwerpüree

Das brauchen wir

Für 4 Personen

270 g **Karotten**
30 g braune **Butter** (siehe Rezept auf Seite 12)
400 ml **Gemüsefond** oder **Wasser** mit **Suppenwürfel** aus dem Bioladen
1 kleine **Ingwerknolle**
50 ml **Orangensaft**
Salz und frisch gemahlener **Pfeffer**

So machen wir's

Die Karotten schälen, in kleine Würfel schneiden und gemeinsam mit der braunen Butter in einen Topf geben. Langsam schmurgeln lassen. Nach 3 Minuten leicht darüber salzen, damit die Karotten Flüssigkeit lassen und im eigenen Saft schmoren können. Unter langsamem Umrühren die Flüssigkeit verkochen lassen. Nach und nach den Gemüsefond dazugeben – die Karotten müssen dabei immer knapp bedeckt sein.
Den Ingwer schälen, in Scheiben schneiden und hinzufügen. So lange schmoren lassen, bis die Karotten- und Ingwerscheiben ganz weich sind und zerfallen. (Es kann sein, dass mehr Gemüsefond benötigt wird, als angegeben, da dies von der Frische der Karotten und der jeweiligen Karottensorte abhängt.) Den Orangensaft dazugeben und so lange kochen lassen, bis fast die ganze Flüssigkeit aufgenommen wurde. Pürieren und mit Salz und Pfeffer abschmecken.
Das Karotten-Ingwerpüree lässt sich auch ganz einfach abwandeln: entweder beim Pürieren 2 EL Haselnussöl hineingeben, mit gemahlenen Korianderkörnern oder gemahlenem Kreuzkümmel würzen oder mit ein paar Tropfen Zitronensaft und Honig verfeinern – den Varianten sind keine Grenzen gesetzt! Einfach ausprobieren!

Salat mit Maispüree, Mais, Minimaiskolben, Tandoori-Chicken, Ananas und Popcorn

Das brauchen wir

Für 4 Personen

1 **Ananas**
1 Glas gelbe **Tandoori-Paste**
125 g **Naturjoghurt**
4 **Maishendlbrüste** (Maishuhnbrüste)
16 **Minimaiskolben**, frisch oder im Glas
120 g **Maiskörner**
4 gelbe **Chicoréeköpfe**
Salz und frisch gemahlener **Pfeffer**
Maiskeim- oder **Sonnenblumenöl**
4 EL **Popcorn**, selbst gemacht oder gekauft

Für das Dressing:

2 **Knoblauchzehen**
6 EL **Ananassaft**
4 EL **Zitronensaft**
3 EL **Olivenöl**
3 EL helle **Sojasauce**
2 EL **Honig**
Salz und **Cayennepfeffer**

So machen wir's

Für das Dressing die Knoblauchzehen schälen, klein schneiden und mit den anderen Zutaten in einer Schüssel gut miteinander verrühren. Kalt stellen.
Von der Ananas 16 hauchdünne Scheiben abschneiden (am besten mit der Brotmaschine, aber auf die Finger aufpassen!) und auf Backpapier mind. 2 Stunden bei 70° Ober- und Unterhitze im Backofen trocknen lassen.
Die restliche Ananas in 2 x 2 große Würfel schneiden. Die Tandoori-Paste mit dem Joghurt vermischen und die Hendlbrüste darin marinieren – mind. 4 Stunden oder noch besser über Nacht. Wer keine Tandoori-Paste zu Hause hat, kann die Hendlbrüste auch einfach nur mit dem Joghurt bestreichen.

Die Minimaiskolben und die Maiskörner in Salzwasser bissfest kochen.
Mais, Minimaiskolben, gewaschene Chicoréeblätter und Ananaswürfel in eine Schüssel geben, mit dem Dressing marinieren und abschmecken.
Die Hendlbrüste aus der Tandoori-Marinade nehmen, abtupfen und mit Salz und Pfeffer würzen. In einer heißen Pfanne in etwas Öl auf beiden Seiten anbraten und im Backofen bei 180° Ober- und Unterhitze 8 Minuten fertig garen.
Das Maispüree mit dem Löffelrücken dünn auf einen Teller streichen, Salat und Ananaschips darauf anrichten, das Popcorn darüber streuen und zuletzt die aufgeschnittene Maishendlbrust darauf legen!

Maispüree

Das brauchen wir

Für 4 Personen

50 g braune **Butter** (siehe Rezept auf Seite 12)
300 g **Maiskörner** (wer kein Maisfeld vor der Tür hat, kann auch tiefgekühlte Ware verwenden)
200 g **Gemüsefond** oder **Wasser** mit **Suppenwürfel** aus dem Bioladen
Salz und frisch gemahlener **Pfeffer**
frisch geriebene **Muskatnuss**

So machen wir's

In einem Topf die braune Butter erhitzen, den Mais dazugeben und kurz schwenken. Danach gleich mit dem Gemüsefond aufgießen und kochen lassen. Dabei nicht verzweifeln, da es lange dauern kann, bis der Mais ganz weich ist. Es kann sein, dass mehr Flüssigkeit zugeführt werden muss als angegeben. Der Mais muss immer komplett mit Suppe bedeckt sein. Wenn er weich ist, sollte die Hälfte der Flüssigkeit verdunstet sein. Dann pürieren und mit Salz, Pfeffer und Muskatnuss abschmecken – eventuell das Püree durch ein Haarsieb streichen, damit es feiner wird; sollte es dann zu flüssig sein, einfach nochmals bis zur gewünschten Konsistenz einkochen. Mit Gewürzen wie Curry, Kurkuma, Knoblauch oder gelben Chilis – nur für Erwachsene – lässt sich das Püree auf einfachste Weise variieren.

Salatklassiker Waldorfsalat nach Bernie mit Sellerie, Stangensellerie, grünem Apfel, Nüssen und Sellerieblättern

Das brauchen wir

Für 4 Personen

40 g **Mandelblättchen**
1 **Chilischote**
125 g **Crème fraîche**
Saft von 2 **Zitronen** oder **Limetten**
2 EL **Honig**
Salz und **Cayennepfeffer**
1 **Stangensellerie**
4 EL frisch gehackte **Petersilie**
3 EL frisch gehackter **Majoran**
3 grüne **Äpfel** (Granny Smith)
250 g **Knollensellerie**, geschält
5 EL **Olivenöl**
frisch gemahlener **Pfeffer**
1 EL brauner **Zucker**

So machen wir's

Zuerst die Mandelblättchen bei 140° Ober- und Unterhitze in den Backofen geben und hellbraun rösten. Öfter umrühren. Für die Sauce die Chilischote entkernen, klein schneiden und mit der Crème fraîche, dem Saft einer Zitrone oder Limette und dem Honig gut verrühren. Mit Salz und Cayennepfeffer abschmecken.
Vom Stangensellerie die Blätter abzupfen und grob hacken. Die Stangen dünn schneiden und auch den Strunk gut waschen, putzen und hauchdünn schneiden. Den Stangensellerie mit den gehackten Blättern, dem Strunk, der Petersilie und dem Majoran in eine große Schüssel geben. Von den Äpfeln und dem Knollensellerie mit dem Gemüseschäler Streifen ablösen und hinzufügen. Mit beiden Händen vorsichtig vermischen. Olivenöl und den Saft der zweiten Zitrone oder Limette dazugeben. Mit Salz, Pfeffer und braunem Zucker abschmecken.
Die Sauce auf einen Teller streichen und den Salat darauf anrichten. Mit den gerösteten Mandelblättchen garnieren und sofort essen, da der erfrischende Salat schnell zusammenfällt.

Gebratener Zucchinisalat mit Ingwer-Senfsauce, gesalzenem Kohlrabi und gehobelten Champignons

Das brauchen wir

Für 4 Personen

2 **Kohlrabi**
8 **Zucchini**
2 EL **Olivenöl**
Salz und frisch gemahlener **Pfeffer**
3 EL frisch gehackter **Thymian**
1 Tasse **Champignons**
2 EL frisch gehackte **Petersilie**

Für die Senfsauce:

5 EL **Weißwurst-Senf**
2 EL eingelegter **Ingwer** (aus dem Asiashop)
2 EL dunkles **Sesamöl**
1 EL **Erdnussöl**
Salz und frisch gemahlener **Pfeffer**

So machen wir's

Für die Sauce den Weißwurst-Senf, den eingelegten Ingwer, das Sesamöl und das Erdnussöl in ein hohes Gefäß geben und mit einem Stabmixer fein pürieren. Mit Salz und Pfeffer abschmecken und kalt stellen. Die Kohlrabi schälen und am besten mit der Brotmaschine (Vorsicht: Finger!) in hauchdünne Scheiben schneiden. Auf einem Teller flach auflegen und beidseitig salzen. Wenn der Kohlrabi Wasser gelassen hat, ausdrücken und entweder so belassen oder zu Röllchen drehen – je nachdem, wie viel Zeit man hat. Die Zucchini der Länge nach in 2 mm dicke Scheiben schneiden und in einer heißen Pfanne im Olivenöl auf beiden Seiten anbraten, bis sie eine schöne Farbe haben. Herausnehmen und auf einer großen Platte anrichten. Salzen, pfeffern und mit der Senfsauce reichlich bestreichen. Den Thymian darüber streuen und den Kohlrabi darauf legen. Zu guter Letzt die Champignons putzen und frisch darüber hobeln. Mit Petersilie bestreuen und genießen.

Dazu passen auch frisch gegrillte Kalmare oder frische Bratwürste – in 1 cm dicke Scheiben geschnitten und auf beiden Seiten angebraten.

Eingelegtes fürs ganze Jahr

Heimische Obst- und Gemüsesorten können wir in unseren Breiten nur in der jeweiligen Saison frisch ernten und genießen. Im Jänner müssen wir beispielsweise auf Paprika, Gurken, Tomaten oder Schwammerl (Pilze) verzichten – nur frisch geformte Schneebälle stehen uns in dieser frostigen Zeit zur Verfügung. Dennoch essen wir das ganze Jahr über alle Obst- und Gemüsesorten, auch wenn sie gerade nicht in Österreich gedeihen. Sie werden aus der ganzen Welt importiert – mit unvorstellbarem Energieaufwand für den Transport. Das spüren wir deutlich in der Brieftasche. Und auch die Umwelt bekommt das zu spüren. Warum machen wir es eigentlich nicht wie die Omas und ernten, was es bei uns gibt, und die überschüssige Menge, die wir nicht gleich verzehren, legen wir ein? Auf diese Weise kommen wir das ganze Jahr über in den Genuss von heimischen Obst- und Gemüsesorten! Gut gelagert in Einmachgläsern sind sie monatelang haltbar, und eine ideale Basis für köstliche Salate und Vorspeisen.

Karamellisiertes Kürbis-Zitronengras-Kompott

Das brauchen wir

4 **Zwiebeln**
4 **Knoblauchzehen**
60 g **Ingwer**
4 Stangen **Zitronengras**
1 kg **Muskatkürbis**
220 g **Zucker**
2 EL **Tomatenmark**
500 ml **Weißwein**
200 ml **Orangensaft**
500 ml **Gemüsefond** oder **Wasser** mit **Suppenwürfel** aus dem Bioladen
500 ml **Weißweinessig**
2 EL **Senfkörner**
2 EL schwarze **Pfefferkörner**
6 **Lorbeerblätter**
3 EL **Korianderkörner**
2 **Zimtstangen**
Schale von 2 unbehandelten **Zitronen**
4 EL **Honig**

So machen wir's

Zwiebeln und Knoblauch schälen und würfeln. Den geschälten Ingwer und die Zitronengrasstangen in Scheiben schneiden. Den Kürbis schälen, entkernen und das Kürbisfleisch in ca. 2 x 2 große Würfel schneiden.
Den Zucker in einen Topf geben und karamellisieren. Das Tomatenmark beimengen und sofort mit dem Weißwein ablöschen. Kurz kochen lassen. Den Orangensaft hinzufügen und 2 Minuten kochen lassen. Mit dem Gemüsefond und dem Weißweinessig auffüllen. Anschließend alle Zutaten bis auf den Kürbis dazugeben und 5 Minuten kochen lassen. Den Topf für 15 Minuten vom Herd nehmen und danach erneut 2 Minuten kochen lassen. Den Kürbis beifügen und so lange kochen lassen, bis er glasig ist. Das Kompott noch kochend in Gläser füllen, diese gut verschließen und auf den Deckel stellen, bis sie ausgekühlt sind. Dunkel lagern.

Eingelegter Honig-Chili-Knoblauch

Das brauchen wir

250 ml **Weißweinessig**
160 g **Honig**
15 **Gewürznelken**
6 **Lorbeerblätter**
3 **Ingwerscheiben**, geschält
6 **Chilischoten**
18 bunte **Pfefferkörner**
260 g **Knoblauchzehen**, geschält

So machen wir's

Alle Zutaten bis auf den Knoblauch in einen Topf geben und aufkochen. Den Knoblauch dazugeben und nach erneutem Aufkochen 3 Minuten kochen lassen. Noch heiß in Gläser füllen, diese sofort verschließen und auf den Deckel stellen, bis sie abgekühlt sind. Dunkel lagern.

Eingelegte Eierschwammerl oder Steinpilze

Eierschwammerl: Pfifferlinge

Das brauchen wir

1 kg kleine **Eierschwammerl** oder **Steinpilze**
7 **Schalotten**
4 **Knoblauchzehen**
375 ml **Weißweinessig**
375 ml **Gemüsefond** oder **Wasser** mit **Suppenwürfel** aus dem Bioladen
4 TL **Salz**
4 TL **Zucker**
8 **Lorbeerblätter**
1 **Sternanis**
3 **Estragon**- oder **Thymianzweige**, gezupft
1 EL bunte **Pfefferkörner**

So machen wir's

Die Eierschwammerl putzen. Einen Topf mit Wasser aufstellen, etwas salzen, die Eierschwammerl hineingeben und 3 Minuten kochen lassen. Abseihen und das Wasser wegschütten. In der Zwischenzeit die Schalotten und die Knoblauchzehen schälen, in Würfel schneiden und mit dem Weißweinessig, dem Gemüsefond, Salz, Zucker und den Gewürzen in einem Topf 10 Minuten kochen lassen. Die Eierschwammerl dazugeben, 7 Minuten mitkochen und noch heiß in Gläser füllen. Gut verschließen und so lange auf den Deckel stellen, bis sie ausgekühlt sind. Dunkel lagern.

Eingelegte Ananas-Safran-Schalotten

Das brauchen wir

1 kg **Schalotten**
600 ml **Wasser**
3 EL **Salz**
300 ml **Weißweinessig** oder **Aceto balsamico bianco**
200 ml **Weißwein**
250 ml **Ananassaft**
220 g **Kristallzucker**
4 EL **Salz**
3 EL bunte **Pfefferkörner**
2 EL **Senfkörner**
4 **Chilischoten**
2 **Lorbeerblätter**
1 EL **Kreuzkümmel**
11 **Pimentkörner**
2 g **Safran**

So machen wir's

Die Schalotten schälen, dabei am Strunk so wenig wie möglich wegschneiden. Das Wasser mit dem Salz aufkochen und über die Schalotten gießen. 12 Stunden ziehen lassen. Danach das Wasser abgießen und auffangen.
Alle übrigen Zutaten bis auf die Schalotten in einen Topf geben und aufkochen. Die Schalotten hinzufügen und ca. 5 Minuten kochen lassen. Mit dem Schalottenwasser auffüllen und erneut zum Kochen bringen. Noch heiß in Gläser füllen, diese sofort verschließen und so lange auf den Deckel stellen, bis sie abgekühlt sind. Dunkel lagern.

Eingelegte Paprikaschoten in Apfelsaft mit Zimt

Das brauchen wir

2 kg **Paprikaschoten**
6 **Zwiebeln**
300 ml **Gemüsefond** oder **Wasser** mit **Suppenwürfel** aus dem Bioladen
600 ml **Weißweinessig**
350 ml **Apfelsaft**, naturtrüb
250 g **Kristallzucker**
4 TL **Salz**
3 TL gelbes **Currypulver**
6 **Zimtstangen**
6 **Lorbeerblätter**
15 bunte **Pfefferkörner**
2 EL **Senfkörner**
Schale von 2 unbehandelten **Zitronen**

So machen wir's

Die Paprikaschoten vom Kerngehäuse befreien und vierteln. Die Zwiebeln schälen und in grobe Würfel schneiden. Alle Zutaten bis auf die Paprikaschoten in einen Topf geben, zum Kochen bringen und 5 Minuten kochen lassen. Die Paprikaschoten dazugeben, 2 Minuten kochen und noch heiß in Gläser füllen. Diese sofort verschließen und auf den Deckel stellen, bis sie abgekühlt sind. Dunkel lagern.

Gebeizte Lachsforelle

Die gebeizte Lachsforelle bildet die Basis für die folgenden 3 Rezepte.

Das brauchen wir

2 frische **Lachsforellen** à ca. 200 g, mit einer Zange entgrätet
2 unbehandelte **Zitronen**
2 unbehandelte **Orangen**
1 TL **Koriandersamen**
1 TL **Fenchelsamen**
4 **Lorbeerblätter**
1 TL bunte **Pfefferkörner**
1 TL **Senfkörner**
80 g **Meersalz**
90 g **Kristallzucker**
100 g **Dill**, klein geschnitten oder gefriergetrocknet

So machen wir's

Auf jedes Lachsforellenfilet mit einem Reibeisen die Schale (nicht die weißen Fasern) von je 1 Zitrone und 1 Orange abreiben und gleichmäßig verteilen. Koriander, Fenchel, Lorbeer, Pfeffer- und Senfkörner in einem Mörser gut zerdrücken. Sollte kein Mörser zur Hand sein, einfach den Rücken eines Schöpflöffels verwenden. Mit Salz und Kristallzucker vermischen und je 2 EL auf jedem Filet verteilen. Den Rest der Gewürzmischung mit dem Dill vermengen und ebenfalls auf die Filets geben. In eine Klarsichtfolie einwickeln, zudecken und 12 Stunden im Kühlschrank marinieren. Natürlich kann man Lachs, Saibling oder Reinanke auch auf diese Weise marinieren.

Lachsforellentatar mit Avocadocrème, mariniertem Fenchel und Zwiebackbröseln

Das brauchen wir

Für 4 Personen

2 reife **Avocados**
Saft von 1 **Limette**
Salz und **Cayennepfeffer**
10 Tropfen **Tabascosauce**
1 **Fenchelknolle**
1 EL **Olivenöl**
2 gebeizte **Lachsforellenfilets** oder **Lachs** in Sushi-Qualität
4 Scheiben **Zwieback**
1 Bund frisches **Basilikum**
Eisen- oder **Plastikring** oder **Keksausstecher**

So machen wir's

Für die Avocadocrème die Avocados schälen, in grobe Würfel schneiden und in eine Schüssel geben. Den Saft von ½ Limette beimengen. Mit Salz, Cayennepfeffer und Tabascosauce würzen und pürieren.
Vom Fenchel zunächst das Grün herunterzupfen und für die Garnitur beiseite legen. Den Fenchel der Länge nach halbieren, eventuell die äußeren Blätter entfernen und in hauchdünne Scheiben schneiden – entweder mit dem Messer oder der Brotmaschine (Vorsicht: Finger!). Sollte etwas Fenchel übrig bleiben, einfach klein zusammenschneiden und kurz blanchieren. Die Fenchelscheiben mit ½ TL Salz würzen, verrühren und ziehen lassen. Fest ausdrücken und in eine Schüssel geben. Das Olivenöl darüber träufeln, gut vermischen und ein paar Tropfen Limettensaft und etwas Pfeffer beimengen.
Nun das Tatar anrichten: Hierfür den Eisenring auf einen Teller stellen und mit einem Spritzbeutel die Avocadocrème gut bis zur Hälfte einfüllen. Den Fisch in 1 x 1 cm große Würfel schneiden und darauf verteilen. Mit dem marinierten Fenchel und ggf. den blanchierten Würfeln abschließen. Den Zwieback in kleine Stücke brechen. Das Tatar mit dem Fenchelgrün, einigen Basilikumblättern und den Zwiebackbröseln garnieren. Den Eisenring entfernen und das Tatar servieren – am besten mit einer Senfsauce (siehe Rezept auf Seite 31).

Lachsforellen-Carpaccio mit Gurken und Kaviar

Das brauchen wir

Für 4 Personen

1 **Zwiebel**, geschält
2 **Knoblauchzehen**, geschält
1 Bund frisches **Basilikum**
1 Bund frische **Petersilie**
4 gebeizte **Lachsforellenfilets** oder **Lachs** in Sushi-Qualität
2 **Salatgurken**
1 **Lollo rosso**
1 Tasse **Vogerlsalat** (Feldsalat)
1 **Friséesalat**
80 g **Frischkäse**
Salz und frisch gemahlener **Pfeffer**
50 g **Forellenkaviar** (nach Belieben, muss nicht sein)
etwas **Olivenöl**

Für das Dressing:

65 ml **Madeira**
2 cl **Cognac**
65 ml weißer **Portwein**
90 ml **Champagneressig**
2 cl **Rotweinessig**
2 cl 15 Jahre alter **Aceto balsamico di Modena**
2 cl **Aceto balsamico di Modena**
2 cl **Himbeeressig**
300 ml **Hühnersuppe** oder **Wasser** mit **Suppenwürfel** aus dem Bioladen
¼ l **Maiskeimöl**
100 ml **Olivenöl**
1 EL **Estragon-Senf**
Salz und frisch gemahlener **Pfeffer**
etwas **Kristallzucker**
etwas **Honig**

Alternatives Essig-Öl-Dressing:

1 TL **Kristallzucker**
½ TL **Salz**
frisch gemahlener **Pfeffer**
4 EL **Aceto balsamico bianco**
1 EL **Wasser**
2 EL **Olivenöl**
1 TL **Estragon-Senf**

So machen wir's

Für das Dressing alle Zutaten gut verrühren. Die Zwiebel vierteln, die Knoblauchzehen andrücken und gemeinsam mit den Basilikum- und Petersilienstielen einen Tag im Dressing ziehen lassen. Gemüse und Kräuter vor dem Marinieren unbedingt wieder herausnehmen. Wem dieses Salatdressing zu aufwendig ist, der kann den Salat auch mit dem alternativen Essig-Öl-Dressing marinieren.

Die Lachsforellenfilets von der Haut befreien und halbieren. Übereinanderlegen und für etwa 3 Stunden einfrieren. Anschließend der Länge nach mit der Brotmaschine (Vorsicht: Finger!) oder dem Messer fein schneiden.

Die Gurken dritteln, ebenfalls mit der Brotmaschine oder dem Messer der Länge nach 2 mm dick aufschneiden und das Kerngehäuse entfernen. Nun abwechselnd je ein Fisch- und ein Gurkenstück auf einem Teller auflegen – immer leicht überlappend und zunächst nur von einem Rand des Tellers ausgehend bis zur Mitte. Die Salate gut waschen, in kleine Stücke zupfen und mit dem Dressing nach Wahl marinieren. Ein schönes Salatbouquet in der Mitte des Tellers anrichten und nun von der Mitte bis zum Rand des Tellers wieder abwechselnd je ein Fisch- und ein Gurkenstück geben. Den Frischkäse mit einem Schneebesen abrühren und mit Salz und Pfeffer würzen. Diese Masse in einen Gefrierbeutel geben, eine Ecke abschneiden und damit zwischen den einzelnen Fisch- und Gurkenstücken auftragen. Darauf könnte man nach Belieben noch den Kaviar schlichten. Zuletzt das Carpaccio mit Olivenöl abglänzen.

Lauwarm gedämpfte Lachsforelle mit rotem Mangold, Petersilienpüree und Petersilienstroh

Das brauchen wir

Für 4 Personen

½ l **Rote-Rüben-Saft**
Saft und abgeriebene **Schale** von
3 unbehandelten **Limetten**
Honig
Salz und frisch gemahlener **Pfeffer**
4 rote **Mangoldblätter**
Olivenöl
4 gebeizte **Lachsforellenfilets** oder **Lachs** in Sushi-Qualität

Für den Fond zum Dämpfen:

3/8 l **Weißwein** (bevorzugt gelber Muskateller)
6 cl **Weißweinessig**
2/8 l **Wasser**
10 **Korianderkörner**
2 **Lorbeerblätter**
1 EL **Dill**

Für Petersilienpüree und -stroh:

8 **Petersilienwurzeln** oder **Pastinaken**, geschält
Maiskeim- oder **Sonnenblumenöl**
200 g **Butter**
6 cl weißer **Portwein**
350 ml **Gemüsefond** oder **Wasser** mit **Suppenwürfel** aus dem Bioladen
Salz und frisch gemahlener **Pfeffer**
frisch geriebene **Muskatnuss**

So machen wir's

Für das Petersilienstroh von 2 Petersilienwurzeln mit dem Gemüseschäler breite Streifen herunterschälen und mit dem Messer dünne Nudeln herausschneiden. Diese in heißem Öl herausbacken und auf Küchenrollenpapier abtropfen lassen.

Die restlichen Petersilienwurzeln in kleine Stücke schneiden. Die Butter in einem Topf schmelzen, die Petersilienwurzeln mit etwas Salz dazugeben und bei wenig Hitze langsam im eigenen Saft schmoren lassen. Mit weißem Portwein ablöschen und weiterrösten, bis er verdampft ist. Mit dem Gemüsefond aufgießen und die Petersilienwurzeln weich kochen – eventuell noch etwas Flüssigkeit dazugeben. Anschließend pürieren und mit Salz, Pfeffer und Muskatnuss abschmecken.

Den Rote-Rüben-Saft 5 Minuten kochen lassen. Den Limettensaft hinzufügen und mit Honig, Salz und Pfeffer abschmecken. Von den Mangoldblättern die roten Stiele keilförmig herausschneiden, zum Rote-Rüben-Saft geben und so lange darin kochen, bis sie bissfest sind. Herausnehmen und abkühlen lassen.
Die Mangoldblätter in Salzwasser 20 Sekunden kochen, kalt abschrecken und mit einem Geschirrtuch abtupfen, bis sie trocken sind. Die roten Stiele halbieren und die Blätter um die Stiele wickeln, sodass eine Rolle entsteht.

Für den Fond Weißwein, Weißweinessig, Wasser, Koriander, Lorbeer und Dill in einen großen Topf geben und aufkochen. Ein Haarsieb mit Olivenöl bestreichen, die Fischfilets und die Mangoldblätter darauf legen und in den Topf hängen. Mit einem Deckel zudecken und 5 Minuten dämpfen. Die Rote-Rüben-Sauce kosten, eventuell nochmals abschmecken.
Das Petersilienpüree auf einen Teller geben, das Stroh darüber legen, daneben den gekochten Stiel, die Mangoldblätter und den gedämpften Fisch mit der Sauce anrichten.

Wenn es einmal schneller gehen muss, ist der gedämpfte Fisch mit einem Wok-Gemüse mit Minze zu empfehlen. Schmeckt hervorragend!

Grüne Gazpacho mit mariniertem Mozzarella

Das brauchen wir

Für 4 Personen

4 Kugeln **Büffelmozzarella**
Olivenöl
Salz und frisch gemahlener **Pfeffer**
Schale von 1 unbehandelten Limette oder **Zitrone**
4 grüne **Paprika**, entkernt
3 **Gurken**, mit Schale und entkernt
1 **Jalapeño**, entkernt
1 ½ weiße **Zwiebeln**, geschält
1 **Knoblauchzehe**, geschält
4 reife **Tomaten**
5 **Basilikumblätter**
1 TL brauner **Zucker**

So machen wir's

Die Mozzarellas mit je einem Löffel Olivenöl, Salz, Pfeffer und der Limetten- oder Zitronenschale marinieren. Paprika und Gurken in grobe und Jalapeño in feine Stücke schneiden. Zwiebeln in kleine Würfel und Knoblauchzehe in Scheiben schneiden und gemeinsam blanchieren. Die Tomaten vierteln und den Strunk entfernen. Das Gemüse mit den Basilikumblättern und dem Zucker in ein hohes Gefäß geben, mit 1 EL Salz gut vermischen und 15 Minuten im Kühlschrank stehen lassen. Herausnehmen und mit einem Pürierstab fein mixen. Mit Salz und Pfeffer abschmecken. Nach Belieben etwas Limetten- oder Zitronensaft dazugeben. Das Püree durch ein Geschirrtuch abtropfen lassen und 2 Stunden kalt stellen. Die Gazpacho mit dem marinierten Mozzarella anrichten.

TIPP

Für mehr Glanz kann man die Gazpacho auch mit 2 Gelatineblättern abbinden. Zur Gazpacho passen getrocknete Brotchips: Hierfür Brot anfrieren lassen, mit der Brotmaschine dünn aufschneiden und im Backofen bei 100° Ober- und Unterhitze trocknen lassen. Als Dekoration eignen sich frische Wildkräuter oder Sprossen.

Rote Gazpacho mit Senfeis

Das brauchen wir

Für 4 Personen

5 rote **Paprika**, entkernt
1 **Gurke**, ohne Schale und entkernt
1 **Chilischote**, entkernt
4 **Tomaten**
2 **Zwiebeln**, geschält
2 **Knoblauchzehen**, geschält
Salz und frisch gemahlener **Pfeffer**
4 EL **Tomatensaft**
1 EL **Honig**
3 EL **Olivenöl**
Saft von ½ **Limette** oder **Zitrone**

Für das Senfeis:

5 EL **Weißwurst-Senf**
3 EL grobkörniger **Senf**
2 EL **Dijon-Senf**
1 EL **Hesperiden-Essig**
3 EL **Crème fraîche**
2 TL **Honig**
½ TL gemahlener **Kümmel**
½ TL **Kurkuma**
Salz und frisch gemahlener **Pfeffer**

So machen wir's

Zuerst die Gazpacho zubereiten. Hierfür die Paprika und die Gurke in grobe und die Chilischote in feine Stücke schneiden. Die Tomaten vierteln und vom Strunk befreien. Zwiebeln in kleine Würfel und Knoblauchzehen in Scheiben schneiden und gemeinsam blanchieren. Das Gemüse mit den restlichen Zutaten vermischen und 1 EL Salz dazugeben. Für 30 Minuten in den Kühlschrank stellen. Herausnehmen, pürieren und durch ein Sieb streichen. Mit Salz und Pfeffer abschmecken und nochmals für mind. 4 Stunden in den Kühlschrank stellen.

Für das Senfeis die Zutaten in eine Schüssel geben und gut verrühren – am besten mit einem Schneebesen, damit viel Luft in die Masse kommt. Einfrieren und ca. alle 15 Minuten mit dem Schneebesen gut durchrühren. Wenn das Eis gefroren ist, kann man ganz leicht Kugeln herausstechen. Die Gazpacho mit Senfeiskugeln servieren. Nach Belieben mit Brotchips (siehe grüne Gazpacho) und frischen Kräutern garnieren.

Gelbe Gazpacho mit gebackenem Fenchel und Jakobsmuscheln

Das brauchen wir

Für 4 Personen

1 l **Ananassaft**
4 Teebeutel **Kamillentee**
5 gelbe **Paprika**, entkernt
1 **Chilischote**, entkernt
2 **Zwiebeln**
2 orange **Tomaten**
1 TL gelbes **Currypulver**
1 EL brauner **Zucker**
Salz und frisch gemahlener **Pfeffer**
2 **Gelatineblätter**, nach Belieben
2 **Fenchelknollen**
8 **Jakobsmuscheln**
Tempuramehl (im Asiashop erhältlich), mit etwas **Wasser** vermengt
Maiskeim- oder **Olivenöl**

So machen wir's

Den Ananassaft mit den Teebeuteln 5 Minuten kochen und anschließend 30 Minuten ziehen lassen. Die Teebeutel herausnehmen und gut ausdrücken. Die Paprika in grobe Würfel und die Chilischote in feine Stücke schneiden. Die Zwiebeln schälen, klein schneiden und blanchieren. Die Tomaten vierteln und vom Strunk befreien. Das Gemüse, Curry und braunen Zucker zum Ananassaft geben und weich kochen. Mit Salz und Pfeffer abschmecken und pürieren. Durch ein Sieb drücken und mind. 4 Stunden kalt stellen. Für mehr Glanz 2 Gelatineblätter einrühren.

Für den gebackenen Fenchel die Fenchelknollen putzen, der Länge nach halbieren und mit der Brotmaschine 16 ca. 2 mm dicke Scheiben schneiden. Mithilfe von Zahnstochern je 2 Fenchelscheiben auf einer Jakobsmuschel befestigen. Diese durch den Tempurateig ziehen und in heißem Öl herausbacken. Den übrig gebliebenen Fenchel fein zusammenschneiden und mit den Jakobsmuscheln als Einlage in die Gazpacho geben. Mit Brotchips (siehe grüne Gazpacho) oder Erbsensprossen servieren.

Blunzen-Apfel-Krauttürmchen mit knusprigem Speck

Blunzen: Blutwurst

Das brauchen wir

Für 4 Personen

4 mittelgroße speckige **Kartoffeln**
2 EL **Kristallzucker**
4 aromatische **Äpfel**
2 **Knoblauchzehen**
200 g geschälte und fein geschnittene **Zwiebeln**
300 g **Blunzen**
Salz und frisch gemahlener **Pfeffer**
1 EL **Majoran**, evtl. einige Blätter für die Garnitur
1 EL **Petersilie**, evtl. einige Blätter für die Garnitur
gemahlener **Kümmel**
4 Scheiben **Bauchspeck**
4 EL **Krautsalat** (siehe Rezept auf Seite 15) oder **Sauerkraut**
Eisen- oder **Plastikring** oder **Keksausstecher**

So machen wir's

Zuerst die Kartoffeln mit der Schale kochen.
In der Zwischenzeit den Zucker in einen Topf geben und karamellisieren. Die Äpfel schälen, entkernen, vierteln und dazugeben. Zugedeckt weich garen und danach mit einer Gabel zerdrücken.
Die Knoblauchzehen schälen, fein schneiden und mit den fein geschnittenen Zwiebeln anrösten. Die Blunzen grob schneiden und mitrösten. Mit Salz, Pfeffer, Majoran und Petersilie abschmecken.
Die Kartoffeln schälen, vierteln und in einer heißen Pfanne gleichmäßig rösten. Mit Salz, Pfeffer und Kümmel würzen und mit der Gabel zerdrücken.
Den Speck klein schneiden und in einer Pfanne anrösten.
Nun einen Turm bauen: Hierfür zuerst einen Eisenring auf einen Teller stellen und die Kartoffeln hineindrücken. Dann nacheinander die Blunzenmasse, die Äpfel und am Schluss das Kraut darauf geben. Als krönenden Abschluss den knusprig gebratenen Speck darauf verteilen. Den Ring herunterziehen und nach Belieben mit Majoran- bzw. Petersilienblättern verzieren.
Der Turmbau funktioniert auch ohne Eisenring. Die Zutaten einfach in umgekehrter Reihenfolge in eine breite Kaffeetasse schichten und auf einen Teller stürzen.

Kartoffelpuffer mit mariniertem Spargel, einer Honig-Limettencrème, Ei und Oregano

Das brauchen wir

1 **Chilischote**
125 g **Crème fraîche**
Saft und **Schale** von 1 unbehandelten **Limette**
2 EL **Honig**
1 TL **Estragon-Senf**
Salz und frisch gemahlener **Pfeffer**
8 grüne **Spargelstangen**
8 weiße **Spargelstangen**
3 EL **Erdnuss-** oder **Olivenöl**
2 **Ofenkartoffeln** (große mehlige Kartoffeln)
Olivenöl
4 hart gekochte **Eier**
2 EL **Oregano**

So machen wir's

Für die Honig-Limettencrème die Chilischote entkernen, klein schneiden und mit Crème fraîche, der Hälfte des Limettensaftes, dem Honig und dem Senf in einer Schüssel verrühren. Mit Salz und Pfeffer würzen.
Den Spargel kochen und in 5 cm lange Stifte schneiden. In eine Schüssel geben und Erdnuss- oder Olivenöl darüber träufeln. Salzen, pfeffern, den restlichen Limettensaft darüber geben und vermischen.
Die Kartoffeln schälen und mit einem Reibeisen lange Streifen abreiben. Eine beschichtete Pfanne erhitzen, etwas Olivenöl hineingeben und die Kartoffelstreifen darin gleichmäßig und nicht zu dick verteilen. Bei mittlerer Hitze goldgelb herausbacken. Vorsicht: Die Kartoffelpuffer brennen leicht an.
Die Puffer auf Tellern anrichten, die Honig-Limettencrème darauf verteilen und den Spargelsalat darauf setzen. Die Eier grob hacken und darauf geben. Mit Oregano bestreuen und mit der abgeriebenen Limettenschale verzieren.

Kürbis-Chilibrot mit Orangen

Das brauchen wir

330 g **Muskatkürbis**
3 **Chilischoten**
80 ml **Orangensaft**
1 TL **Kristallzucker**
80 ml lauwarmes **Wasser**
1 Pkg. **Trockenhefe** oder
17 g **Hefe**
500 g **Mehl**
11 g **Salz**
frisch gemahlener **Pfeffer**

So machen wir's

Den Kürbis schälen, in grobe Würfel schneiden und in eine Form geben. Im Backofen bei 140° Ober- und Unterhitze so lange ausdämpfen lassen, bis die Kürbiswürfel trocken sind – dies dauert ca. 1 Stunde. Sollten sie noch nicht ausgetrocknet sein, einfach in ein Geschirrtuch geben und die restliche Flüssigkeit herausdrücken. Die Chilischoten entkernen und klein schneiden. Das Kürbisfleisch mit den Chilischoten und dem Orangensaft in einen Topf geben und kochen. Wenn der Orangensaft verkocht ist, pürieren und etwas abkühlen lassen.
Den Zucker im lauwarmen Wasser auflösen, die Hefe einrühren und etwa 10 Minuten gehen lassen.
Das Mehl auf die Arbeitsfläche sieben. Kürbispüree, Salz und Pfeffer ergänzen und mit den Händen vermengen. In die Mitte eine Mulde drücken. Die Hefe umrühren und in die Mulde gießen. Gut verkneten, bis ein glatter Teig entsteht. In eine Schüssel geben, mit einem Geschirrtuch abdecken und 2 Stunden gehen lassen.
Den Backofen auf 210° Ober- und Unterhitze vorheizen. Mit den Fingerspitzen auf den Teig klopfen, damit die Luft entweichen kann, und 2–3 Minuten auf der Arbeitsfläche rasten lassen. Zwei Brote formen und auf ein Blech mit Packpapier legen. Mit einem Messer 4–5-mal einritzen und nochmals etwa 20 Minuten gehen lassen. Im Backofen 40–50 Minuten backen. Die Brote auskühlen lassen.

Kürbis-Chilibrot mit Orangen-Chilimayonnaise, Garnelen und Paprikaketchup

Das brauchen wir

Für 4 Personen

1 **Kürbis-Chilibrot**
(siehe Rezept)
1 **Radicchiosalat**
5 EL **Olivenöl**
16 **Garnelen**, ohne Schale und entdarmt
Salz und frisch gemahlener **Pfeffer**

Für das Paprikaketchup:

1 roter **Paprika**
0,2 l **Orangensaft**
1 **Zwiebel**
1 **Knoblauchzehe**
1 cl **Campari**
1 **Chilischote**, entkernt
1 TL **Tomatenketchup**
1 TL **Honig**
1 TL **Oregano**
Salz und frisch gemahlener **Pfeffer**

Für die Orangen-Chilimayonnaise:

180 ml **Orangensaft** (nicht frisch gepresst, da frische Orangen beim Kochen bitter werden)
2 **Chilischoten**
2 EL **Chilisauce Sweet Chicken**
1 EL süße **Sojasauce**
1 EL **Sesamöl**
Mayonnaise
Salz und frisch gemahlener **Pfeffer**

So machen wir's

Zuerst den Backofen auf 250° Oberhitze oder Grillstufe vorheizen. Für das Ketchup den Paprika vierteln, entkernen und mit der Hautseite nach oben für ca. 7–10 Minuten in den Backofen geben. Wenn die Paprikastücke ganz schwarz sind, herausnehmen, in einen Gefrierbeutel geben und diesen verknoten. Nach 10 Minuten lassen sich die Paprikastücke ganz leicht schälen. In der Zwischenzeit den Orangensaft in einem Topf unter ständigem Rühren einreduzieren. Zwiebel und Knoblauchzehe schälen und fein schneiden. Die Zwiebel in einem anderen Topf anrösten. Den Knoblauch dazugeben und kurz mitrösten. Orangensaft, Campari, geschälte Paprikastücke, klein geschnittene Chilischote, Ketchup, Honig und Oregano beimengen und mit Salz und Pfeffer abschmecken. Pürieren, beiseite stellen und 2 Stunden ziehen lassen.
Für die Orangen-Chilimayonnaise den Orangensaft auf die Hälfte einkochen und auskühlen lassen. Die Chilischoten entkernen, klein schneiden und mit Chilisauce, Sojasauce und Sesamöl zur Orangenreduktion geben und pürieren. So viel Mayonnaise einrühren, bis die Sauce eine dickere Konsistenz hat und geschmacklich keine Wünsche offen lässt. Am besten immer wieder kosten und mit Salz und Pfeffer abschmecken.
Das Brot in Scheiben schneiden und toasten. Mit dem Paprikaketchup bestreichen. Den Radicchio in Streifen schneiden, mit 3 EL Olivenöl verrühren und auf die Brotscheiben geben. Je einen Löffel von der Orangen-Chilimayonnaise darauf setzen.
2 EL Olivenöl in eine heiße Pfanne geben und die Garnelen darin auf beiden Seiten 2 Minuten braten. Mit Salz und Pfeffer würzen und auf die Brotscheiben legen.

Maisbrot mit Curry

Das brauchen wir

260 g **Maiskörner** aus der Dose
1 kg **Panna**, **Crème double** oder 800 g **Schlagobers** gemischt mit 200 g **Crème fraîche**
220 g feiner **Maisgrieß**
17 g **Hefe**
100 ml lauwarme **Milch**
330 g **Mehl**
150 ml **Maiskeimöl**
4 **Eier**
9 g **Salz**
3 EL gelbes **Currypulver**
2 EL **Honig**
frisch gemahlener **Pfeffer**
frisch geriebene **Muskatnuss**

So machen wir's

Die Maiskörner ohne Flüssigkeit grob pürieren. Panna in einem Topf aufkochen lassen. Den Maisgrieß hinzufügen und unter ständigem Rühren 3 Minuten kochen. In eine Schüssel geben und abkühlen lassen. Wenn die Masse nur mehr lauwarm ist, die Hefe hineinbröckeln und gemeinsam mit den grob pürierten Maiskörnern und den übrigen Zutaten glatt rühren. In 2 Kastenformen (Länge: 26 cm) füllen und 2 Stunden an einem warmen Ort mit einem Geschirrtuch zugedeckt gehen lassen. Bei 180° Ober- und Unterhitze ca. 35 Minuten backen. Auskühlen lassen.

Maisbrot-Club-Sandwich mit Maishendlbrust, Speck, Ananas und Currymayonnaise

Maishendl: Maishuhn

Das brauchen wir

Für 4 Personen

4 **Maishendl**- oder **Hühnerbrüste**
Salz und frisch gemahlener **Pfeffer**
Maiskeimöl
4 **Ananas**
12 Scheiben **Bauchspeck**
1 **Maisbrot** (siehe Rezept) oder **Tramezzini**

Für die Currymayonnaise:

2 **Knoblauchzehen**
6 EL **Mayonnaise**
2 EL **Apfelmus**
Saft von 1 **Zitrone**
1 EL **Honig**
1 TL gelbe **Currypaste** oder **Currypulver**
½ TL **Kurkuma**
5 Tropfen **Worcestersauce**
1 EL **Chilisauce Sweet Chicken**
Salz und frisch gemahlener **Pfeffer**
2 EL frisch gehackter **Koriander**

So machen wir's

Für die Currymayonnaise die Knoblauchzehen schälen, fein schneiden und mit den restlichen Zutaten, außer dem Koriander, in eine Schüssel geben, pürieren und abschmecken. Zuletzt den Koriander hinzufügen.
Den Backofen auf 180° Ober- und Unterhitze vorheizen.
Die Hühnerbrüste mit Salz und Pfeffer würzen und in einer heißen Pfanne in etwas Öl auf beiden Seiten scharf anbraten. Auf ein Backblech geben und im Backofen 6 Minuten fertig garen. Die Ananasfrüchte in 1 cm dicke Scheiben schneiden und mit dem Speck in derselben Pfanne in etwas Öl knusprig braten. Das Maisbrot in Scheiben schneiden und toasten. Nun eine Brotscheibe, eine Ananasscheibe, Speck und Currymayonnaise abwechselnd in die Höhe schichten.

Flusskrebsbuchteln mit Basilikum und Proseccosauce

Das brauchen wir

Für 4 Personen

80 g lauwarme **Milch**
15 g **Hefe**
250 g **Mehl**
5 g **Salz**
1 **Ei**
1 **Eidotter**
50 g flüssige **Butter**
2 EL flüssige **Butter** zum Bestreichen
Keksausstecher

Für die Fülle:

200 g **Flusskrebsfleisch** (in Lake)
200 g **Crème fraîche**
2 EL frisch gehacktes **Basilikum**
2 **Knoblauchzehen**, geschält
Salz und frisch gemahlener **Pfeffer**
frisch geriebene **Muskatnuss**

Für die Proseccosauce:

1 **Zwiebel**
Olivenöl
½ l **Prosecco**
0,2 l **Fischfond**
(siehe Rezept auf Seite 74)
1 **Lorbeerblatt**
1/16 l **Schlagobers**
3 EL kalte **Butter**
Salz und frisch gemahlener **Pfeffer**
frisch geriebene **Muskatnuss**

So machen wir's

Milch, zerkleinerte Hefe und ⅓ des Mehls in einer Schüssel vermischen und zu einem Vorteig anrühren. Mit etwas Mehl bestauben, mit einem Geschirrtuch abdecken und an einem warmen Ort ca. 30 Minuten gehen lassen. Das restliche Mehl, Salz, das Ei und den Dotter mit einem Kochlöffel einrühren. Zuletzt die flüssige Butter einrühren und den Teig erneut 30 Minuten gehen lassen.
Für die Fülle das Flusskrebsfleisch abseihen, klein hacken und mit Crème fraîche, Basilikum und fein gehacktem Knoblauch gut vermischen. Mit Salz, Pfeffer und Muskatnuss würzen.
Den Backofen auf 180° Ober- und Unterhitze vorheizen. Den Teig ausrollen und mit einem Keksausstecher 6 cm große Kreise ausstechen. Die Fülle in der Mitte auftragen, zusammenschlagen und mit flüssiger Butter bestreichen. In eine Form setzen – die glatte Seite muss oben sein. Im Backofen 25 Minuten backen. In der Zwischenzeit die Proseccosauce zubereiten. Hierfür die Zwiebel schälen, klein schneiden und in etwas Olivenöl kurz anrösten. Noch bevor die Zwiebel Farbe bekommt, mit dem Prosecco aufgießen. Auf die Hälfte reduzieren lassen und den Fischfond dazugeben. Das Lorbeerblatt hinzufügen und auf ⅓ der Menge einkochen lassen. Das Schlagobers dazugeben und 1 Minute kochen lassen. Die kalte Butter beimengen und pürieren. Mit Salz, Pfeffer und Muskatnuss abschmecken. Die Flusskrebsbuchteln aus dem Ofen nehmen und mit der Proseccosauce servieren. Die Buchteln kann man auch mit Blunzen (Blutwurst) füllen und mit Sauerkraut als Beilage servieren. Schmeckt einfach großartig!

Asiatisches Nussbrot in der Nussdose gebacken

Das brauchen wir

1 Dose **Thai-Nüsse**, ca. 140 g
⁵⁄₁₆ l **Wasser**
15 g **Hefe**, zerbröselt
500 g **Mehl**
10 g **Salz**
15 g **Diamalt** oder **Honig**
20 g flüssige **Butter**

So machen wir's

Alle Zutaten bis auf die Nüsse in eine Küchenmaschine geben und mit dem Knethaken zu einem glatten Teig verarbeiten. 1 Stunde gehen lassen. Die Nüsse in ein Geschirrtuch geben, mit dem Nudelholz oder einer Pfanne zertrümmern und in den Teig einkneten. 20 Minuten gehen lassen. In die Nussdose füllen und nochmals 20 Minuten gehen lassen. Im Backofen bei 180° Ober- und Unterhitze ca. 30 Minuten backen. Den restlichen Teig in eine Kastenform geben und ebenfalls backen.

Meine Purbach-Pizza mit Eierschwammerl, Speck und Kürbis

Das brauchen wir

Für 4 Personen

150 g **Hokkaidokürbis**
65 g geräucherter **Bauchspeck**
120 g **Eierschwammerl** (oder Champignons)
40 g geschälte und geschnittene rote **Zwiebeln**
40 g geschälte und geschnittene weiße **Zwiebeln**
Olivenöl
80 g **Ziegenkäse** in Asche (oder jede andere Käsesorte)
frisch gehackter **Schnittlauch**
frisch gehackte **Petersilie**

Für den Teig:

16 g **Hefe**
1 EL **Honig**
250 ml lauwarmes **Wasser**
500 g **Mehl**
2 EL **Olivenöl**
1 TL gemahlene **Korianderkörner**
4 g **Salz**

Für die Crème fraîche-Sauce:

1 **Chilischote**
150 g **Crème fraîche**
3 EL **Kren** aus dem Glas
1 TL **Honig**
Saft von ½ **Zitrone**
Salz und frisch gemahlener **Pfeffer**

Eierschwammerl: Pfifferlinge

So machen wir's

Für den Teig Hefe und Honig in lauwarmem Wasser auflösen. Das Mehl auf die Arbeitsfläche sieben, in die Mitte eine Mulde drücken und die restlichen Zutaten hineingeben. Die Hefe-Wassermischung hinzufügen und zu einem glatten Teig verkneten. Zudecken und an einem warmen Ort 2 Stunden gehen lassen.
Für die Crème fraîche-Sauce die Chilischote entkernen, klein schneiden und mit Crème fraîche, Kren, Honig und Zitronensaft in einer Schüssel pürieren. Mit Salz und Pfeffer abschmecken.
Den Backofen auf 250° Ober- und Unterhitze vorheizen.
Den Pizzateig ausrollen, auf ein Backblech legen und mit der Crème fraîche-Sauce bestreichen. Den Kürbis entkernen, schälen und in dünne Spalten schneiden. Den Bauchspeck in Streifen schneiden. Die Eierschwammerl putzen und mit den Kürbisspalten, den Zwiebeln und dem Speck gleichmäßig auf der Pizza verteilen. Etwas Olivenöl darüber spritzen. Den Käse zerbröseln und darüber geben. Im Backofen ca. 20–25 Minuten backen. Herausnehmen und mit Schnittlauch und Petersilie bestreuen.

Lángos mit Knoblauchöl

Lángos, die Pizza der Burgenländer und Ungarn, wird im Gegensatz zur italienischen Pizza nicht im Backofen gebacken, sondern in einer Pfanne im Schmalz oder Öl herausgebacken. Bei meiner Oma gab es selten Lángos, aber einmal im Jahr beim Kirtag, nachdem wir von der Oma unser Kirtaggeld bekommen hatten, hauten wir dann richtig auf den Putz, auch was den Genuss von Lángos betrifft.

Das brauchen wir

Für 4 Personen

150 g mehlige **Kartoffeln**
35 g **Hefe**
2 EL **Staubzucker**
100 ml lauwarme **Milch**
410 g glattes **Mehl**
50 ml **Öl**
Salz
310 ml kalte **Milch**
Schmalz oder **Öl**

Für das Knoblauchöl:

7 **Knoblauchzehen**
⅛ l **Olivenöl**

So machen wir's

Die Kartoffeln mit der Schale kochen. Hefe und Staubzucker in 100 ml lauwarmer Milch auflösen. Mit 2 EL Mehl bestauben und an einem warmen Ort 20 Minuten gehen lassen. Die Kartoffeln schälen, mit einer Kartoffelpresse zerdrücken und auskühlen lassen. Das restliche Mehl in eine große Schüssel geben und in die Mitte eine Mulde drücken. Kartoffeln, Hefemischung, Öl, Salz und die kalte Milch hineingeben und zu einem Teig verarbeiten. Zudecken und 1 Stunde gehen lassen. In der Zwischenzeit das Knoblauchöl zubereiten. Hierfür die Knoblauchzehen schälen und klein schneiden. Mit dem Olivenöl vermischen und pürieren. Nun beliebig große Fladen formen – aber aufpassen: Sie müssen noch in die Pfanne passen! Das Schmalz in einer Pfanne erhitzen und die Fladen darin herausbacken. Mit dem Knoblauchöl bestreichen und genießen. Mit diesem Teig lassen sich viele köstliche Variationen kreieren wie etwa burgenländische Knabberwürste, auch Debrecziner-Lángos genannt. Dafür den Teig einfach in Streifen schneiden, Debrecziner darin einwickeln und herausbacken. Auch frische Kräuter wie Thymian oder Basilikum im Teig sorgen für ein tolles Geschmackserlebnis. Besonders gut schmeckt der Teig, wenn man ihn wie eine Pizza belegt – etwa mit einer Crème fraîche-Sauce (siehe Rezept), etwas Rucola, getrockneten Tomaten, Parmesan oder Räucherlachs. Die genialste Variante ist für mich jedoch, den Teig mit Nutella oder Vanillesauce zu bestreichen.

Flower-Power-Pizza

Das brauchen wir

Für 4 Personen

Maiskeimöl
etwas **Mehl**
2 rote **Äpfel**, ohne Kerngehäuse
3 grüne **Äpfel**, ohne Kerngehäuse
3 rote **Zwiebeln**, geschält
2 weiße **Zwiebeln**, geschält
2 **Chilischoten**
Salz und frisch gemahlener **Pfeffer**
1 unbehandelte **Zitrone**
1 Bund frischer **Oregano** oder **Basilikum**

Für den Teig:

300 g **Muskatkürbis**
4 **Knoblauchzehen**
2 EL **Olivenöl**
80 ml lauwarme **Milch**
Salz
1 TL gelbes **Currypulver**
350 g **Dinkelmehl** (Type 630)
1 Pkg. **Trockenhefe**

Für die Tabasco-Knoblauchsauce:

2 **Knoblauchzehen**
350 g **Crème fraîche**
5 Tropfen **Tabascosauce**
1 EL **Honig**
2 EL **Zitronensaft**
Salz und **Cayennepfeffer**

So machen wir's

Den Backofen auf 150° Ober- und Unterhitze vorheizen.
Für den Teig den Kürbis schälen und in Würfel schneiden. Die Knoblauchzehen schälen und klein schneiden. Kürbiswürfel und Knoblauch in eine feuerfeste Form geben, mit dem Olivenöl vermischen und im Backofen ca. 40 Minuten ausdampfen lassen. Öfter umrühren. Herausnehmen und in einem Geschirrtuch so fest ausdrücken, dass die gesamte Flüssigkeit entweicht. Den Kürbis mit lauwarmer Milch, Salz und Curry vermischen und pürieren. Das Mehl auf die Arbeitsfläche sieben und in die Mitte eine Mulde drücken. Trockenhefe und Kürbispüree hinzufügen und zu einem glatten Teig verarbeiten. Mit Klarsichtfolie bedecken und im Kühlschrank 1 Stunde rasten lassen.
In der Zwischenzeit die Tabasco-Knoblauchsauce zubereiten. Hierfür die Knoblauchzehen schälen, fein hacken und mit den restlichen Zutaten in einer Schüssel gut verrühren. Die Sauce soll leicht scharf schmecken.
Ein Backblech mit Öl ausstreichen und mehlieren. Den Teig ausrollen und auf das Blech legen. Mit der Tabasco-Knoblauchsauce bestreichen.
Äpfel und Zwiebeln in 3 mm dicke Scheiben schneiden. Die Chilischoten entkernen und in kleine Stücke schneiden. Den Pizzateig nun abwechselnd mit den roten und grünen Äpfeln und danach abwechselnd mit den weißen und roten Zwiebeln belegen. Zum Schluss den Chili darüber geben. Im Backofen bei 200° Ober- und Unterhitze ca. 20 Minuten backen. Am besten ab und zu nach der Pizza sehen. Wenn die Pizza am Rand eine schöne Farbe hat, ist sie fertig. Die Pizza aus dem Backofen nehmen, salzen, pfeffern und mit einem Reibeisen die Schale der Zitrone darüber hobeln. Mit frisch gezupftem Oregano oder Basilikum bestreuen. Bei Bedarf zusätzlich 2 EL Olivenöl darüber träufeln.

Suppen

Omas Rindsuppe

Das brauchen wir

400 g **Beinfleisch**
200 g **Rinderknochen**
4 l kaltes **Wasser**
1 **Zwiebel**
200 g **Knollensellerie**, geschält
100 g **Petersilienwurzeln**, geschält
50 g **Karotten**
1 **Tomate**
Stiele von 1 Bund frischer **Petersilie**
10 **Pfefferkörner**
4 **Wacholderbeeren**
3 **Lorbeerblätter**
Salz und frisch gemahlener **Pfeffer**

So machen wir's

Das Fleisch und die Knochen unter dem Wasserhahn mit brennheißem Wasser 2 Minuten abbrühen. In einen Topf geben und das Wasser hinzufügen. Langsam aufkochen lassen. In der Zwischenzeit die Zwiebel mit der Schale halbieren, in eine heiße Pfanne mit etwas Öl geben und auf der Schnittfläche schwarz rösten. Auskühlen lassen.
Wenn die Suppe aufkocht, entsteht ein grauer Schaum. Diesen mit einem Schöpflöffel abschöpfen und die Suppe bei mittlerer Hitze 3 Stunden ziehen lassen. Unterdessen den Knollensellerie in grobe Würfel und die Petersilienwurzeln in Scheiben schneiden. Die Karotten schälen und der Länge nach halbieren. Die Tomate halbieren und den Strunk entfernen. Das Gemüse und die Gewürze zur Suppe geben und diese 1 weitere Stunde ziehen lassen. Sollte zu viel Wasser verdampft sein, etwas Wasser beigeben. Die Suppe abseihen, mit Salz und Pfeffer würzen und mit dem Gemüse und einer Suppeneinlage nach Wahl servieren. Das Rindfleisch lässt meine Oma immer auskühlen und am nächsten Tag bereitet sie damit einen leckeren Rindfleischsalat zu.

Omas Suppeneinlagen

Frittaten

Das brauchen wir

Für 4 Personen

150 g **Mehl**
¼ l **Milch**
3 **Eier**
20 g flüssige **Butter**
Salz und frisch gemahlener **Pfeffer**
frisch geriebene **Muskatnuss**
2 EL frisch gehackte **Petersilie**
Sonnenblumenöl

So machen wir's

Das Mehl in eine Schüssel geben und langsam die Milch dazugießen – so klumpt der Teig nicht. Glatt rühren. Die Eier und die flüssige Butter hinzufügen, mit Salz, Pfeffer und Muskatnuss würzen und die Petersilie beigeben. In einer heißen Pfanne in etwas Öl dünne Crêpes herausbacken. Auskühlen lassen, zusammenrollen und in dünne Streifen schneiden.

Grießnockerl

Das brauchen wir

Auf die Frage „Welche Zutaten brauche ich für Grießnockerl?" gibt's nur eine Antwort, die wie ein Schüttelreim klingt:

Ei-schwer **Butter**, doppelt
Grieß, **Salz**, **Muskat**

So einfach und trotzdem schmeckt es überall anders.

So machen wir's

Die Butter schaumig rühren, das Ei langsam einrühren und mit Salz und frisch geriebener Muskatnuss würzen. Den Grieß darunterheben und 30 Minuten rasten lassen. Mit 2 Löffeln Nockerl formen und in kochendes Salzwasser oder gleich in die Rindsuppe legen. 2 Minuten kochen lassen und ca. 8 Minuten zugedeckt ziehen lassen. Den Deckel nicht abnehmen.

Bernies Bouillon mit Ei und Kartoffelschaum

Das brauchen wir

Für 4 Personen

200 g mehlige **Kartoffeln**
Salz und gemahlener weißer **Pfeffer**
frisch geriebene **Muskatnuss**
Maiskeim-, **Oliven-** oder **Trüffelöl**
4 **Eier**
Omas Rindsuppe (siehe Rezept auf Seite 59)
iSi Gourmet Whip (1l) mit 2 Sahnekapseln

So machen wir's

Die Kartoffeln schälen, klein schneiden und in reichlich Salzwasser weich kochen. Die Kartoffeln sollten jetzt nur mehr knapp mit Wasser bedeckt sein – den Rest wegschütten. Pürieren und durch ein Haarsieb streichen. Es soll ein flüssiger Brei entstehen. Wenn die Masse noch zu dick ist, etwas Wasser hinzufügen. Sollte sie zu flüssig sein, etwas einkochen lassen. Mit Salz, Pfeffer und Muskatnuss würzen und in den iSi Gourmet Whip füllen. 2 Sahnekapseln hineinschrauben. Aus einer Klarsichtfolie 4 Quadrate schneiden, diese flach auf die Arbeitsfläche legen und in der Mitte mit Öl bestreichen. Auf jedes Quadrat 1 Ei aufschlagen. Nun die diagonalen Spitzen des Quadrats nehmen und in der Mitte zusammenführen. Die Folie über dem Ei mit der linken Hand umfassen und das Ei mit der rechten Hand eindrehen, bis es prall ist und wieder die Form eines Eis hat. Mit einer Küchenschnur luftdicht verschließen. Diesen Vorgang bei den übrigen drei Quadraten wiederholen. Die Eier in kochendem Wasser 5 Minuten kochen lassen und herausnehmen. Jedes Ei unterhalb der Küchenschnur mit einer Schere vorsichtig aufschneiden und in ein Glas geben. Die heiße Rindsuppe von der Oma darauf gießen und mit dem iSi Gourmet Whip eine Kartoffelschaumhaube darauf spritzen.

Was soll ich sagen: Ich liebe diese Suppe! Auf die Idee, eine Schweinsbratensuppe zu machen, haben mich der unverkennbare Geruch und der Geschmack des Schweinsbratens gebracht. Der Schweinsbraten hat für mich alles, was ein perfektes Fleischgericht haben soll: Eigenständigkeit im Geschmack und Power. Und weil beim Schweinsbraten immer zu wenig Saft in der Pfanne ist, machen wir nun einfach mehr davon ...

Gebratene Schweinsbratensuppe mit Kümmelbratenhascheeknödel und Kartoffel-Speckschaum

Das brauchen wir

2 kg **Schweinsknochen**,
vom Fleischer zerkleinert
400 g **Schweinsripperl**,
vom Fleischer zerkleinert
Salz und gemahlener weißer **Pfeffer**
5 **Knoblauchzehen**, geschält
5 l **Wasser**
3 **Zwiebeln**
Maiskeimöl
3 **Karotten**
1 **Knollensellerie**
5 **Petersilienwurzeln**
1 EL **Tomatenmark**
100 ml **Weinbrand**
½ l dunkles **Bier**
1 EL ganzer **Kümmel**
6 **Wacholderbeeren**
2 EL bunte **Pfefferkörner**
4 **Lorbeerblätter**
1 Bund frische **Petersilie**
½ Bund frischer **Majoran**
Kümmelbratenhascheeknödel
(siehe Rezept auf Seite 218)
frisch gehackter **Majoran** zum Bestreuen

Für den Kartoffel-Speckschaum:

100 g geräucherter **Bauchspeck**
1 EL **Schweineschmalz**
200 g mehlige **Kartoffeln**
1 **Lorbeerblatt**
Salz und frisch gemahlener **Pfeffer**
frisch geriebene **Muskatnuss**
iSi Gourmet Whip (1l) mit 2 Sahnekapseln

So machen wir's

Den Backofen auf 160° Ober- und Unterhitze vorheizen. Die geschnittenen Schweinsknochen und Ripperl auf ein Backblech legen, mit Salz, Pfeffer und 2 klein geschnittenen Knoblauchzehen leicht würzen. ½ l Wasser aufs Blech gießen und im vorgeheizten Backofen ca. 45 Minuten (Zeit vom Ofen abhängig) braten lassen, bis die Knochen eine schöne braun gebratene Farbe haben und knusprig sind. Am besten alle 10 Minuten nachsehen und durchrühren. So kann man den richtigen Zeitpunkt nicht verpassen.
In der Zwischenzeit die Zwiebeln schälen (die Schalen für die Suppe aufheben), klein schneiden und langsam in einem Topf in etwas Öl rösten, bis sie dunkelbraun sind. Die Karotten, den Knollensellerie und die Petersilienwurzeln schälen, in kleine Würfel schneiden und bei mittlerer Hitze mitrösten. Das Tomatenmark hinzufügen, kurz mitrösten und mit Weinbrand ablöschen. Diesen komplett verdunsten lassen, etwas weiterrösten und mit dem Bier aufgießen. 2 Minuten kochen lassen, mit dem restlichen Wasser auffüllen und aufkochen lassen. Die braun gebratenen Knochen, Kümmel, Wacholderbeeren, Pfefferkörner, Lorbeerblätter, Petersilien- und Majoranstiele sowie die Zwiebelschalen dazugeben. Die restlichen 3 Knoblauchzehen klein schneiden, beimengen und 3–4 Stunden ziehen lassen. Abseihen. Wer die Suppe gerne klarer haben möchte, einfach durch einen Kaffeefilter abseihen.
Den Speck in kleine Würfel schneiden und im Schweineschmalz knusprig anbraten. Mit ¼ l der Suppe ablöschen. Die Kartoffeln schälen, klein schneiden und mit dem Lorbeerblatt zu den Speckwürfeln geben. Die Kartoffeln sollten knapp mit Suppe bedeckt sein; wenn nicht, noch etwas Suppe hinzufügen. Die Kartoffeln weich kochen, pürieren und durch ein Haarsieb streichen. Es soll ein flüssiger Brei entstehen. Wenn die Masse noch zu dick ist, etwas Wasser hinzugeben. Sollte sie noch zu flüssig sein, etwas einkochen lassen. Mit Salz, Pfeffer und Muskatnuss abschmecken und in den iSi Gourmet Whip füllen. 2 Sahnekapseln hineindrehen.
Die Schweinsbratsuppe in Gläsern anrichten, mit dem iSi Gourmet Whip eine Kartoffel-Speckschaumhaube darauf setzen und bei Bedarf Champignons darüber hobeln. Die Kümmelbratenhascheeknödel mit gehacktem Majoran bestreuen und zur Suppe servieren. Auch Frittaten, oder Grießnockerln (siehe Rezepte auf Seite 59) passen hervorragend zur Schweinsbratensuppe.

Ich koche diese Suppe immer nach einem ausgiebigen „Entenessen" mit meinen Lieben. Die übrig gebliebenen Knochen eignen sich dafür hervorragend. Alternativ kann man das Fleisch einer gebratenen Ente auch für leckere Enten-Ingwerknödel verwenden und diese in die Suppe geben.

Klare Entensuppe mit Maisschaum, Kakao und Enten-Ingwerknödel

Das brauchen wir

ca. 2 kg **Entenknochen**
plus **Hals** und **Innereien**
(außer Leber) von 1 Ente
2 ½ l **Wasser**
4 **Zwiebeln**
4 **Knoblauchzehen**
3 **Petersilienwurzeln**
2 **Karotten**
1 **Stangensellerie**
1 Stange **Lauch**
Maiskeimöl
1 EL **Tomatenmark**
100 ml **Weinbrand**
100 ml **Sherry**
80 ml weißer **Portwein**
60 ml **Madeira**
6 cl **Grand Marnier**
4 **Wacholderbeeren**
2 **Lorbeerblätter**
5 **Petersilienstiele**
5 **Majoranstiele**
1 TL weiße **Pfefferkörner**
2 **Gewürznelken**
Salz und frisch gemahlener **Pfeffer**
frisch geriebene **Muskatnuss**
Kakaopulver
Enten-Ingwerknödel
(siehe Rezept auf Seite 218)

Für den Maisschaum:

1 **Zwiebel**
2 **Knoblauchzehen**
Maiskeimöl
290 g **Mais**, tiefgekühlt oder aus der Dose
1 TL **Honig**
1 Msp. **Chilipulver**
Salz und frisch gemahlener **Pfeffer**
iSi Gourmet Whip (1l) mit 2 Sahnekapseln

So machen wir's

Den Backofen auf 160° Ober- und Unterhitze vorheizen.
Die Entenknochen grob zerteilen, auf ein Backblech legen und im Ofen braun braten. Nach 10 Minuten durchrühren und ¼ l Wasser dazugeben.
In der Zwischenzeit Zwiebeln, Knoblauch, Petersilienwurzeln, Karotten, Stangensellerie und Lauch schälen und klein schneiden. Von den Zwiebeln unbedingt die Schalen aufbehalten.
Die Zwiebeln in einem Topf in heißem Öl so lange rösten, bis sie dunkelbraun sind. Das klein geschnittene Gemüse dazugeben und mitrösten. Das Tomatenmark hinzufügen und kurz mitrösten. Mit Weinbrand ablöschen, diesen komplett verdunsten lassen und weiterrösten. Mit den übrigen Alkoholika aufgießen und auf die Hälfte reduzieren lassen. Mit dem restlichen Wasser auffüllen und zum Kochen bringen.
Die braun gerösteten Knochen, die Gewürze und die Zwiebelschalen dazugeben. 2 Stunden ziehen lassen und abseihen. Wem die Suppe zu trüb ist, der kann sie durch einen Kaffeefilter abseihen. Mit Salz, Pfeffer und Muskatnuss abschmecken. Die Suppe am besten über Nacht im Kühlschrank stehen lassen, damit sich das Fett absetzt und man es am nächsten Tag leicht abschöpfen kann.
Für den Maisschaum Zwiebel und Knoblauchzehen schälen, in kleine Würfel schneiden und in einem Topf in heißem Öl rösten. Den tiefgekühlten Mais kurz mitrösten und mit Wasser bedecken. Honig und Chilipulver dazugeben, mit Salz und Pfeffer würzen und den Mais weich kochen. Der Mais muss immer knapp mit Wasser bedeckt sein. Pürieren, durch ein Haarsieb streichen und nochmals abschmecken.
Das Maispüree in den iSi Gourmet Whip füllen und 2 Sahnekapseln hineingeben.
Die Suppe in Gläsern anrichten, mit dem iSi Gourmet Whip den Maisschaum darauf spritzen und das Kakaopulver darüber streuen. Die gekochten Enten-Ingwerknödel eventuell in Butterbrösel schwenken und auf die Suppe setzen.

Omas Erbsen-Mehlnockerlsuppe mit Petersilie

Das brauchen wir

Für 4 Personen

1 l **Gemüsefond** oder **Wasser** mit **Suppenwürfel** aus dem Bioladen
280 g tiefgekühlte **Erbsen**
70 g braune **Butter**
(siehe Rezept auf Seite 12)
60 g glattes **Mehl**
Salz und frisch gemahlener **Pfeffer**
frisch geriebene **Muskatnuss**
2 EL frisch gehackte **Petersilie**

So machen wir's

Den Gemüsefond aufkochen, die Erbsen hinzufügen und bissfest kochen. Abseihen und den Fond unbedingt auffangen.
Die Butter in einen heißen Topf geben. Wenn sie flüssig ist, das Mehl dazugeben und bei mittlerer Hitze 1–2 Minuten anschwitzen.
Mit dem Gemüsefond aufgießen und ein paar Minuten kochen lassen, bis die Suppe eine leichte Bindung hat. Mit Salz, Pfeffer und Muskatnuss abschmecken. Aufkochen lassen, Erbsen und gehackte Petersilie dazugeben und mit Mehlnockerln servieren.

Mehlnockerl

Das brauchen wir

75 g **Butter**
125 g **glattes Mehl**
125 g **griffiges Mehl**
125 ml **Milch**
3 **Eier**
Salz und frisch gemahlener **Pfeffer**
frisch geriebene **Muskatnuss**

So machen wir's

Zuerst die Butter aus dem Kühlschrank nehmen und etwas stehen lassen – sie sollte bei der Verarbeitung handwarm, also ganz weich, aber noch nicht flüssig sein.
Glattes und griffiges Mehl in eine Schüssel geben und mit der Milch gut verrühren. Die Eier dazugeben und mit Salz, Pfeffer und Muskatnuss würzen. Die weiche Butter unterrühren und 20 Minuten kalt stellen. Die Masse löffelweise in kochendes Salzwasser einlegen und 8 Minuten zugedeckt leicht kochen lassen. Anschließend 4 Minuten ziehen lassen, abseihen und in der Suppe nochmals aufkochen – fertig!

Bernies Erbsen-Butternockerlsuppe mit Petersilie

Das brauchen wir

70 g braune **Butter**
(siehe Rezept auf Seite 12)
60 g glattes **Mehl**
1 l **Gemüsefond** oder **Wasser** mit **Suppenwürfel** aus dem Bioladen
Salz und frisch gemahlener **Pfeffer**
frisch geriebene **Muskatnuss**
280 g tiefgekühlte **Erbsen**
2 EL frisch gehackte **Petersilie**

So machen wir's

Die Butter in einen heißen Topf geben und das Mehl in der flüssigen Butter bei mittlerer Hitze 1–2 Minuten anschwitzen. Mit dem Gemüsefond aufgießen und ein paar Minuten kochen lassen, bis die Suppe eine leichte Bindung aufweist. Mit Salz, Pfeffer und Muskatnuss abschmecken. Erneut aufkochen lassen und die Erbsen und die gehackte Petersilie hinzufügen. Die Suppe pürieren und durch ein Haarsieb in den Topf streichen. Nochmals abschmecken, aufkochen und mit Butternockerln anrichten.

Butternockerl

Das brauchen wir

110 g **Butter**
4 **Eier**
75 g **glattes Mehl**
75 g **griffiges Mehl**
Salz und frisch gemahlener **Pfeffer**
frisch geriebene **Muskatnuss**

So machen wir's

Die Butter schaumig rühren. Die Eier trennen. Das Eiweiß zu Schnee schlagen. Die Eidotter langsam in die Butter rinnen lassen und gut verrühren. Die Mehlsorten miteinander vermischen und abwechselnd mit dem Eischnee unter die Butter heben. Mit Salz, Pfeffer und Muskatnuss würzen. Im Kühlschrank 20 Minuten rasten lassen. Mit 2 Löffeln Nockerln formen und mit einem Löffel in kochendes Salzwasser einlegen. Bei schwacher Hitze 3 Minuten köcheln lassen. Zudecken und 5 Minuten ziehen lassen. Herausnehmen und mit der Erbsensuppe servieren.

Kartoffel-Lauchcremesuppe mit Zitronengras und Kokos

Das brauchen wir

Für 4 Personen

50 g **Butter**
50 g glattes **Mehl**
1 l **Gemüsefond** oder **Wasser** mit **Suppenwürfel** aus dem Bioladen
2 Stangen **Zitronengras**
1 **Lorbeerblatt**
1 **Knoblauchzehe**
2 große mehlige **Kartoffeln**
Salz und frisch gemahlener **Pfeffer**
frisch geriebene **Muskatnuss**
¼ l **Kokosmilch**, ungesüßt
1 Stange **Lauch**

So machen wir's

Die Butter in einem Topf flüssig werden lassen. Das Mehl dazugeben und kurz anschwitzen. Mit dem Gemüsefond aufgießen und aufkochen lassen. Das Zitronengras in 2 cm lange Stifte schneiden oder besser mit dem Messergriff fest auf die Stangen schlagen, bis die Fasern aufspringen – dadurch kann sich das Aroma besser entfalten. Mit dem Lorbeerblatt in die Suppe geben. Die Knoblauchzehe schälen, klein schneiden und ebenfalls beimengen. Die Kartoffeln schälen, in 1 x 1 cm große Stücke schneiden und in die Suppe geben. Weich kochen. Die Suppe so lange kochen lassen, bis sie die gewünschte Konsistenz hat. Bei Bedarf noch ein wenig Wasser dazugeben. Das Zitronengras entfernen, mit Salz, Pfeffer und Muskatnuss abschmecken und die Kokosmilch hinzufügen. Zuletzt den Lauch in kleine Würfel schneiden und in die Suppe geben. 2 Minuten kochen lassen und anrichten.

TIPP

Bei Bedarf kann man 4 Minuten, bevor die Suppe fertig ist, die Schale einer Limette hineinreiben. Die Limette gibt der Suppe einen säuerlichen Touch. Als Garnitur sind frische Basilikumblätter zu empfehlen – am besten in die Suppe gezupft.

Dunkle Einbrennsuppe mit Zupfnockerln

Das brauchen wir

80 g **Maiskeimöl** oder **Schweineschmalz**
70 g **Mehl**
Salz und frisch gemahlener **Pfeffer**

Für den Kümmelfond:

1 **Knoblauchzehe**
1 **Zwiebel**
1 l **Hühnerfond** oder **Wasser** mit **Suppenwürfel** aus dem Bioladen
1 gehäufter TL ganzer **Kümmel**
2 EL **Hesperiden-Essig**
2 **Lorbeerblätter**
Salz und frisch gemahlener **Pfeffer**

Für die Zupfnockerln:

125 g **Mehl**
1/16 l lauwarmes **Wasser**
1 EL **Maiskeimöl**
1 TL **Hesperiden-Essig**
1 **Ei**
Salz

So machen wir's

Für den Kümmelfond den Knoblauch schälen und klein schneiden. Die Zwiebel ebenfalls schälen, in grobe Stücke schneiden und gemeinsam mit dem Knoblauch und den anderen Zutaten in einen Topf geben. Aufkochen, 3 Minuten kochen lassen und ca. 30 Minuten ziehen lassen.
In der Zwischenzeit die Zupfnockerlmasse vorbereiten: Das Mehl auf die Arbeitsfläche sieben und eine Mulde hineindrücken. Wasser, Öl, Essig, Ei und Salz hinzufügen und zu einem seidig glatten Teig kneten. Zudecken und mind. 30 Minuten im Kühlschrank rasten lassen.
Das Öl in einen Topf geben und erhitzen. Das Mehl hinzufügen und langsam bei mittlerer Hitze unter ständigem Rühren rösten. Das dauert einige Zeit – ab und zu den Topf kurz von der Herdplatte ziehen, damit das Mehl nicht anbrennt, und wieder auf die Platte stellen, aber immer weiterrühren, bis das Mehl gleichmäßig dunkelbraun ist. Den Kümmelfond durch ein Sieb zur Mehlschwitze gießen und aufkochen. Ein paar Minuten kochen lassen. Die Nockerlmasse mit Daumen und Zeigefinger direkt in die Suppe zupfen. Nach jedem Zupfen die Finger anfeuchten, da sonst der Teig kleben bleibt. Die Zupfnockerl 5 Minuten mitkochen lassen und mit Salz und Pfeffer abschmecken. Wer möchte, kann die Suppe noch mit 1 EL Crème fraîche verfeinern.

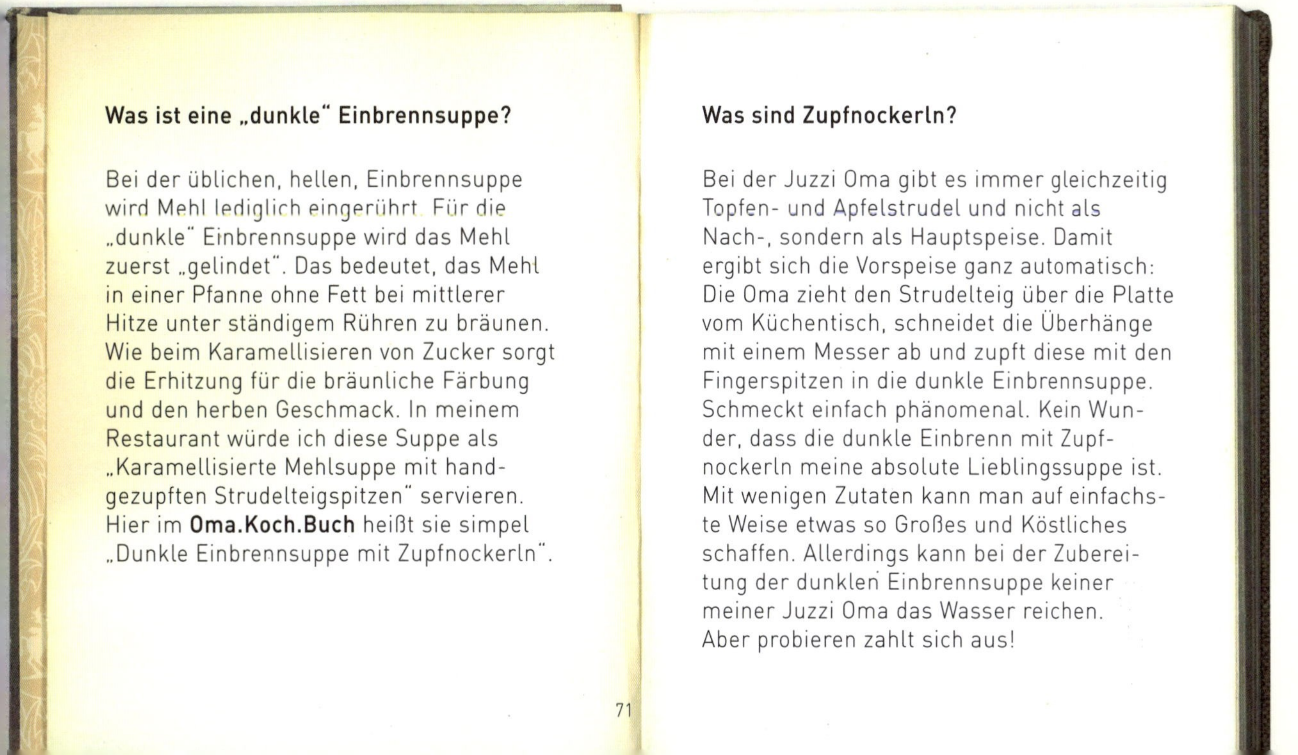

Was ist eine „dunkle" Einbrennsuppe?

Bei der üblichen, hellen, Einbrennsuppe wird Mehl lediglich eingerührt. Für die „dunkle" Einbrennsuppe wird das Mehl zuerst „gelindet". Das bedeutet, das Mehl in einer Pfanne ohne Fett bei mittlerer Hitze unter ständigem Rühren zu bräunen. Wie beim Karamellisieren von Zucker sorgt die Erhitzung für die bräunliche Färbung und den herben Geschmack. In meinem Restaurant würde ich diese Suppe als „Karamellisierte Mehlsuppe mit handgezupften Strudelteigspitzen" servieren. Hier im **Oma.Koch.Buch** heißt sie simpel „Dunkle Einbrennsuppe mit Zupfnockerln".

Was sind Zupfnockerln?

Bei der Juzzi Oma gibt es immer gleichzeitig Topfen- und Apfelstrudel und nicht als Nach-, sondern als Hauptspeise. Damit ergibt sich die Vorspeise ganz automatisch: Die Oma zieht den Strudelteig über die Platte vom Küchentisch, schneidet die Überhänge mit einem Messer ab und zupft diese mit den Fingerspitzen in die dunkle Einbrennsuppe. Schmeckt einfach phänomenal. Kein Wunder, dass die dunkle Einbrenn mit Zupfnockerln meine absolute Lieblingssuppe ist. Mit wenigen Zutaten kann man auf einfachste Weise etwas so Großes und Köstliches schaffen. Allerdings kann bei der Zubereitung der dunklen Einbrennsuppe keiner meiner Juzzi Oma das Wasser reichen. Aber probieren zahlt sich aus!

An meine Bundesheerzeit und besonders an die Feldwoche denke ich mit Grauen zurück – strömender Regen, Eiseskälte und gefühlte 100 Kilo am Rücken. Tolle Bedingungen für einen Gewaltmarsch in der Buckligen Welt. Aber es gab kein Entrinnen. Da mussten wir durch. Völlig durchnässt und halb erfroren, kehrten wir mitten in der Nacht ins Basislager zurück. Zwar wurde uns netterweise eine kalte Jause serviert, aber genügen Dosenbrot, Schmalz, Zwiebeln, Knoblauch, Essiggurkerln, Pfefferoni, reichlich Bier und Schnaps wirklich „zur Stärkung"? Wer's glaubt ... Ich nicht! Und auch meine Bundesheerkameraden nicht. Eine warme Mahlzeit musste her. Aber so einfach war es nicht, in der Wildnis eine stärkende Speise zu kochen. Kein Topf oder Herd weit und breit. Meine – unsere – Rettung waren ein wärmendes Lagerfeuer und die überdimensionalen 10 Kilo Essiggurkerldosen. Hunger ist ja bekanntlich der beste Gourmet und macht erfinderisch. Ich schnappte mir eine leere Dose und bereitete über dem Lagerfeuer eine herrliche Zwiebelsuppe zu. Und aufgekocht mit Bier und Schnaps erweckte sie alle müden Geister zu neuem Leben.

Zwiebelsuppe in der Gurkendose

Das brauchen wir

1 EL **Schweineschmalz**
5 große **Zwiebeln**
2 **Knoblauchzehen**
1 Msp. **Paprikapulver**, edelsüß
⅛ l **Tresterschnaps**, im Holzfass gelagert
0,3 l dunkles **Bier**
½ l **Wasser**
Salz und frisch gemahlener **Pfeffer**
getrockneter **Majoran**
¼ l **Essiggurkerlwasser**

So machen wir's

In einem Topf das Schmalz erhitzen. Die Zwiebeln schälen, klein schneiden und darin goldbraun rösten. Die Knoblauchzehen schälen, klein schneiden und mit dem Paprikapulver kurz mitrösten. Mit Tresterschnaps ablöschen – aber Vorsicht: Wer die Suppe über einem Feuer oder auf einem Gasherd zubereitet, muss auf die dadurch entstehende Stichflamme und die eigenen Haare aufpassen! Den Schnaps zur Gänze verdunsten lassen. Mit Bier aufgießen und auf die Hälfte einreduzieren. Mit Wasser und Essiggurkerlwasser auffüllen und so lange kochen lassen, bis sie intensiv genug schmeckt. Mit Salz und Pfeffer würzen und den getrockneten Majoran dazugeben.

Zwiebelsuppe mit Blätterteig-Zwiebelbrot

Das brauchen wir

4 große weiße **Zwiebeln**
60 g **Olivenöl**
⅛ l **Weißwein**
1 l **Rindsuppe**
Salz und frisch gemahlener **Pfeffer**
1 Pkg. **Blätterteig**
1 **Eidotter**
6 **Schalotten**
1 rote **Zwiebel**

So machen wir's

Den Backofen auf 200° Ober- und Unterhitze vorheizen. Die Zwiebeln schälen, in Ringe schneiden und in einem Topf im Olivenöl goldbraun rösten. Mit dem Weißwein ablöschen und mit der Rindsuppe aufgießen. Ca. 20 Minuten kochen lassen – die Flüssigkeit soll etwas einkochen. Mit Salz und Pfeffer würzen. In der Zwischenzeit den Blätterteig ausrollen und in 10 x 3 cm große Streifen schneiden. Mit dem Eidotter bestreichen. Schalotten und rote Zwiebel schälen, in Scheiben schneiden und die Blätterteigstreifen damit belegen. Im Backofen ca. 10 Minuten unter Beobachtung backen. Die Zwiebelsuppe mit dem Blätterteig servieren.

Fischfond ist die Basis für eine gute Fischsuppe. Mit Meeresfischen zubereitet, bekommt er zwar einen intensiveren Geschmack, aber mit heimischen Süßwasserfischen aus dem „Meer der Wiener" (Neusiedler See) genießt man ein Stück Heimat.

Fischfond

Das brauchen wir

2 **Fischköpfe** und **Flossen** vom Karpfen oder Zander
1 **Zwiebel**
2 **Tomaten**
1 **Petersilienwurzel**
1 **Fenchelknolle**
15 **Koriandersamen**
10 **Fenchelsamen**
1 **Lorbeerblatt**
10 **Pfefferkörner**
6 cl **Essig**
¼ l **Weißwein**
2 l **Wasser**

So machen wir's

Fischköpfe und Flossen gut waschen. Die Zwiebel schälen und in Scheiben schneiden. Die Tomaten vom Strunk befreien und ebenfalls in Scheiben schneiden. Die Petersilienwurzel und den Fenchel schälen und klein schneiden. Alle Zutaten in einen Topf geben, 45 Minuten ziehen lassen und abseihen.

Omas paprizierte Fischsuppe

Das brauchen wir

Für 4 Personen

3 **Knoblauchzehen**
Maiskeimöl
150 g geschälte und fein geschnittene **Zwiebeln**
2 rote **Paprika**, entkernt
1 EL **Tomatenmark**
1 EL **Paprikapulver**, edelsüß
¼ l **Weißwein**
1 l **Fischfond** (siehe Rezept)
3 **Tomaten**
500 g **Zander**- oder **Karpfenfilets**
Olivenöl
100 g geräucherter **Bauchspeck**
Salz und frisch gemahlener **Pfeffer**

So machen wir's

Die Knoblauchzehen schälen, klein schneiden und mit den Zwiebeln in einem Topf in heißem Öl anrösten. Die Paprika in grobe Stücke schneiden, dazugeben und anschwitzen. Das Tomatenmark hinzufügen und mitrösten. Das Paprikapulver beimengen und kurz umrühren. Mit Weißwein ablöschen. Den Fischfond durch ein Sieb dazugießen und kochen lassen. Die Tomaten vom Strunk befreien, vierteln und in die Suppe geben.
Die Fischfilets in Würfel schneiden und in einer heißen großen Pfanne in etwas Olivenöl nur auf der Hautseite braten – es funktioniert besser, wenn man die Hautseite leicht einritzt. Dann dreht sich der Fisch nicht auf.
Den knusprig gebratenen Fisch aus der Pfanne nehmen und abtropfen lassen. Das Fett wegschütten und in derselben Pfanne den in Würfel geschnittenen Speck anrösten. Wenn die Speckwürfel knusprig sind, mit der gesamten Fischsuppe aufgießen. Nochmals 3 Minuten kochen lassen. Mit Salz und Pfeffer würzen und die Suppe mit dem Fisch anrichten.

Bernies paprizierte Fischsuppe mit Ingwer und rotem Curry

Das brauchen wir

Für 4 Personen

2 **Zwiebeln**
1 roter **Paprika**
1 **Fenchelknolle**
2 EL **Olivenöl**
1 kleine **Ingwerknolle**
2 EL **Tomatenmark**
1 EL **Paprikapulver**, edelsüß
¼ l **Weißwein** (vorzugsweise gelber Muskateller)
8 cl **Noilly Prat**
6 cl weißer **Portwein**
1 EL rote **Currypaste**
¼ l **Tomatenpulpe**
1 l **Fischfond** (siehe Rezept)
2 **Tomaten**
5 **Knoblauchzehen**
1 **Lorbeerblatt**
1 EL **Korianderkörner**
1 EL **Honig**
⅛ l **Kokosmilch**, ungesüßt
Saft und abgeriebene **Schale** von 1 unbehandelten **Zitrone**
500 g **Zander-** oder **Karpfenfilets**
Salz und frisch gemahlener **Pfeffer**
Sojasauce

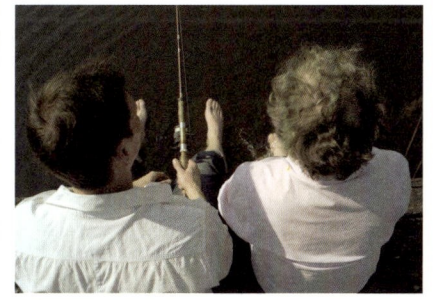

So machen wir's

Die Zwiebeln schälen und fein schneiden. Den Paprika entkernen und in grobe Stücke schneiden. Den Fenchel schälen und klein schneiden. Das Olivenöl in einem hohen Topf erhitzen und die Zwiebeln darin anrösten. Paprika und Fenchel dazugeben und langsam mitrösten. Gleich ein wenig salzen. Den Ingwer schälen, fein schneiden und hinzufügen. Tomatenmark und Paprikapulver beimengen, umrühren und mit Weißwein ablöschen. Wenn der Weißwein verdunstet ist, Noilly Prat und weißen Portwein dazugeben und verkochen lassen. Currypaste und Tomatenpulpe beimengen und mit dem abgeseihten Fischfond auffüllen. Zum Kochen bringen. Die Tomaten vom Strunk befreien, vierteln und dazugeben. Den Knoblauch schälen, klein schneiden und mit dem Lorbeerblatt, den Korianderkörnern und dem Honig hinzufügen. 25 Minuten kochen lassen. Kokosmilch und Zitronenschale beimengen und nochmals aufkochen. Pürieren und gut abseihen – eventuell ausdrücken. Nochmals aufkochen. Die Fischfilets mit Salz und etwas Zitronensaft marinieren und 4 Minuten in der Suppe ziehen lassen. Mit Salz, Pfeffer und Sojasauce abschmecken. Eine perfekte geschmackliche Kombination ergibt sich aus dieser Suppe und dem burgenländischen Lángos (siehe Rezept auf Seite 55) als Einlage.

Klassiker der österreichischen Küche

Die klassische österreichische Küche ist eine „internationale" Küche. Sie entstand unter Kaiser Franz Joseph I., dessen Köche aus allen Winkeln der Donaumonarchie stammten. Österreicher, Tschechen, Ungarn, Slowenen, Kroaten und Serben standen gemeinsam in des Kaisers Küche und kreierten für ihn die unterschiedlichsten Gerichte – die erste Fusion-Küche war geboren. Viele dieser Einflüsse überlebten und kennzeichnen die heutige österreichische Küche.

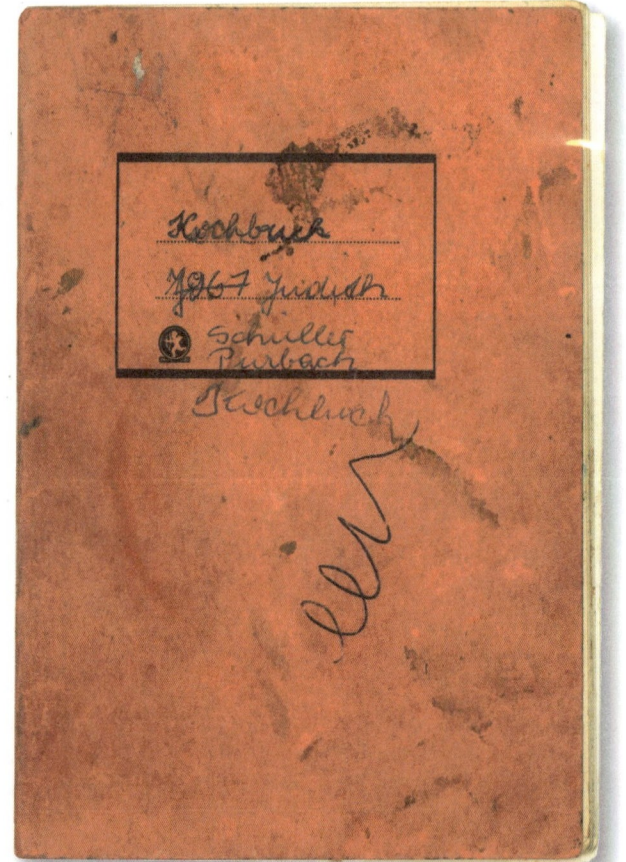

Die Weihnachtsüberraschung oder wie der Gerer mir ein Autogramm versagte

Einer Weihnachtsfeier mit der Crew der Eselmühl (St. Margarethen) verdanke ich indirekt meine Lehrjahre beim Gerer. Aber alles von vorne. Zuerst musste eine Weihnachtsfeier geplant werden. Und was wäre eine Weihnachtsfeier ohne ausgezeichnetes Essen? Genau, das gibt's nicht – erst recht nicht bei Köchen. Und welcher Koch will sich schon bei der eigenen Weihnachtsfeier selbst an den Herd stellen. Noch dazu, wenn er ein mehrgängiges Weihnachtsmenü zaubern soll. Da ist es doch viel schöner, sich bedienen zu lassen. Also entschieden wir uns für das Gottfried – ein Haubenlokal im 3. Wiener Gemeindebezirk.

Im Gottfried machten wir gleich Bekanntschaft mit dem Restaurantleiter. Er baute sich vor unserem Tisch auf und sagte in einem herablassenden Ton: „Ich trage Ihnen jetzt das Menü vor."
Ja, ja, tu nur, ich lese lieber selbst, dachte ich mir und griff zur Menükarte. Der Restaurant-Oberfuzzi rügte mich sofort: „Sie brauchen nicht mitzulesen. Ich trage vor." In mir fing es schon leicht zu brodeln an. Im Gottfried war jeder Kellner wichtiger als der zahlende Gast, zumindest haben sie so getan. Ich ignorierte ihn und las trotzdem mit. Interessant war: Was er vortrug, stand nicht in der Karte! Aber es kommt noch besser: Die Menüfolge, die uns dann serviert wurde, war weder das, was er vorgetragen hatte, noch was ich in der Karte gelesen hatte. War uns aber egal, da Geschmack und Qualität zählen und wir schon ein paar Flaschen Wein intus hatten.

Aber der Abend war noch lange nicht vorbei. Die nächste Station: ein Absacker im Panigl. Und wen sah ich dort in einer illustren Runde – den Gerer. Dreist wie ich bin, ging ich zu ihm hin und fragte ihn nach einem Autogramm. Der Gerer sagte so laut, dass ihn alle hören konnten: „Sie beschämen mich! Sie beschämen mich!"

Erst dachte ich, jetzt ist er beleidigt. Aber der Gerer machte nur Show. Es sollte so aussehen, als wäre es ihm peinlich, um ein Autogramm gebeten zu werden. Er hat mir dann tatsächlich kein Autogramm gegeben, sondern mich

zu sich in die Bristol Bar im Korso eingeladen: „Wenn es Ihnen schmeckt, dann gebe ich Ihnen sehr gerne ein Autogramm!"
Diese Einladung schrieb er mir dann nichts ahnend auf die Rückseite der Menükarte vom Gottfried. Es war der einzige Zettel, den ich bei mir hatte. Ich hab die Einladung aber nie eingelöst. Ich bin ja kein Schnorrer!
Ich war vom Gerer aber so angetan, dass ich bei ihm arbeiten wollte. Also bewarb ich mich drei Monate später im Korso als Commis de Cuisine. Obwohl ich als junger Küchenchef schon einige Auszeichnungen hatte, fing ich bei ihm als Jungkoch an. Lieber mit den Adlern kreisen, als mit den Hendln gackern, wie es so schön heißt. Der Gerer war der erste renommierte Spitzenkoch, bei dem ich das nötige Know-how gelernt hab: die Sorgfalt beim Umgang mit Lebensmitteln, absolute Disziplin, Konsequenz und logisches mathematisches Denken. Danke Chef!

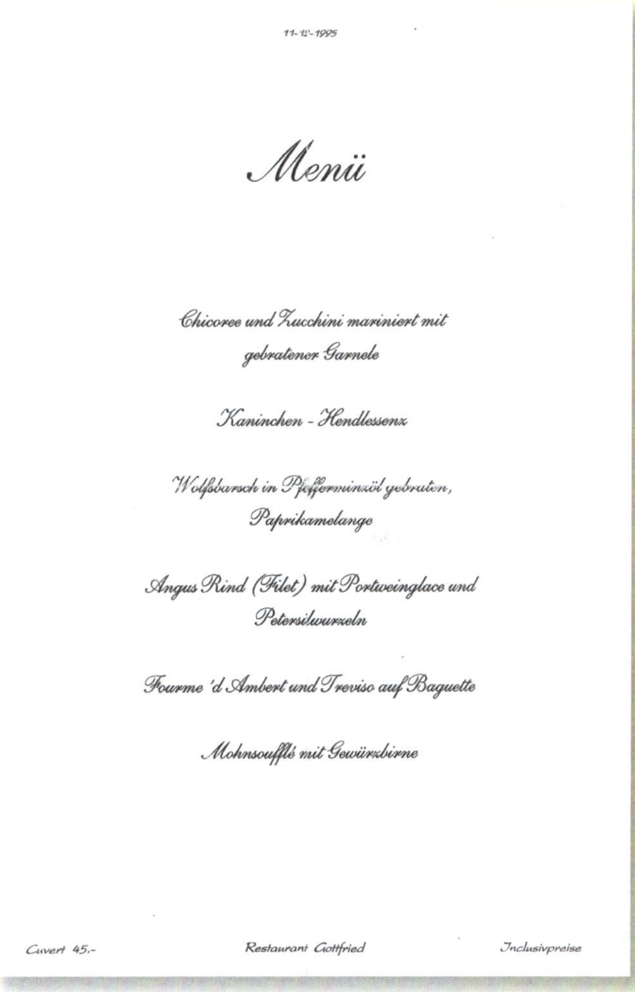

11.-11.-1995

Menü

Chicoree und Zucchini mariniert mit gebratener Garnele

Kaninchen - Hendlessenz

Wolfsbarsch in Pfefferminzöl gebraten, Paprikamelange

Angus Rind (Filet) mit Portweinglace und Petersilwurzeln

Fourme 'd Ambert und Treviso auf Baguette

Mohnsoufflé mit Gewürzbirne

Cuvert 45.-   Restaurant Gottfried   Inclusivpreise

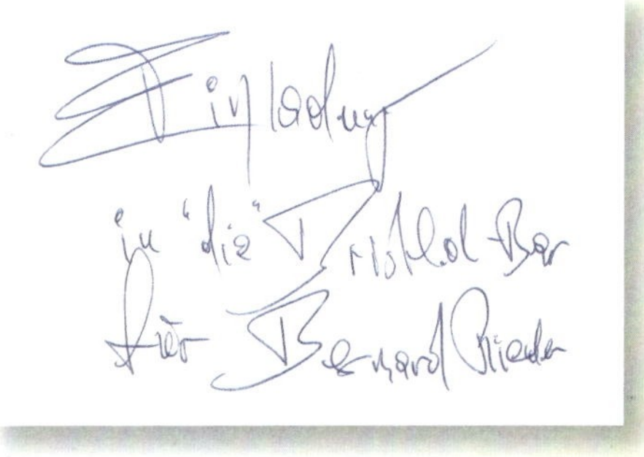

Beuschel
von Reinhard Gerer

Das Kalbsrieslingbeuschel vom Chef ist eine Legende und um Legenden ranken sich bekanntlich viele Geheimnisse – und auch dieses Rezept ist und bleibt ein Geheimnis!

Bernies gebackene, flüssige Beuschelkrokette

Das brauchen wir

Für 4 Personen

700 g **Kalbslunge**
1 **Kalbsherz**
2 **Petersilienwurzeln**
1 **Karotte**
1 kleine **Sellerieknolle**
1 Stange **Lauch**
1 **Zwiebel**
6 **Pfefferkörner**
2 **Lorbeerblätter**
1 **Tomate**
3 l **Wasser**
1 TL **Sardellenpaste**
1 EL **Estragon-Senf**
Salz und frisch gemahlener **Pfeffer**
1/16 l **Schlagobers**
1 EL **Crème fraîche**
4 EL frisch gehackte **Petersilie**
6 **Gelatineblätter**
1 EL **Maiskeimöl**
Mehl, **Ei** und **Brösel** zum Panieren
Öl oder **Fett** zum Herausbacken

Für die Sauce:

5 **Knoblauchzehen**
60 g **Essiggurkerln**
1 EL **Kapernbeeren**, ohne Stiel
5 EL **Maiskeimöl**
40 g glattes **Mehl**
50 g geschälte und fein geschnittene **Zwiebeln**
½ l **Riesling**
3 EL **Weißweinessig**
1 EL **Aceto balsamico di Modena**

Für die Lasagneblätter (oder 1 Pkg. gekaufte):

10 **Eidotter**
2 EL **Olivenöl**
200 g **Hartweizengrieß**
50 g glattes **Mehl**

So machen wir's

Die Lunge von Luft- und Speiseröhre befreien und mehrmals mit einer Nadel einstechen – das ist ganz wichtig. Lunge und Herz mind. 4 Stunden in kaltes Wasser einlegen und das Wasser öfter wechseln, bis es klar bleibt. Petersilienwurzeln, Karotte, Sellerie, Lauch und Zwiebel schälen und grob würfeln. Gemeinsam mit den Pfefferkörnern, den Lorbeerblättern und der halbierten Tomate in einen Topf mit 3 l Wasser geben. Langsam zum Kochen bringen. Lunge und Herz hinzufügen, mit einem Teller beschweren und zugedeckt kochen lassen. Die Lunge braucht 50 Minuten und das Herz 15 Minuten länger. Nach der Hälfte der Garzeit die Lunge umdrehen. Lunge und Herz herausnehmen, kalt abschrecken und auf einen Teller legen. Unbedingt wieder mit einem Teller beschweren und für 5 Stunden in den Kühlschrank stellen – so lassen sich die Innereien besser schneiden. Den Sud abseihen, in einen Topf geben und etwas einkochen.
Für die Sauce die Knoblauchzehen schälen und klein schneiden. Gurkerln und Kapern ebenfalls klein schneiden. Das Öl in einem großen Topf erhitzen und darin das Mehl rösten. Zwiebeln, Gurkerln, Kapern und Knoblauch dazugeben, kurz mitrösten und mit dem Riesling ablöschen. Weißweinessig und Aceto balsamico beifügen und auf die Hälfte einreduzieren. Mit dem Beuschelfond aufgießen und so lange kochen lassen, bis eine sämige Konsistenz entsteht.
Die Haut von der Lunge abziehen und Lunge und Herz von sämtlichen Sehnen und Röhren befreien – das ist die wichtigste Arbeit, hier muss man ganz genau sein! Lunge und Herz in Streifen schneiden, in die Sauce geben und aufkochen. Sardellenpaste und Senf dazugeben und noch etwas einkochen lassen. Mit Salz und Pfeffer abschmecken. Zuletzt mit Schlagobers und Crème fraîche verfeinern und mit gehackter Petersilie garnieren. Auch der Abrieb einer unbehandelten Zitrone eignet sich hervorragend zur Geschmacksverfeinerung. Wer das Beuschel säuerlicher will, gibt einen Spritzer Zitronensaft hinzu. Als Beilage passen Servietten- oder Sauerrahmknödel (siehe Rezepte auf den Seiten 214 und 215).

Wer das ultimative Geschmackserlebnis sucht, sollte folgende Variante probieren: Hierfür zuerst die Gelatineblätter in kaltem Wasser auflösen, ausdrücken und unter das Beuschel rühren. Ein flaches, 3 cm hohes, emailliertes Backblech (oder auch ein normales Backblech) mit dem Maiskeimöl auspinseln. Das Beuschel auf das Blech gießen und über Nacht im Kühschrank stocken lassen. Am nächsten Tag 6 x 3 cm große Balken herausschneiden und wieder kühl stellen.
In der Zwischenzeit die Lasagneblätter vorbereiten. Alle Zutaten in eine Küchenmaschine (oder Schüssel) geben und mit einem Knethaken schnell zu einem Teig verarbeiten, da dieser sonst zäh wird. Wer keine Küchenmaschine hat, legt ein kurzes Fitnesstraining ein und knetet mit den Händen. Den Teig zudecken und im Kühlschrank 45 Minuten ruhen lassen. Herausnehmen und entweder mit einer Nudelmaschine ausrollen oder erneut die Arme trainieren und sehr oft mit dem Nudelholz über den Teig rollen. Er soll sehr dünn werden. Nun den Teig in so große Blätter schneiden, dass man die Beuschelbalken damit umwickeln kann. Bei gekauften Lasagneblättern dieselben zuerst in kochendem Wasser bissfest kochen. Selbst gemachte Lasagneblätter nur blanchieren. Die Beuschelbalken mit den Lasagneblättern umwickeln. Nochmals 10 Minuten kalt stellen. Anschließend zuerst im Mehl, dann im verquirlten Ei und zuletzt in den Bröseln wenden. Wichtig: Die Balken unbedingt zuerst stehend und erst dann der Länge nach zweimal panieren. Die Kroketten lassen sich im gefrorenen Zustand einfacher herausbacken, also für 2 Stunden in den Tiefkühlschrank geben. In heißem Öl herausbacken und auf Küchenrollenpapier abtropfen lassen. In eine Form legen und für 4 Minuten im vorgeheizten Backofen bei 170° Ober- und Unterhitze nachziehen lassen. Fertig.

Nachdem das nun wirklich sehr lange gedauert hat, sollte der passenden Beilage mindestens genauso viel Zeit gewidmet werden. Wie wäre es zum Beispiel mit einem Erbsenpüree (siehe Rezept auf Seite 25).

Omas Karfiol mit Butterbröseln

Karfiol: Blumenkohl

Das brauchen wir

Für 4 Personen

2 **Karfiolrosen**
120 g **Butter**
90 g **Brösel**
2 EL frisch gehackte **Petersilie**
Salz und frisch gemahlener **Pfeffer**

So machen wir's

Die Karfiolrosen vom Strunk befreien, ohne dass sich die Röschen lösen, und in einem Topf mit kaltem Wasser bedecken. 1 EL Salz dazugeben und ca. 45 Minuten stehen lassen. Den Topf auf den Herd stellen und den Karfiol kernig kochen. Abtropfen lassen, aber nicht abschrecken!
In einem heißen Topf die Butter schmelzen. Die Brösel hinzufügen und darin hellbraun rösten. Die Petersilie beigeben und mit Salz und Pfeffer würzen.
Die Karfiolrosen auf einen Teller legen, nochmals salzen und pfeffern und mit der Bröselbutter bestreuen. Auch gehackter Schnittlauch oder geröstete Speckscheiben passen gut zum Karfiol.

Bernies Karfiol mit Mandelbröseln, Sauce hollandaise und gehobelten Champignons

Karfiol: Blumenkohl

Das brauchen wir

Für 4 Personen

2 **Karfiolrosen**
120 g **Butter**
90 g **Mandelsplitter**
2 EL frisch gehackte **Petersilie**
Salz und frisch gemahlener **Pfeffer**
frisch geriebene **Muskatnuss**
8 **Champignons**
1 unbehandelte **Orange**

Für die Sauce hollandaise:

200 g **Butter**
2 EL **Weißwein**
1 EL **Zitronensaft**
2 EL **Gemüsefond** oder **Wasser** mit **Suppenwürfel** aus dem Bioladen
1 Prise **Kristallzucker**
2 **Eidotter**
Salz und frisch gemahlener **Pfeffer**

So machen wir's

Den Karfiol vom Strunk befreien, aber aufpassen, dass sich die Röschen nicht lösen, und in einen Topf geben. Mit kaltem Wasser bedecken. 1 EL Salz dazugeben und ca. 45 Minuten stehen lassen. Den Topf auf den Herd stellen und den Karfiol kernig kochen. Abtropfen lassen, aber nicht abschrecken!
Den Backofen auf 200° Oberhitze oder Grillstufe vorheizen. Für die Sauce hollandaise die Butter in einem Topf erhitzen. Weißwein, Zitronensaft, Gemüsefond, Kristallzucker und Eidotter in einen Schneekessel geben und über Wasserdampf schaumig rühren. Unter ständigem Rühren die flüssige Butter langsam einfließen lassen. Vorsicht: Das Wasser im Topf sollte nicht kochen, sondern nur ziehen. Wenn es nicht und nicht gelingen will, leistet eine Sauce hollandaise aus dem Supermarkt auch ihre Dienste. In jedem Fall mit Salz und Pfeffer würzen.
In einem heißen Topf die Butter schmelzen. Die Mandelsplitter dazugeben und unter ständigem Rühren braun rösten. Die Petersilie hinzufügen und mit Salz, Pfeffer und Muskatnuss abschmecken.
Den Karfiol in eine feuerfeste Form legen, die Champignons hauchdünn mit dem Gurkenhobel darüber reißen und mit der Sauce hollandaise begießen. Im Backofen gratinieren. Aus dem Backofen nehmen und auf Tellern anrichten. Die Schale der Orange mit einem Reibeisen darüber reiben und mit der Mandelbutter verfeinern. Mit geschnittenem Schnittlauch bestreuen und servieren.

Paprikarisotto mit Schweinsfilet im Pancetta und Parmesan

Omas Reisfleisch

Das brauchen wir

Für 4 Personen

650 g **Schweinefleisch** (Schopfbraten, mageres Schulterfleisch oder Schweinswangerl, die butterweich und besonders saftig werden)
Salz und frisch gemahlener **Pfeffer**
3 **Zwiebeln**
2 **Knoblauchzehen**
Maiskeimöl
1 EL **Tomatenmark**
3 EL **Paprikapulver**, edelsüß
⅛ l **Rotwein**
1 **Lorbeerblatt**
1 TL gemahlener **Kümmel**
1 EL getrockneter **Majoran**
750 ml **Rindsuppe** oder **Wasser** mit **Suppenwürfel** aus dem Bioladen
250 g **Langkornreis**

So machen wir's

Das Schweinefleisch in 2 x 2 cm große Würfel schneiden und mit Salz und Pfeffer würzen. Zwiebeln und Knoblauchzehen schälen, fein schneiden und in einem heißen Topf in etwas Öl anrösten. Das Fleisch dazugeben und auf allen Seiten anbraten. Das Tomatenmark hinzufügen und weiterrösten, bis fast keine Flüssigkeit mehr im Topf ist. Das Paprikapulver dazugeben, gut umrühren und mit dem Rotwein ablöschen. Das Lorbeerblatt, den Kümmel und den Majoran beimengen und so lange dünsten, bis der Wein verdunstet ist. Mit der Rindsuppe aufgießen und aufkochen lassen. Zudecken und 20 Minuten köcheln lassen. Den Reis dazugeben. Die Flüssigkeit sollte ca. 1 cm über dem Reis sein. Wenn nicht, etwas Wasser hinzufügen. Den zugedeckten Topf bei 170° Ober- und Unterhitze für 25 Minuten in den Backofen stellen. Herausnehmen und genießen.

Reisfleisch-Paella mit marinierten Muscheln und Oktopus

Um dieses Rezept nachkochen zu können, muss entweder Omas Reisfleisch (siehe Rezept) oder mein Paprikarisotto (siehe Rezept) vorbereitet werden. Auf welches Basisrezept die Wahl fällt, ist egal, schmeckt beides vorzüglich. Am besten beide Varianten kosten.

Das brauchen wir

Für 4 Personen

4 **Hühnerbrüste**
1 **Jungzwiebel**
4 **Knoblauchzehen**
2 EL **Olivenöl**
400 g **Meeresfrüchte** mit **Muscheln** und **Oktopus**, tiefgekühlt (oder Garnelen mit Schale, tiefgekühlt)
100 g tiefgekühlte **Erbsen**
2 EL frisch gehackte **Petersilie**
Chilipulver
Salz und frisch gemahlener **Pfeffer**
etwas **Gemüsefond** oder **Wasser**

So machen wir's

Zuerst das Reisfleisch oder das Risotto zubereiten. Die Hühnerbrüste in 2 cm große Würfel schneiden. Jungzwiebel und Knoblauch schälen und in feine Ringe schneiden. Eine Pfanne heiß werden lassen, das Olivenöl hineingeben und das Hühnerfleisch darin auf allen Seiten scharf anbraten. Aus der Pfanne nehmen und ausruhen lassen. In dieselbe Pfanne erneut etwas Olivenöl hineingeben und die Meeresfrüchte darin schwenken. Erbsen, Zwiebel, Knoblauch und Petersilie dazugeben und mit Chilipulver, Salz und Pfeffer würzen. Kurz anrösten lassen. Mit den gebratenen Hühnerstücken in das Reisfleisch oder das Risotto rühren. Etwas Gemüsefond dazugeben, damit es flüssiger wird. Abschmecken, 2 Minuten kochen lassen und gleich in der Pfanne mit Knoblauchbaguette servieren.

Paprikarisotto mit Schweinsfilet im Pancetta und Parmesan

Das brauchen wir

Für 4 Personen

12 **Schweinsmedaillons** à 80 g
12 Scheiben **Pancetta** oder geräucherter **Bauchspeck**
Salz und frisch gemahlener **Pfeffer**
Maiskeimöl
4 rote **Paprika**
2 EL **Olivenöl**
2 **Zwiebeln**
2 **Knoblauchzehen**
1 TL **Tomatenmark**
1 TL **Paprikapulver**, edelsüß
200 g **Risottoreis**
1/16 l **Weißwein**
250 ml **Gemüsefond** oder **Wasser** mit **Suppenwürfel** aus dem Bioladen
1 **Chilischote**
1 TL **Honig**
frisch geriebene **Muskatnuss**
3 EL frisch geriebener **Parmesan**
3 EL frische **Oreganoblätter**
Gemüseentsafter

So machen wir's

Den Backofen auf 180° Ober- und Unterhitze vorheizen.
Die Schweinsmedaillons mit dem Pancetta umwickeln und mit Salz und Pfeffer würzen. In einer heißen Pfanne im Olivenöl scharf anbraten. Herausnehmen und rasten lassen.
Die Paprika entkernen und entsaften – es sollte 430 ml Paprikasaft ergeben. Einen Topf mit dickem Boden erhitzen und das Olivenöl hineingeben. Zwiebeln und Knoblauchzehen schälen, klein schneiden und im Olivenöl anschwitzen. Das Tomatenmark mitrösten. Den Topf von der Herdplatte nehmen und das Paprikapulver unterrühren. Den Risottoreis hinzufügen, umrühren, den Weißwein dazugießen und den Topf wieder auf die Herdplatte stellen. Unter ständigem Rühren zuerst den Paprikasaft und danach die Hälfte des Gemüsefonds nach und nach hinzufügen.
Die Chilischote entkernen, klein schneiden und mit dem Honig dazugeben. Mit Salz, Pfeffer und Muskatnuss würzen und mit dem restlichen Gemüsefond nach und nach aufgießen. Regelmäßig umrühren nicht vergessen. Wem das Risotto zu hart ist, der soll etwas Wasser dazugeben. Wer es besonders bissfest möchte, kann auch etwas Gemüsefond übrig lassen. 10 Minuten, bevor das Risotto fertig ist, die Schweinsmedaillons für 7 Minuten in den Backofen stellen und fertig garen.
Zum Schluss 2 EL Olivenöl zum Risotto geben und den Parmesan einrühren. Nochmals würzen, auf Tellern anrichten und mit frischem Oregano bestreuen. Die Schweinsmedaillons darauf setzen und mit einem Glas Weißwein genießen. Bei Bedarf mit frischen Parmesanspänen garnieren.

Omas Schinkenfleckerl

Das brauchen wir

Für 4 Personen

300 g **Fleckerl** oder **Farfalle**
90 g geschälte und fein geschnittene **Zwiebeln**
Maiskeimöl
250 g gekochter **Selchschinken** oder geselchter **Schopf**
Salz und frisch gemahlener **Pfeffer**
gemahlener **Majoran**
frischer **Majoran**

So machen wir's

Die Fleckerl in reichlich Salzwasser bissfest kochen, abseihen und abschrecken. Die Zwiebeln in etwas Öl anrösten. Den Schinken in kleine Würfel schneiden und mitrösten. Die gekochten Fleckerl dazugeben. Mit Salz, Pfeffer und Majoran würzen und auf Tellern anrichten. Mit frischem Majoran dekorieren.

Wer keinen Majoran mag, kann ihn natürlich auch weglassen.

Omas gratinierte Schinkenfleckerl

Das brauchen wir

Für 4 Personen

200 g **Fleckerl** oder **Farfalle**
60 g **Butter**
3 **Eier**
¼ l **Sauerrahm**
Salz und frisch gemahlener **Pfeffer**
frisch geriebene **Muskatnuss**
110 g geschälte und fein geschnittene **Zwiebeln**
Maiskeimöl
250 g gekochter **Selchschinken** oder geselchter **Schopf**
3 EL frisch gehackte **Petersilie**
1 EL frisch gehackter **Majoran**
2 EL geriebener **Parmesan**
1 EL **Brösel**
frischer **Majoran** für die Garnitur
frische **Petersilie** für die Garnitur

Für die Béchamelsauce:

40 g **Butter**
40 g glattes **Mehl**
¼ l **Milch**
1 **Knoblauchzehe**, geschält
Salz und frisch gemahlener **Pfeffer**
frisch geriebene **Muskatnuss**

So machen wir's

Die Fleckerl in reichlich Salzwasser bissfest kochen, abseihen und abschrecken.
Für die Béchamelsauce in einem Topf die Butter erhitzen und darin das Mehl leicht anrösten. Mit der Milch aufgießen, fein geschnittenen Knoblauch dazugeben und mit Salz, Pfeffer und Muskatnuss würzen. Unter ständigem Rühren ein paar Minuten kochen lassen, abschmecken und auskühlen lassen.
Den Backofen auf 180° Ober- und Unterhitze vorheizen.
Die Butter in einer Schüssel schaumig rühren. Die Eier trennen. Die Eidotter in die Butter geben und weiterrühren. Den Sauerrahm und die Béchamelsauce unterheben. Mit Salz, Pfeffer und Muskatnuss würzen. Das Eiweiß zu festem Schnee schlagen.
Die Zwiebeln in einem heißen Topf in etwas Öl anrösten. Den Schinken in Würfel schneiden und mitrösten. Den Topf von der Herdplatte nehmen und die Fleckerl einrühren. Mit Salz, Pfeffer, Petersilie und Majoran würzen. Die Béchamelmasse unterrühren und den Schnee vorsichtig unterheben. In eine feuerfeste Form geben. Mit Parmesan und Bröseln bestreuen und im Backofen ca. 25 Minuten backen. Herausnehmen, auf Tellern anrichten und mit Majoran und Petersilie bestreuen.

Bernies gebackene Schinkenfleckerl-Parmesantorte mit geröstetem, grünem Salat, Lauch und Speck

Das brauchen wir

Für 4 Personen

Omas gratinierte Schinkenfleckerl
(siehe Rezept auf Seite 89)
1 Stange **Lauch**
8 Scheiben oder Streifen gekochter **Bauchspeck**
Maiskeimöl
4 **Romanasalatherzen**
Salz und frisch gemahlener **Pfeffer**
1 Bund frischer **Majoran**
4 EL **Aceto balsamico di Modena**
1 Handvoll **Parmesanspäne**

Für den Parmesantortenteig:

200 g **Parmesan**
360 g kalte **Butter**
8 **Eidotter**
480 g glattes **Mehl**
etwas ungekochter **Reis**

So machen wir's

Den Backofen auf 200° Ober- und Unterhitze vorheizen.
Für den Tortenteig Parmesan und kalte Butter schnell fein reiben und mit den Eidottern und dem Mehl in einer Schüssel schnell zu einem Teig verkneten. Zudecken und ca. 30 Minuten im Kühlschrank rasten lassen. Den Teig mit einem Nudelholz ausrollen und in eine feuerfeste Form geben. Mit einer Gabel kleine Löcher in den Boden stechen, damit sich keine Luftblasen bilden können. Ein Backpapier oder eine Alufolie auf den Teig legen, den Reis in der Form verteilen und die Torte im Backofen ca. 15–20 Minuten blindbacken, sodass der Teig in der Form bleibt. Herausnehmen und auskühlen lassen. Den Reis wegschütten.
Nun Omas Schinkenfleckerlmasse zubereiten. Die Masse auf den Parmesantortenteig geben und nochmals ca. 25 Minuten im Backofen backen.
In der Zwischenzeit die Salat-Speck-Garnitur vorbereiten: Den Lauch in dünne Ringe schneiden. Die Speckscheiben in einer heißen Pfanne in etwas Öl braten. Die Romanasalatherzen vierteln und, kurz bevor der Speck knusprig ist, mit dem Lauch dazugeben und mitbraten. Mit Salz, Pfeffer und grob gehacktem Majoran würzen und den Aceto balsamico darüber geben. Romanasalatherzen und Speck auf der Torte anrichten.
Nach Belieben mit frischem Majoran oder frisch geriebenen Parmesanspänen veredeln.

Bernies Curry-Schinkenfleckerl mit Garnelen, jungem Spinat, Sojasprossen und Sesam

Das brauchen wir

Für 4 Personen

300 g **Fleckerl** oder **Farfalle**
12 **Riesengarnelen**, ohne Schale und entdarmt
250 g gekochter **Selchschinken** oder geselchter **Schopf**
2 **Knoblauchzehen**
5 EL **Olivenöl**
120 g geschälte und fein geschnittene **Zwiebeln**
Salz und frisch gemahlener **Pfeffer**
2 EL frisch gehackte **Petersilie**
1 Bund frisches **Koriandergrün**
2 EL weißer **Sesam**
4 Handvoll junger **Blattspinat** (oder auch grüner Salat wie Vogerlsalat, Chinakohl, Eisbergsalat)
4 Handvoll **Sojasprossen**

Für die Currysauce:

80 g **Butter**
80 g glattes **Mehl**
2 EL gelbes **Currypulver**
1 TL **Kurkuma**
250 ml **Apfelsaft**, naturtrüb
500 ml **Gemüsefond** oder **Wasser** mit **Suppenwürfel** aus dem Bioladen
2 **Knoblauchzehen**
2 **Chilischoten**
1 EL **Honig**
Saft von ½ **Zitrone**
10 g **Ingwer**, geschält
250 ml **Kokosmilch**, ungesüßt
Schale von 1 unbehandelten **Zitrone**
Salz und frisch gemahlener **Pfeffer**
frisch geriebene **Muskatnuss**

Für das Dressing:

50 ml **Sojasauce**
1 EL **Sesamöl**
2 EL **Apfelsaft**, naturtrüb
1 EL **Honig**
1 EL **Reisessig**
1 EL **Chilisauce** Sweet Chicken
Saft von ½ **Zitrone**

So machen wir's

Zuerst die Currysauce zubereiten: Die Butter in einem hohen Topf erhitzen, das Mehl dazugeben und kurz anschwitzen. Curry und Kurkuma beimengen und gleich mit dem Apfelsaft ablöschen. Mit dem Gemüsefond auffüllen und unter ständigem Rühren so lange kochen lassen, bis die Flüssigkeit leicht bindet. Die Knoblauchzehen schälen und klein schneiden. Die Chilischoten entkernen und ebenfalls klein schneiden. Den Knoblauch mit den Chilis, dem Honig, dem Zitronensaft und dem geriebenen Ingwer hinzufügen. Ca. 2 Minuten kochen lassen, damit sich die Aromen entfalten und verbinden können. Die Kokosmilch und die Zitronenschale dazugeben und mit Salz, Pfeffer und Muskatnuss abschmecken. So lange kochen lassen, bis eine etwas dickere Sauce entsteht. Von der Herdplatte ziehen und abkühlen lassen. In der Zwischenzeit die Fleckerl in reichlich Salzwasser bissfest kochen, abseihen und abschrecken.
Den Backofen auf 180° Ober- und Unterhitze vorheizen.
Die Garnelen in 1 x 1 cm große Scheiben schneiden. Den Schinken in kleine Würfel schneiden. Die Knoblauchzehen schälen und fein schneiden. 2 EL Olivenöl in eine heiße Pfanne geben. Die Garnelen hinzufügen, kurz anbraten und aus der Pfanne nehmen. Zwiebeln und Knoblauch in derselben Pfanne in 3 EL Olivenöl anrösten. Wenn sie eine schöne Farbe haben, den Schinken dazugeben und mitrösten. Die Fleckerl beimengen, einmal gut umrühren und mit Salz und Pfeffer abschmecken. Aus der Pfanne nehmen und in eine große Schüssel geben. Mit der Currysauce, den gebratenen Garnelen, der Petersilie und dem gezupften Koriander gut vermischen. Nochmals abschmecken und im Backofen ca. 20 Minuten backen.
Für das Dressing alle Zutaten miteinander vermischen. Den Sesam in einem heißen Topf rösten und mit Blattspinat und Sojasprossen in eine Schüssel geben. Mit dem Dressing marinieren, auf die Schinkenfleckerl geben und servieren.

Krautfleckerl kommen mir partout nicht in den Mund und erst beim Zusammenstellen der Rezepte für dieses Buch habe ich es gewagt, mich mit ihnen anzufreunden – zumindest auf dem Papier. Ich weiß, dass Omas Rezept einfach großartig schmeckt, also ein Leichtes für mich diesem Gericht einen modernen Touch zu verleihen. Was, so glaube ich, ganz gut gelungen ist, aber am besten einfach selbst probieren.

Omas karamellisierte Krautfleckerl

Das brauchen wir

Für 4 Personen

240 g **Fleckerl** oder **Farfalle**
600 g **Weißkraut**
8 EL **Öl** oder **Schweineschmalz**
250 g geschälte und klein geschnittene **Zwiebeln**
40 g brauner **Zucker**
1 Spritzer **Weißweinessig**
ca. 250 ml **Gemüsefond** oder **Wasser** mit **Suppenwürfel** aus dem Bioladen
Salz und frisch gemahlener **Pfeffer**

So machen wir's

Die Fleckerl in reichlich Salzwasser bissfest kochen, abseihen und abschrecken. Aufpassen, dass sie nicht zu weich sind, weil sie noch nachziehen. Das Weißkraut vom dicken Strunk entfernen und in ca. 2 x 2 cm große Würfel schneiden. Das Öl in einen heißen Topf mit dickem Boden (am besten aus Gusseisen) geben und darin die Zwiebeln bei mittlerer Hitze langsam, vorsichtig und unter ständigem Rühren gleichmäßig dunkelbraun rösten. Das dauert in etwa 20 Minuten. Den braunen Zucker dazugeben und umrühren. Den Weißweinessig und das geschnittene Kraut hinzufügen, umrühren und unter regelmäßiger Zugabe des Gemüsefonds (nach und nach und vor allem immer trocken halten) weich dünsten. Mit Salz und Pfeffer würzen. Die Fleckerl beimengen und 5 Minuten mitdünsten. Nochmals abschmecken und servieren.

Omas karamellisierte Krautfleckerl mit Bernies roh mariniertem Sesamlachs

Das brauchen wir

Für 4 Personen

Omas karamellisierte Krautfleckerl (siehe Rezept)
400 g **Lachs** in Sushi-Qualität
2 EL weißer **Sesam**

Für die Sauce:

2 **Knoblauchzehen**
1 kleine **Ingwerknolle**
6 EL **Sojasauce**
1 EL **Hoisin-Sauce**
1 EL süße **Sojasauce**
2 EL **Chilisauce** Sweet Chicken
3 EL **Sesamöl**
1 TL **Honig**
frisch gemahlener **Pfeffer**
frischer **Schnittlauch**

So machen wir's

Zuerst Omas karamellisierte Krautfleckerl zubereiten. Für die Sauce Knoblauchzehen schälen und fein schneiden. Den Ingwer schälen und fein reißen. Knoblauch und Ingwer mit den restlichen Zutaten in einer Schüssel gut verrühren. Den Lachs in dünne Scheiben schneiden, nebeneinander auf eine Platte legen und mit der Sauce auf beiden Seiten ordentlich bestreichen. 3 Minuten ziehen lassen. Inzwischen den Sesam in einem heißen Topf rösten. Den Lachs auf die Krautfleckerl geben, mit Sesam und klein geschnittenem Schnittlauch bestreuen und schmecken lassen.

Omas Kalbsrahmgulasch

Das brauchen wir

Für 4 Personen

530 g geschälte und fein geschnittene **Zwiebeln**
Maiskeimöl
2 **Paprika**
3 **Knoblauchzehen**
2 EL **Tomatenmark**
28 g **Paprikapulver**, edelsüß
0,2 l **Weißwein**
2 EL brauner **Zucker**
1,2 l **Geflügelfond** oder **Wasser** mit **Suppenwürfel** aus dem Bioladen
1 **Lorbeerblatt**
Schale von 1 unbehandelten **Zitrone**
gemahlener **Kümmel**
Salz und frisch gemahlener **Pfeffer**
1 kg **Kalbsschulter** (am besten Kalbsschulterscherzl)
2 EL **Crème fraîche**

So machen wir's

Die Zwiebeln in einem heißen Topf in etwas Öl goldgelb anrösten. Die Paprika in grobe Würfel schneiden. Die Knoblauchzehen schälen, klein schneiden und mit den Paprikawürfeln in den Topf geben. Kurz mitrösten. Das Tomatenmark hinzufügen und bei mittlerer Hitze langsam rösten. Das Paprikapulver dazugeben und ein wenig mitrösten. Mit dem Weißwein aufgießen und einreduzieren lassen. Den Zucker dazugeben und umrühren. Mit dem Geflügelfond auffüllen und aufkochen. Lorbeerblatt, Zitronenschale, etwas Kümmel, Salz und Pfeffer beimengen und nochmals aufkochen. Die Kalbsschulter in 3 x 3 cm große Würfel schneiden und dazugeben. Bei mittlerer Hitze zugedeckt ca. 45 Minuten kochen lassen. Wenn das Fleisch weich ist, herausnehmen und beiseite stellen. Den Fond wieder aufkochen und pürieren. Mit Crème fraîche vermengen und nochmals abschmecken. Das Fleisch dazugeben, erneut aufkochen und servieren.

Bernies Kalbsrahmgulasch mit Limettenblättern, Chili und Pinienkernen

Das brauchen wir

Für 4 Personen

Omas Kalbsrahmgulasch (siehe Rezept)
2 **Chilischoten**, entkernt
6 **Limettenblätter** (im Asiashop erhältlich)
$1/16$ l **Kokosmilch**, ungesüßt
80 g **Pinienkerne**
80 g braune **Butter** (siehe Rezept auf Seite 12)

So machen wir's

Zuerst Omas Kalbsrahmgulasch zubereiten. 10 Minuten vor Ende der Garzeit die klein geschnittenen Chilischoten, die Limettenblätter und die Kokosmilch dazugeben und mitkochen. Wenn das Fleisch weich ist, herausnehmen und beiseite stellen. Die Limettenblätter herausnehmen und aufheben. Den Fond aufkochen und pürieren. Limettenblätter und Crème fraîche beimengen und erneut aufkochen. Das Fleisch dazugeben, nochmals aufkochen und mit Salz und Pfeffer abschmecken. Die Pinienkerne in einem heißen Topf in der braunen Butter rösten. Das Kalbsrahmgulasch mit den Pinienkernen garnieren. Vorsicht: Die Limettenblätter sind nicht zum Verzehr geeignet.

Eine geniale Variante ist, das Kalbsrahmgulasch mit Garnelen zu verfeinern. Diese einfach in einer heißen Pfanne in etwas Olivenöl anbraten und 1 Minute im Gulasch mitkochen.

Bernies Kartoffel-Flusskrebsgulasch mit Essiggurkerln und Majoran

Das brauchen wir

Für 4 Personen

20 frische **Flusskrebse** mit Schale
2 **Karotten**
1 Gelbe **Rübe**
3 **Petersilienwurzeln**
1 **Fenchelknolle**
5 **Zwiebeln**
1 **Tomate**
Maiskeimöl
1 EL **Tomatenmark**
2 EL **Paprikapulver**, edelsüß
6 cl **Weinbrand**
4 cl **Pernod**
125 ml gelber **Muskateller**
500 ml **Fischfond** (selbst gemacht, siehe Rezept auf Seite 74, oder im Glas) oder **Wasser** mit **Suppenwürfel** (Fischgeschmack) aus dem Bioladen
10 **Fenchelsamen**
10 **Pfefferkörner**
2 **Lorbeerblätter**
3 **Knoblauchzehen**
4 **Chorizo**
4 mehlige **Kartoffeln**
Salz und frisch gemahlener **Pfeffer**
2 rote **Paprika**
8 **Essiggurkerln**
100 g **Sauerrahm**, nach Belieben
1 Bund frischer **Majoran**

So machen wir's

Die frischen Flusskrebse 2 Minuten kochen und das Fleisch aus der Schale auslösen. Karotten, Gelbe Rübe, Petersilienwurzeln, Fenchelknolle und 2 Zwiebeln schälen und in Würfel schneiden. Die Tomate vom Strunk befreien und vierteln. Die Flusskrebsschalen in einem heißen Topf in etwas Öl anrösten, das Gemüse dazugeben und mitrösten. Tomatenmark hinzufügen und paprizieren. Mit den Alkoholika ablöschen und verdunsten lassen. Mit dem Fischfond aufgießen, Fenchelsamen, Pfefferkörner und Lorbeerblätter beigeben und ca. 30 Minuten kochen lassen. Immer wieder mit Wasser aufgießen und den Flusskrebsfond abseihen.

Die restlichen 3 Zwiebeln und die Knoblauchzehen schälen und klein schneiden. In einem anderen heißen Topf in etwas Öl bei schwacher Hitze so lange rösten, bis die Zwiebeln gleichmäßig braun sind und einen süßlichen Geschmack aufweisen. Mit dem Flusskrebsfond aufgießen und auf die Hälfte einreduzieren. Chorizo in dünne Scheiben schneiden und dazugeben. Die Kartoffeln schälen, würfeln und im Fond weich kochen. 10 Minuten ziehen lassen. Abseihen, mit Salz und Pfeffer abschmecken und mit Stärkemehl abbinden. Die roten Paprika schälen, in kleine Würfel schneiden und in einer heißen Pfanne in etwas Öl anschwitzen. Die Essiggurkerln in kleine Stücke schneiden. Paprikawürfel und Essiggurkerln, die ausgebrochenen Flusskrebsschwänze sowie die Scheren als Einlage in das Kartoffel-Flusskrebsgulasch geben. Wer es gerne cremiger möchte, fügt den Sauerrahm hinzu. Mit Majoranblättern garnieren.

Omas Kartoffelgulasch

Das brauchen wir

Für 4 Personen

5 **Zwiebeln**
7 **Knoblauchzehen**
1 roter **Paprika**
Schweineschmalz
1 TL **Tomatenmark**
3 EL **Paprikapulver**, edelsüß
⅛ l **Weißwein**
1 kleine **Ingwerknolle**
2 **Tomaten**
1 **Chilischote**
3 **Lorbeerblätter**
1 TL gemahlener **Kümmel**
1 ½ l **Rindsuppe** oder **Wasser** mit **Suppenwürfel** aus dem Bioladen
12 mittelgroße **Kartoffeln**
320 g harte **Dürre** oder **Salami**
1 EL **Honig**
2 grüne **Paprika**
Salz und frisch gemahlener **Pfeffer**
125 g **Crème fraîche**, nach Belieben
1 Bund frischer **Majoran**

So machen wir's

Zwiebeln und Knoblauchzehen schälen und in kleine Würfel schneiden. Den roten Paprika entkernen und grob schneiden.
2 EL Schweineschmalz in einem großen Topf erhitzen und Zwiebel- und Knoblauchwürfel darin dunkelbraun rösten – so bekommen die Zwiebeln einen leicht süßlichen Geschmack. Den roten Paprika dazugeben und ein wenig mitrösten. Das Tomatenmark hinzufügen und kurz mitrösten. Das Paprikapulver beimengen, umrühren und mit dem Weißwein ablöschen. Den Ingwer schälen und fein reißen. Die Tomaten vom Strunk befreien und vierteln. Wenn der Wein komplett verdunstet ist, den Ingwer und die Tomaten dazugeben. Die Chilischote entkernen, klein schneiden und mit den Lorbeerblättern und dem Kümmel dazugeben. Mit der Rindsuppe aufgießen und den Fond 15 Minuten kochen lassen.
In der Zwischenzeit die Kartoffeln schälen und halbieren. Die Haut der Dürren abziehen und die Wurst in Halbmonde schneiden.
Den Honig zum Fond geben, die Lorbeerblätter entfernen und die Sauce pürieren. Die Kartoffeln in die Sauce geben und weich kochen. Die grünen Paprika entkernen und in kleine Würfel schneiden. In einen zweiten großen, heißen Topf etwas Schweineschmalz geben und die Wurst darin knusprig anbraten. Den grünen Paprika dazugeben, kurz mitrösten und mit dem Kartoffelgulasch aufgießen. Nochmals kochen lassen, mit Salz und Pfeffer abschmecken – nach Geschmack mit etwas Knoblauch oder Chili nachwürzen. Wer möchte, kann die Crème fraîche unterrühren oder das Kartoffelgulasch mit Mehlnockerln (siehe Rezept auf Seite 66) servieren. Zuletzt den frischen Majoran darüber zupfen.

Omas Szegediner Krautfleisch

Das brauchen wir

Für 4 Personen

6 **Zwiebeln**
4 **Knoblauchzehen**
4 EL **Schweineschmalz** oder **Öl**
1 kleine **Ingwerknolle**
2 rote **Paprika**
1 EL **Tomatenmark**
17 g **Paprikapulver**, edelsüß
⅛ l **Weißwein**
500 g **Tomatensaft** mit **Fruchtfleisch**
750 g **Schweinsschulter**
Salz und frisch gemahlener **Pfeffer**
1 **Chilischote**
½ kg **Sauerkraut**
2 **Lorbeerblätter**
gemahlener **Kümmel**
2 EL **Honig**
125 g **Crème fraîche**

So machen wir's

Zwiebeln und Knoblauchzehen schälen und fein schneiden. Die Zwiebeln in einem heißen Topf im Schweineschmalz goldgelb anrösten. Ingwer schälen, reißen, mit dem Knoblauch dazugeben und mitrösten. Die Paprika entkernen, in kleine Würfel schneiden und ebenfalls rösten. Das Tomatenmark hinzufügen und kurz anrösten. Das Paprikapulver dazugeben und sofort mit dem Weißwein aufgießen. Mit dem Tomatensaft auffüllen und aufkochen. Die Schweinsschulter in 3 cm große Würfel schneiden, salzen, pfeffern und in den Tomatenfond geben. Zugedeckt bei mittlerer Hitze 45 Minuten dünsten lassen. Wenn notwendig, etwas Wasser dazugeben.
Die Chilischote entkernen, klein schneiden und mit Sauerkraut, Lorbeerblättern und etwas Kümmel dazugeben. Fertig dünsten lassen. Wenn alle Zutaten bissfest gegart sind, mit Honig, Salz und Pfeffer abschmecken. Wer es gerne etwas schärfer mag, sollte noch etwas Chili oder Knoblauch beimengen. Die Crème fraîche entweder einrühren oder extra zum Szegediner servieren.

Bernies Szegediner Krautfleisch mit marinierten Tomaten, Chorizo und frischem Oregano

Das brauchen wir

Für 4 Personen

Omas Szegediner Krautfleisch (siehe Rezept)
20 **Cocktailtomaten**
Salz und frisch gemahlener **Pfeffer**
3 EL **Olivenöl**
1 EL **Aceto balsamico di Modena**
320 g **Chorizo**
Maiskeimöl
2 EL frisch gehackter **Oregano**
geriebener **Parmesan**, nach Belieben

So machen wir's

Zuerst Omas Szegediner Krautfleisch vorbereiten.
Die Cocktailtomaten in 3 mm dicke Scheiben schneiden, auf einen Teller legen und mit Salz und Pfeffer würzen. Das Olivenöl und den Aceto balsamico darüber träufeln und 3 Minuten marinieren. Die Chorizo in Würfel schneiden, in einer heißen Pfanne in etwas Öl anrösten und zum Krautfleisch geben.
Das Szegediner auf Tellern anrichten, die Tomatenscheiben darauf legen und mit dem Oregano bestreuen.
Besonders vorzüglich schmeckt es mit geriebenem Parmesan garniert.

TIPP

Omas Szegediner Krautfleisch schmeckt am zweiten Tag meist noch besser als am ersten, da es über Nacht gut durchziehen kann. Also wer Zeit hat, sollte es einen Tag vorher zubereiten und kurz vor dem Servieren noch einmal nachwürzen. Ich könnte gleich an mehreren Tagen hintereinander Krautfleisch essen. Wem es nicht so geht, der sollte am nächsten Tag unbedingt meine Variante probieren.

Omas Eiernockerln

Das brauchen wir

Für 4 Personen

7 **Eier**
4 **Eidotter**
200 g **glattes Mehl**
200 g **griffiges Mehl**
¹⁄₁₆ l **Milch**
80 g flüssige **Butter**
Salz und frisch gemahlener **Pfeffer**
frisch geriebene **Muskatnuss**
1 Bund frischer **Schnittlauch**
2 EL **Butterschmalz**

So machen wir's

3 Eier mit den Eidottern verrühren und mit Mehl, Milch und Butter in eine Schüssel geben. Mit Salz, Pfeffer und Muskatnuss würzen und glatt rühren. Sollte der Teig zu fest sein, etwas Milch hinzufügen – aber nicht zu lange rühren, da die Nockerln sonst zäh werden. In einem Topf Wasser zum Kochen bringen und gut salzen. Mit einem nassen Löffel Nockerln aus dem Teig stechen und ins Wasser geben. Den Löffel unbedingt nach jedem Nockerl nass machen, sonst bleibt der Teig kleben. Den Deckel darauf setzen und 3 Minuten kochen lassen. Abseihen.
Den Schnittlauch ganz fein schneiden. Die restlichen 4 Eier in einer Schüssel verquirlen. Das Butterschmalz in eine heiße Pfanne geben und die Nockerl darin schwenken. Die verschlagenen Eier darüber geben, kurz schwenken und abschmecken. Mit Schnittlauch bestreuen und klassisch mit einem Blattsalat servieren.

Bernies Eiernockerln mit roh mariniertem Spargel, Kerbel und Nussöl

Das brauchen wir

Für 4 Personen

Omas Eiernockerlteig (siehe Rezept)
1 l **Gemüsefond** oder **Wasser** mit **Suppenwürfel** aus dem Bioladen
Schale und **Saft** von ½ unbehandelten **Zitrone**
1 TL **Kristallzucker**
13 weiße **Spargelstangen**
15 grüne **Spargelstangen**
Erdnussöl
Salz und frisch gemahlener **Pfeffer**
Maiskeimöl
200 g **Eierschwammerl** (Pfifferlinge), geputzt
4 **Eier**
1 Handvoll frischer **Kerbel**

So machen wir's

Zuerst Omas Eiernockerlteig zubereiten und mit einem nassen Löffel Nockerl aus dem Teig stechen. Die Nockerl 3 Minuten in Salzwasser kochen und abseihen. Den Gemüsefond aufkochen lassen und den Zitronensaft hinzufügen. Salz und Kristallzucker dazugeben. Den weißen Spargel schälen und in den kochenden Fond geben. Aufkochen lassen und den Topf von der Herdplatte nehmen. Mit einem Backpapier zudecken – das muss direkt auf der Flüssigkeit liegen. 11 Minuten ziehen lassen. Vom rohen grünen Spargel der Länge nach mit einem Gemüseschäler Streifen herunterziehen – dabei den Spargel gut halten und konzentrieren, sonst reißen die Streifen ab. Den weißen Spargel aus dem Fond nehmen, trocken tupfen und in Scheiben schneiden. Die grünen Spargelstreifen mit etwas Erdnussöl, Salz und Pfeffer marinieren. In einer großen, heißen Pfanne in etwas Öl die weißen Spargelscheiben und die Eierschwammerl anrösten. Die Nockerln dazugeben und am besten zu den Klängen von Eye of the Tiger gut schwenken. Mit Salz und reichlich Pfeffer würzen. Die 4 Eier verquirlen und darüber geben. Den Kerbel grob hacken. Die Nockerln auf Tellern anrichten und mit dem Kerbel bestreuen. Mit den marinierten grünen Spargelstreifen garnieren und etwas Zitronenschale darüber reißen. Auch frisch geschnittener Schnittlauch passt gut als Garnitur.

Omas Grenadiermarsch

Das brauchen wir

Für 4 Personen

600 g **Kartoffeln**
300 g **Fleckerl** oder **Farfalle**
Maiskeimöl
100 g **Bauchspeck**
2 große **Zwiebeln**
2 EL **Paprikapulver**, edelsüß
Salz und frisch gemahlener **Pfeffer**
4 TL getrockneter **Majoran**
4 TL frische **Petersilie**

So machen wir's

Zuerst die Kartoffeln mit der Schale kochen, schälen und in ca. 3 mm dicke Scheiben schneiden. Die Fleckerl in Salzwasser bissfest kochen und abseihen.
Etwas Öl in einem Topf erhitzen. Den Speck in kleine Würfel schneiden. Die Zwiebeln schälen und ebenfalls würfeln. Speck und Zwiebeln in den Topf geben und anrösten. Die Kartoffeln hinzufügen und weiterrösten. Das Paprikapulver einrühren und kurz mitrösten. Die Fleckerl unterrühren und mit Salz, Pfeffer und Majoran würzen. Auf Tellern anrichten und mit Petersilie bestreuen.

Bernies Grenadiermarsch mit Garnelen und Safransauce gratiniert

Das brauchen wir

Für 4 Personen

Omas Grenadiermarsch (siehe Rezept)
1 **Chilischote**
550 ml **Milch**
3 g **Safranfäden**
2 **Knoblauchzehen**
40 g **Butter**
40 g glattes **Mehl**
16 **Garnelen**, ohne Schale und entdarmt
Olivenöl
1 roter **Paprika**
Salz und frisch gemahlener **Pfeffer**
frisch geriebene **Muskatnuss**
3 EL frisch gehackter **Majoran**

So machen wir's

Omas Grenadiermarsch zubereiten. Den Backofen auf 180° Ober- und Unterhitze vorheizen. Die Chilischote entkernen und klein schneiden. Die Milch mit Safranfäden und Chili in einen Topf geben. Die Knoblauchzehen schälen und in den Topf pressen. Aufkochen lassen, vom Herd nehmen und 10 Minuten ziehen lassen. Die Butter in einem anderen Topf schmelzen und das Mehl darin kurz anschwitzen. Mit dem Milchgemisch aufgießen und 5 Minuten unter ständigem Rühren kochen lassen.
Über Omas Grenadiermarsch schütten und gut unterrühren. In eine feuerfeste Form geben und im Backofen 10 Minuten backen.
Die Garnelen in 1 cm dicke Scheiben schneiden und in einer heißen Pfanne in etwas Olivenöl anrösten. Den Paprika in kleine Würfel schneiden, hinzufügen und kurz mitschwitzen. Mit Salz, Pfeffer und Muskatnuss würzen.
Den gratinierten Grenadiermarsch auf Tellern anrichten, die Garnelen darauf legen und mit frischem Majoran bestreuen.

Wer möchte, kann auch frisch gehackten Koriander untermischen. Schmeckt hervorragend!

Omas Risi-Pisi

Das brauchen wir

Für 4 Personen

1 **Zwiebel**
etwas **Butter** oder **Olivenöl**
120 g **Langkornreis**
310 ml **Geflügelfond** oder **Wasser** mit **Suppenwürfel** aus dem Bioladen
Salz
180 g tiefgekühlte **Erbsen**
1 EL fein gehackte **Petersilie**

So machen wir's

Zuerst den Backofen auf 160° Ober- und Unterhitze vorheizen.
Die Zwiebel schälen und fein schneiden. Butter oder Öl in einen heißen Topf geben und die Zwiebel darin anschwitzen. Den Reis beigeben, umrühren und mit dem Geflügelfond aufgießen. Aufkochen lassen. Gut mit Salz würzen, zudecken und in den Backofen geben. Nach 12 Minuten die Erbsen dazugeben und fertig dünsten lassen, bis der Reis weich ist. Herausnehmen, mit Petersilie bestreuen und Mahlzeit!

TIPP

Das Risi-Pisi passt hervorragend zu einem Wiener Schnitzel oder gegrillter Hühnerbrust.

Bernies Risi-Pisi mit Karfiol, Kartoffeln und Koriander

Karfiol: Blumenkohl

Das brauchen wir

Für 4 Personen

175 g **Basmatireis**
1 **Zwiebel**
4 EL braune **Butter** (siehe Rezept auf Seite 12)
1 kleine **Ingwerknolle**
1 TL **Kreuzkümmel**
½ TL **Kurkuma**
120 g **Kartoffeln**
100 g **Karfiolrosen**
400 ml **Geflügelfond** oder **Wasser** mit **Suppenwürfel** aus dem Bioladen
Salz
100 g tiefgekühlte **Erbsen**
1 EL frisch gehackter **Koriander**
1 EL frisch gehacktes **Basilikum**

So machen wir's

Den Reis waschen und in reichlich kaltem Wasser 30 Minuten einweichen. Das Wasser abgießen.
Den Backofen auf 160° Ober- und Unterhitze vorheizen.
Die Zwiebel schälen und klein schneiden. Die Butter in einem großen Topf erhitzen und die Zwiebel darin kurz anrösten. Den Ingwer schälen und fein reißen. Kreuzkümmel, Kurkuma und Ingwer einrühren und bei mittlerer Hitze anschwitzen. Die Kartoffeln schälen und in 2 x 2 cm große Würfel schneiden. Die Karfiolrosen vom Strunk befreien und mit den Kartoffeln hinzufügen. 1 Minute mitdünsten. Den Reis dazugeben und mit dem Gemüsefond aufgießen. Aufkochen und mit Salz würzen. Zudecken und in den Backofen geben. Nach 12 Minuten die Erbsen dazugeben und fertig dünsten lassen, bis der Reis weich und die Flüssigkeit verdunstet ist. Mit Salz, Pfeffer, Koriander und Basilikum abschmecken.

Grünes Risotto mit Erbsen, Kohlrabi, Serranoschinken und Minzöl

Rotes Risotto mit grünen Äpfeln, Kren, Pinienkernen und frischem Basilikum

Grünes Risotto mit Erbsen, Kohlrabi, Serranoschinken und Minzöl

Das brauchen wir

Für 4 Personen

2 **Kohlrabi**
250 g tiefgekühlte **Erbsen**
Salz und frisch gemahlener **Pfeffer**
frisch geriebene **Muskatnuss**
2 **Zwiebeln**
2 EL **Olivenöl**
400 g **Risottoreis**
⅛ l **Weißwein**
1,3 l **Gemüsefond** oder **Wasser** mit **Suppenwürfel** aus dem Bioladen
Cayennepfeffer
2 **Knoblauchzehen**
1 **Chilischote**
16 Scheiben **Serranoschinken** oder **Prosciutto**

Für das Minzöl:

1 Bund frische **Minze**
1 **Knoblauchzehe**
30 g **Pinienkerne**
30 g geriebener **Parmesan**
100 ml **Olivenöl**
1 TL **Honig**

So machen wir's

Für das Minzöl die Minzeblätter von den Stielen zupfen. Die Knoblauchzehe schälen, klein schneiden und mit den Pinienkernen, Parmesan, Olivenöl, Honig und den Minzeblättern in ein schmales, hohes Gefäß geben. Mit einem Stabmixer pürieren und in den Kühlschrank stellen. Die Kohlrabi schälen und in hauchdünne Scheiben schneiden – am besten mit einer Brotmaschine oder einem Gemüsehobel. In eine Schüssel geben, gut durchrühren und dabei salzen. In den Kühlschrank stellen.
Die Erbsen in einen kleinen Topf geben, knapp mit Wasser bedecken und weich kochen. Mit einem Stabmixer fein pürieren und mit Salz, Pfeffer und Muskatnuss würzen. Wenn die Erbsencrème zu grob sein sollte, durch ein Haarsieb streichen, wird aber nicht notwendig sein.
Für das Risotto die Zwiebeln schälen und fein schneiden. Das Olivenöl in einen heißen Topf geben und die Zwiebeln darin rösten. Bevor sie Farbe bekommen, den Risottoreis dazugeben und gleich mit dem Weißwein ablöschen. Ja nicht umrühren, sonst brechen die Reiskörner auf. Anschließend unter ständigem Rühren nach und nach mit dem Gemüsefond aufgießen, bis das Risotto kernig ist.
Die Erbsencrème dazugeben und mit Salz, Pfeffer, Cayennepfeffer und Muskatnuss abschmecken. Die geschälten Knoblauchzehen und die Chilischote klein schneiden und das Risotto damit abschmecken. Auf Tellern anrichten und das Minzöl großzügig darüber verteilen. Den Kohlrabi aus dem Kühlschrank nehmen, mit den Händen fest ausdrücken und locker darüber legen. Mit dem Serranoschinken garnieren.

TIPP

Und für das nächste Mal: Einen Büffelmozzarella in grobe Stücke reißen und mit Limettenschale, Olivenöl, Salz und Pfeffer marinieren. Der Mozzarella rundet das Risotto perfekt ab.

Rotes Risotto mit grünen Äpfeln, Kren, Pinienkernen und frischem Basilikum

Kren: Meerrettich

Das brauchen wir

Für 4 Personen

50 g braune **Butter** (siehe Rezept auf Seite 12)
50 g **Pinienkerne**
2 **Zwiebeln**
2 EL **Olivenöl**
400 g **Risottoreis**
⅛ l **Weißwein**
1 l **Rote-Rüben-Saft** aus der Drogerie oder aus dem Bioladen
250 ml **Gemüsefond** oder **Wasser** mit **Suppenwürfel** aus dem Bioladen
2 **Knoblauchzehen**
1 **Chilischote**
1 grüner **Apfel** (Granny Smith)
Salz und frisch gemahlener **Pfeffer**
Saft von 1 **Limette**
2 EL grob gehobelter **Parmesan**
1 **Krenwurzen**
1 Bund frisches **Basilikum**

So machen wir's

Die braune Butter in einen kleinen Topf geben und erhitzen. Die Pinienkerne dazugeben und ständig rühren, bis sie eine gleichmäßige braune Farbe haben. Abseihen und auf Küchenrollenpapier auskühlen lassen. Die Butter nicht wegschütten, sie schmeckt hervorragend zu Nudeln oder man kann sie zum Schluss anstatt des Olivenöls zum Risotto geben.

Die Zwiebeln schälen und klein schneiden. Das Olivenöl in einen großen, heißen Topf geben und darin die Zwiebeln glasig werden lassen. Den Risottoreis hinzufügen und ohne Umrühren gleich mit Weißwein ablöschen. Erst jetzt umrühren und nach und nach unter ständigem Rühren mit dem Rote-Rüben-Saft und dem Gemüsefond aufgießen. Bevor das Risotto zu weich wird, keine Flüssigkeit mehr ergänzen. Wenn das Risotto noch zu hart ist, etwas Wasser hinzufügen. Die Knoblauchzehen schälen, klein schneiden und dazugeben. Die Chilischote entkernen, ebenfalls klein schneiden und beimengen. Den Apfel mit der Schale mit einer feinen Reibe dazuraspeln.

Wenn das Risotto die perfekte Konsistenz hat, mit Salz, Pfeffer, Limettensaft und Parmesan abschmecken und entweder 2 EL Olivenöl oder die Pinienkernbutter unterrühren. Auf Tellern anrichten und mit den Pinienkernen bestreuen. Den frischen Kren darüber reißen und mit Basilikumblättern garnieren.

TIPP

Varianten mit gebackener Blunze (Blutwurst), Garnelen oder roh mariniertem Fisch kann ich jedem nur empfehlen. Einfach sensationell!

Frische Fische

Wie man Fische fängt
... oder auch nicht!

Fangfrisch, geschmacklich edel und fein, so müssen Fische sein. Jeder leidenschaftliche Fischer wird mir recht geben. Den Unterschied schmeckt man. Also vergessen Sie Tiefkühlware und kaufen Sie frischen Fisch – am besten beim Fischhändler in Ihrer Umgebung oder in ausgesuchten Supermärkten.

Ich ging da eher den direkteren Weg und „fischte" Forellen mit meinen bloßen Händen aus dem Wasser. Jetzt staunen Sie! Wie das geht? Im Grunde ganz einfach: Sie brauchen ein hauseigenes Bächlein und ein bisschen Geschick. Der Rest ergibt sich von allein. Unser Forellenparadies war die Triesting. Ein kleiner Fluss, der direkt durch das Grundstück meiner Steffi Oma fließt. Meine Oma hält nicht viel vom Angeln, das sei nicht schonend. Lieber mit den bloßen Händen – wie ein richtiger Naturbursch. Mit der Zeit kannten wir bereits die Lieblingsplätze der Forellen, und so war es ein Leichtes einen Schwarm ausfindig zu machen. Aber einfach in das Wasser steigen und darauf hoffen, dass die Fische einen nicht bemerken, ging nicht. Jede Bewegung, jeder unsichere Schritt auf den glitschigen Steinen verscheuchte sie. Also mussten wir sie austricksen. Ein Stein

war unsere „Rettung". Wir warfen ihn in ihre Nähe und so schnell konnten wir gar nicht schauen, suchten die Forellen schon Schutz bei großen Steinen und standen gegen die Stromrichtung. Genau das wollten wir. Ablenkung pur. So konnten wir uns von hinten anpirschen. Nun hieß es aber, vorsichtig sein. Mit den Händen ganz langsam am Bauch der Forelle entlangfahren, sie blitzschnell an den Kiemen packen und aus dem Wasser ziehen. Da Forellen am Bauch keine Nerven haben, spüren sie die Hände nicht. Erst wenn es bereits zu spät ist. Deswegen musste es schnell gehen. Vor allem, da die Forellen wie wild zu zappeln beginnen und kaum mehr zu halten sind.

Also schnell ans Ufer damit, bevor sie auskommen und wieder in den „Tiefen" des Flusses verschwinden. Auch wenn diese schonende Fangmethode den Fischen ein quälendes „Angelhaken-Piercing" erspart, ist sie verboten. Also auf keinen Fall nachmachen. Dann doch lieber mit Angelrute, Haken und Köder auf zum nächsten Fluss oder See. Petri euch allen! Was meine Oma und mich betrifft, wo kein Kläger, da kein Richter und außerdem ist diese Geschichte schon längst verjährt.

Von einer anderen Fangmethode, der sogenannten Mattanza, halte ich hingegen nichts! Thunfischfang auf barbarischste Weise, kann ich nur sagen. Alljährlich werden vor der Küste Siziliens Thunfische im ärgsten Liebesrausch gefangen und auf brutale Art und Weise getötet. Die Thunfische, auf dem Weg zu ihren Laichplätzen, werden in ein Netzlabyrinth gelockt, aus dem es kein Entrinnen gibt. Am Ende dieses Labyrinths warten die Todeskammer und die Mattanza, das Gemetzel. Ein Ritual aus längst vergangenen Zeiten. Brutal, blutig und grauenhaft! Mit Harpunen werden die Thunfische auf die Boote geholt, wenn sie nicht schon vorher qualvoll in den Netzen ersticken. Kleiner müssten sie sein, denn kleine Fische kommen unbeschadet durch die Netze. Ich will gar nicht daran denken, dass Delphine gleich groß sind wie Thunfische. Was wohl aus ihnen wird? Haben Sie sich schon einmal gefragt, warum der Butterfisch, obwohl er angeblich zur Gattung der Makrelen gehört, nicht Makrele benannt wird? Und warum er als Makrele ein weißes Fleisch hat – ganz im Gegensatz zum sonst üblichen roten Fleisch der Makrelen? Oder was es damit auf sich hat, dass der Butterfisch von der Lebensmittelindustrie als Lebensform patentiert wurde?

Ja, so ging es mir auch, als ich zum ersten Mal von der Mattanza hörte. Ich verstehe bis heute nicht, warum die Fischer an diesem Ritual festhalten. Vor allem, da Thunfischfleisch unseren Körper mit Schwermetallen wie Quecksilber belastet und gar nicht so gesund ist. Aus diesem Grund werden Sie Thunfischgerichte auf meiner Karte kaum finden.

Zander im Lorbeer-Speckmantel mit Thymian

Das brauchen wir

Für 4 Personen

1 **Zander**, etwa 1,2 kg
etwa 24 **Lorbeerblätter**
4 **Schalotten**
6 **Knoblauchzehen**
4 EL **Olivenöl**
Salz und frisch gemahlener **Pfeffer**
1 Bund frischer **Thymian**
20 Scheiben geräucherter **Bauchspeck**

So machen wir's

Den Backofen auf 200° Ober- und Unterhitze vorheizen.
Den Zander schuppen, die Bauchhöhle gut auswaschen und trocken tupfen. Den Zander alle 2 cm mit einem scharfen Messer 5 mm tief einschneiden und in jeden Einschnitt ein Lorbeerblatt hineinstecken. Schalotten und Knoblauchzehen schälen und in kleine Würfel schneiden. Den Zander zuerst außen und innen mit dem Olivenöl einreiben, anschließend mit Schalotten, Knoblauch und ein paar Thymianzweigen belegen und mit Salz und Pfeffer würzen, aber nicht zu viel Salz verwenden, da der Bauchspeck sehr würzig ist. Die Thymianzweige gleichmäßig auf beiden Seiten verteilen und den Zander mit den Speckscheiben vom Kopf beginnend einwickeln. Auf eine Alufolie legen und diese gut verschließen. Es darf kein Saft herausrinnen. Für 40 Minuten in den Backofen geben. Aus dem Backofen nehmen, die Lorbeerblätter entfernen und auf einer Platte anrichten. Auch auf dem Griller ist der Zander ein Gedicht – vor allem wegen der wunderbaren Röstaromen.

Forelle im Zucchinimantel mit Limetten, Zitronen und Zitronengras parfümiert

Das brauchen wir

Für 4 Personen

1 **Regenbogenforelle** oder **Bachforelle**, etwa 600 g
2 EL **Olivenöl**
3 **Knoblauchzehen**
1 EL **Koriandersamen**
Salz und frisch gemahlener **Pfeffer**
2 unbehandelte **Limetten**
2 unbehandelte **Zitronen**
2 Stangen **Zitronengras**
1 Bund frischer **Koriander**
4 **Zucchini**
⅛ l **Muskateller**
40 g **Butter**

So machen wir's

Den Backofen auf 200° Ober- und Unterhitze vorheizen.
Die Forelle gut waschen und mit Küchenrollenpapier abtupfen. Auf ein Backpapier legen und mit dem Olivenöl gut einreiben. Die Knoblauchzehen schälen, klein schneiden und mit den Koriandersamen darauf verteilen – die Bauchhöhle nicht vergessen. Salzen und pfeffern. Die Schalen der Limetten und Zitronen mithilfe eines Gemüseschälers herunterziehen. Das Zitronengras in kleine Scheiben schneiden. Den Koriander zupfen und alles gleichmäßig auf und unter der Forelle verteilen. Die Zucchini in 16 Scheiben schneiden. Jede Scheibe sollte 2 mm dick sein. Die Forelle mit den Zucchinischeiben vom Kopf beginnend einwickeln und den Muskateller darüber leeren. Die Butter in Würfel schneiden und auf dem Fisch verteilen. Das Backpapier gut verschließen und alles 20 Minuten im Rohr braten lassen. Die Forelle unbedingt mit dem Saft servieren. Den Saft nochmals mit Salz und Pfeffer würzen.

Lachsforellenfilet mit Wasabikruste

Das brauchen wir

Für 4 Personen

100 g weiche **Butter**
70 g **Toastbrot**, entrindet
2 EL frisch gehackte **Petersilie**
2–3 TL **Wasabipaste**
Salz und frisch gemahlener **Pfeffer**
frisch geriebene **Muskatnuss**
1 unbehandelte **Zitrone**
4 **Lachsforellenfilets**, je ca. 200 g
4 EL **Olivenöl**

So machen wir's

Die weiche Butter schaumig schlagen. Das Toastbrot grob schneiden, mit der Petersilie in einer Moulinette fein reiben und mit der Wasabipaste zur Butter geben. Mit Salz, Pfeffer und Muskatnuss würzen. Die Schale der Zitrone dazureiben. Die Masse zwischen zwei Klarsichtfolien ca. 4 mm dick ausrollen und für 2 Stunden in den Kühlschrank stellen. Den Backofen auf 250° Oberhitze oder Grillstufe vorheizen.
Die Lachsforellenfilets mit dem Saft einer halben Zitrone beträufeln und mit Salz und Pfeffer würzen. In einer heißen Pfanne im Olivenöl 2 Minuten auf beiden Seiten braten. Herausnehmen und auf Küchenrollenpapier abtropfen lassen. Ein Backblech mit Backpapier auslegen und die Lachsforellenfilets darauf geben. Die Wasabibutter aus dem Kühlschrank nehmen und auf die Größe der Filets zuschneiden. Auf die Filets legen und so lange in den Backofen geben, bis sie eine goldgelbe Farbe haben. Herausnehmen und auf Tellern anrichten.

Unbedingt mit einem Kartoffelpüree (siehe Rezept auf den Seiten 208 und 209) oder einem Kartoffel-Lauchpüree (siehe Rezept auf Seite 210) genießen.

Saiblingsfilet mit Limettencrème gefüllt im Knusperteig

Das brauchen wir

Für 2 Personen

2 **Saiblingsfilets**, je ca. 130 g
100 g **Lachsfilet**
80 ml **Schlagobers**
1 **Knoblauchzehe**
2 TL **Noilly Prat**
1 TL frisch gehackter **Dill**
2 TL **Crème fraîche**
Schale von ½ unbehandelten **Limette**
Salz und frisch gemahlener **Pfeffer**
frisch geriebene **Muskatnuss**
1 EL **Koriandersamen**
14 frische **Basilikumblätter**
1 **Frühlingsrollenteig** oder **Brickteig** (im Asiashop erhältlich)
1 **Eiweiß**
Olivenöl

So machen wir's

Die Saiblingsfilets mit einer Pinzette von den Gräten befreien und die Haut herunterziehen. Für die Limettencrème das Lachsfiletstück ebenfalls entgräten und die Haut entfernen. Den Lachs in 2 x 2 cm große Würfel schneiden und für 5 Minuten in das Tiefkühlfach geben. Die Lachsstücke in eine Moulinette oder in einen anderen Cutter geben. Unter ständigem Pürieren langsam das Schlagobers eingießen, bis eine homogene Masse entsteht. Die Knoblauchzehe schälen, klein schneiden und gemeinsam mit Noilly Prat, Dill, Crème fraîche und der Limettenschale hinzufügen. Mit Salz, Pfeffer und Muskatnuss würzen und in den Kühlschrank stellen.

Die Saiblingsfilets mit Salz, Pfeffer und gemahlenen Koriandersamen würzen. Die Koriandersamen lassen sich am besten mit einer Pfeffermühle reiben. Ein Saiblingsfilet mit den Basilikumblättern belegen und mit der Limettencrème bestreichen. Das andere Filet darauf legen. Den Frühlingsrollenteig mit dem Eiweiß bestreichen, die Saiblingsfilets darauf legen und einschlagen, sodass alles schön eingepackt ist. In einer heißen Pfanne im Olivenöl herausbacken, bis der Teig goldgelb und knusprig ist.

Als Beilage empfehle ich mein Fenchel-Orangenpüree (siehe Rezept auf Seite 145) oder einfach einen Blattsalat.

Forelle mit Petersilie gebacken

Das brauchen wir

Für 4 Personen

½ Bund frische **Petersilie**
3 **Knoblauchzehen**
1 **Forelle** im Ganzen, ca. 250 g
Salz und frisch gemahlener **Pfeffer**
2 **Eier**
Mehl
Brösel (eventuell Pankomehl aus dem Asiashop)
Maiskeimöl

So machen wir's

Forellen haben keine Schuppen, sondern eine natürliche Schleimhaut, die man sich beim Kochen zunutze machen sollte. Von der Petersilie die Blätter abzupfen und diese grob hacken. Die Knoblauchzehen schälen und klein schneiden. Die Forelle salzen und pfeffern, mit dem Knoblauch einreiben und in der gehackten Petersilie wenden. 5 Minuten ziehen lassen und die Petersilie auf beiden Seiten festdrücken. Die Eier in einem Teller verquirlen. Mehl und Brösel auf zwei separate Teller geben. Die Forelle zuerst im Mehl und dann ganz vorsichtig in den Eiern wenden. Die restliche Petersilie andrücken und zuletzt zweimal in den Bröseln wenden. Die Brösel gut andrücken und die Forelle 5 Minuten in den Bröseln liegen lassen – dabei einmal wenden. Eine große Pfanne heiß werden lassen, etwas Öl hineingeben und die Forelle darin goldbraun herausbacken. Die Forelle nicht zu oft wenden, da sonst die Panier heruntergeht. Beim Wenden sehr vorsichtig sein.

Gedämpfte Bachforelle im Einmachglas mit Kräutern und Gemüse

Das brauchen wir

Für 4 Personen

8 **Forellenfilets**, je ca. 130 g
Saft von 1 **Limette**
Salz und frisch gemahlener **Pfeffer**
8 **Schalotten**
2 **Zucchini**
1 Stange **Lauch**
4 frische **Basilikumzweige**
2 frische **Thymianzweige**
2 frische **Dillzweige**
½ l **Fischfond** (siehe Rezept auf Seite 74)
¼ l **Riesling**
1 EL **Honig**
3 **Lorbeerblätter**
1 TL bunte **Pfefferkörner**
1 TL **Korianderkörner**

So machen wir's

Die Forellenfilets mit einer Pinzette von den Gräten befreien. Mit Limettensaft beträufeln und mit Salz und Pfeffer würzen. Die Schalotten schälen und halbieren. Die Zucchini und den Lauch in 2 cm dicke Ringe schneiden. Basilikum, Thymian und Dill zupfen und mit dem Gemüse in 4 Einmachgläser geben. Fischfond, Riesling, Honig, Lorbeerblätter, Pfefferkörner und Korianderkörner in einem Topf aufkochen und 3 Minuten kochen lassen. In die Einmachgläser gießen. Die Gläser in ein Wasserbad stellen und weitere 4 Minuten kochen lassen. Die Gläser erst beim Gast öffnen, damit sich das gesamte Duftaroma beim Gast entfalten kann. Vorsicht: Die Lorbeerblätter sind nicht zum Verzehr geeignet. Zu diesem Gericht bereite ich immer eine Schnittlauchsauce und einen köstlichen Apfelkren zu. Auch Kartoffeln in jeder Form passen als Beilage.

Schnittlauchsauce

Das brauchen wir

Für 4 Personen

3 **Eier**
2 Scheiben **Toastbrot**
etwa 4 EL **Milch**
1 TL **Zucker**
1 TL scharfer **Senf**
2 cl **Weißweinessig**
1/16 l **Essiggurkerlwasser**
150 ml **Maiskeimöl**
Salz und frisch gemahlener **Pfeffer**
6 EL frisch geschnittener **Schnittlauch**
Worcestersauce, nach Belieben

So machen wir's

1 Ei hart kochen. Hierfür das Ei in einen kleinen Topf mit kaltem Wasser geben. Das Ei muss mit Wasser bedeckt sein. Wenn das Wasser aufkocht, das Ei 6 ½ Minuten kochen lassen. Mit kaltem Wasser abschrecken, schälen und in Eidotter und Eiweiß trennen. Das Toastbrot entrinden und in grobe Stücke schneiden. Mit der Milch befeuchten. Das geschnittene Toastbrot, den hart gekochten Dotter, die rohen Dotter, Zucker, Senf und Essig in ein hohes Gefäß geben und mit einem Stabmixer pürieren. Das Essiggurkerlwasser hinzufügen. Weitermixen und langsam das Öl einrinnen lassen, bis eine schöne Sauce entsteht. Mit Salz und Pfeffer würzen und den Schnittlauch beigeben. Mit etwas Worcestersauce vollenden. Wer keine Worcestersauce zu Hause hat, nimmt entweder ein wenig Sojasauce oder lässt die Sauce einfach weg – schmeckt genauso gut. Das gekochte Eiweiß darüber streuen – fertig!

Apfelkren

Das brauchen wir

Für 4 Personen

3 **Äpfel**
Saft von 1 **Zitrone**
etwas **Zucker**
Salz und frisch gemahlener **Pfeffer**
Kren

So machen wir's

Die Äpfel schälen, entkernen und fein reiben – am besten gleich in einen Topf. Den Zitronensaft dazugeben und kurz erwärmen, so verfärbt sich der Apfelkren nicht. Etwas Zucker beimengen und mit Salz und Pfeffer abschmecken. Die Apfelmasse auskühlen lassen und nach Geschmack den Kren dazureiben.

Hendl

Sonntags gibt's Hendl

Ludwigs Harem war eine an und für sich friedliche Hühnerschar. Aber nur so lange, bis wir Buben im Hof Fußball spielten. Dann wurden Frieda, Emmi, Helga, Hanni, Maria, Gretl und Resi zickig und pickten mit den Schnäbeln nach unseren Waden. Die frechste von ihnen sahen wir dann am Sonntag nach dem Kirchgang beim Mittagessen wieder.

Omas Brathendl mit Semmelfülle

Das brauchen wir

Für 4 Personen

3 **Semmeln** vom Vortag oder
100 g **Semmelwürfel**
2 **Zwiebeln**
80 g **Butter**
⅛ l **Milch**
Salz und frisch gemahlener **Pfeffer**
frisch geriebene **Muskatnuss**
2 EL frisch gehackte **Petersilie**
2 **Eier**
2 **Hendln** (je ca. 1,2 kg)
Paprikapulver, edelsüß

So machen wir's

Den Backofen auf 200° Ober- und Unterhitze vorheizen.
Die Semmeln in grobe Würfel schneiden und in eine Schüssel geben. Die Zwiebeln schälen und fein schneiden. Die Butter in einem heißen Topf zergehen lassen und die Zwiebeln darin anschwitzen. Die Zwiebeln zu den Semmelwürfeln geben. Mit der Milch übergießen und mit Salz, Pfeffer und Muskatnuss abschmecken. Gehackte Petersilie beimengen und die Eier unterrühren.
10 Minuten ziehen lassen.
Die Semmelfülle in die Hendln stopfen. Die Hendln mit etwas Paprikapulver einreiben und mit Salz und Pfeffer würzen. Ein Backblech mit etwas Wasser füllen, in das Wasser einen Gitterrost stellen, die Hendln darauf legen und im Backofen 55 Minuten braten lassen. Herausnehmen und auf Tellern anrichten.
Mit Reis servieren.

TIPP

In der Grillsaison sollte man sowohl Omas Brathendl als auch mein 4-Jahreszeitenhendl am Griller probieren.
Einfach himmlisch!

Bernies
4-Jahreszeiten-
hendl

Frühling:
Bernies Brathendl mit Bärlauch-Cottage Cheese-Fülle

Das brauchen wir

Für 4 Personen

3 **Semmeln** vom Vortag oder
100 g **Semmelwürfel**
1 **Zwiebel**
2 EL **Butter**
90 ml **Milch**
100 g **Cottage Cheese**
1 **Eidotter**
2 **Eier**
Salz und frisch gemahlener **Pfeffer**
frisch geriebene **Muskatnuss**
3 EL frisch geriebener **Parmesan**
1 Handvoll frische **Bärlauchblätter**
Schale von 1 unbehandelten **Zitrone**
2 **Hendln** (je ca. 1,2 kg)
4 EL **Olivenöl**
4 **Knoblauchzehen**, geschält

So machen wir's

Die Semmeln in grobe Würfel schneiden und in eine Schüssel geben. Die Zwiebel schälen und fein schneiden. Die Butter in einem heißen Topf schmelzen und die Zwiebel darin anschwitzen. Mit der Milch aufgießen und aufkochen lassen. Über die Semmelwürfel gießen und 5 Minuten ziehen lassen. Cottage Cheese, Eidotter und Eier unterrühren und mit Salz, Pfeffer, Muskatnuss und Parmesan abschmecken. 10 Minuten ziehen lassen.
Den Backofen auf 200° Ober- und Unterhitze vorheizen. Den Bärlauch klein schneiden und mit der Zitronenschale zur Fülle geben. Die Hendln damit füllen und nacheinander mit dem Olivenöl und den gepressten Knoblauchzehen einreiben. Mit Salz und Pfeffer würzen. Ein Backblech mit etwas Wasser füllen, in das Wasser einen Gitterrost stellen, die Hendln darauf legen und im Backofen 50 Minuten braten lassen.

Sommer:
Bernies Brathendl mit Limetten-Oliven-Fülle

Das brauchen wir

Für 4 Personen

⅛ l **Milch**
6 **Limettenblätter** (im Asiashop erhältlich)
3 **Semmeln** vom Vortag oder
100 g **Semmelwürfel**
2 **Zwiebeln**
80 g **Butter**
2 **Eier**
100 g grüne **Oliven**
Schale von 4 unbehandelten **Limetten**
Salz und frisch gemahlener **Pfeffer**
frisch geriebene **Muskatnuss**
2 EL frisch gehackte **Petersilie**
2 EL frisch gehackter **Rosmarin**
2 **Hendln** (je ca. 1,2 kg)
4 EL **Olivenöl**

So machen wir's

Die Milch in einen Topf geben und aufkochen. Die Limettenblätter hinzufügen und 30 Minuten ziehen lassen.
Den Backofen auf 200° Ober- und Unterhitze vorheizen. Die Semmeln klein schneiden und in eine Schüssel geben. Die Zwiebeln schälen und ebenfalls klein schneiden.
Die Butter in einen heißen Topf geben, erhitzen und die Zwiebeln darin anrösten. Die Limettenblätter aus der Milch nehmen und die Butter mit der Milch aufgießen.
Die Eier beimengen. Die Oliven grob hacken, hinzufügen und umrühren. Mit Limettenschalen, Salz, Pfeffer und Muskatnuss abschmecken. Petersilie und Rosmarin beigeben und alles über die Semmeln gießen. Gut vermengen und die Hendln damit stopfen. Die Hendln mit Olivenöl einreiben und mit Salz und Pfeffer würzen – auch Curry oder Rosmarin passen gut. Ein Backblech mit etwas Wasser füllen, in das Wasser einen Gitterrost stellen, die Hendln darauf legen und im Backofen 50 Minuten braten lassen.

Herbst:
Bernies Brathendl im Heu mit Rosinen-Semmelfülle

Das brauchen wir

Für 4 Personen

Omas Semmelfülle (siehe Rezept auf Seite 127)
50 g **Mandelblättchen**
75 g **Rosinen**
1 **Chilischote**
60 g geriebene **Walnüsse**
1 Msp. gemahlener **Zimt**
1 EL **Honig**
Schale von 1 unbehandelten **Orange**
2 **Hendln** (je ca. 1,2 kg)
4 EL **Olivenöl**
Salz und frisch gemahlener **Pfeffer**
4 Handvoll getrocknetes **Heu** vom Bauern oder **Bioheu** aus der Tierhandlung

So machen wir's

Den Backofen auf 120° Ober- und Unterhitze vorheizen. Omas Semmelfülle zubereiten.
Die Mandelblättchen auf ein Backblech legen und für ca. 3–5 Minuten in den Backofen geben. Die Rosinen klein schneiden. Die Chilischote entkernen und ebenfalls klein schneiden. Rosinen, Mandelblättchen, Walnüsse, Chili, Zimt, Honig und die fein abgeriebene Orangenschale in Omas Fülle einrühren. 10 Minuten ziehen lassen.
Die Backofentemperatur auf 200° Ober- und Unterhitze erhöhen.
Die Hendln mit der Fülle stopfen, mit dem Olivenöl einreiben und mit Salz und Pfeffer würzen. 2 Handvoll Heu in die Mitte eines 40 x 40 cm großen Backpapierstücks legen und ein Hendl darauf geben. Das Backpapier zu einem Beutel falten und mit einem ca. 30 cm langen Bindfaden zubinden. Mit dem zweiten Hendl gleich verfahren. Beide Hendln auf einen Gitterrost legen und im Backofen 65 Minuten braten lassen.

Winter:
Bernies Idee zum Brathendl „Plumpudding flambiert"

Das brauchen wir

Für 4 Personen

2 frische **Semmeln**
6 Scheiben **Briochetoast**
50 g getrocknete **Marillen** (Aprikosen)
40 g kandierter **Ingwer**
60 g **Sauerkirschen**, aus dem Glas
8 cl **Weinbrand**
2 cl **Grand Marnier**
1 **Zwiebel**
2 **Knoblauchzehen**
2 EL **Butter**
80 g **Aschantinüsse** oder karamellisierte **Erdnüsse**
1 EL geriebene **Haselnüsse**
Schale von 1 unbehandelten **Orange**
1 **Eidotter**
2 **Eier**
1 EL frisch gehackte **Petersilie**
1 EL frisch gehackter **Majoran**
Salz und frisch gemahlener **Pfeffer**
frisch geriebene **Muskatnuss**
2 **Hendln** (je ca. 1,2 kg)
4 EL **Olivenöl**

So machen wir's

Semmeln und Briochetoast in grobe Würfel schneiden und miteinander vermischen. Marillen, Ingwer und Sauerkirschen fein hacken und mit 4 cl Weinbrand und dem Grand Marnier marinieren. Zwiebel und Knoblauchzehen schälen und fein schneiden. Die Butter in einem heißen Topf schmelzen. Die Zwiebel und den Knoblauch darin anschwitzen und zu den Semmel- und Briochewürfeln geben. Aschantinüsse fein hacken und mit den Haselnüssen hinzufügen. Orangenschale, Eidotter, Eier, Petersilie, Majoran und die marinierten Früchte untermischen. Mit Salz, Pfeffer und Muskatnuss würzen. 10 Minuten ziehen lassen. Den Backofen auf 200° Ober- und Unterhitze vorheizen. Die Hendln mit der Fülle stopfen, mit Olivenöl einreiben und mit Salz und Pfeffer würzen. Ein Backblech mit etwas Wasser füllen, in das Wasser einen Gitterrost stellen, die Hendln darauf legen und im Backofen 55 Minuten braten lassen. Die Hendln herausnehmen und am Tisch servieren. Die restlichen 4 cl Weinbrand darüber leeren und anzünden. Wenn die Flammen versiegen, die Hendln aufschneiden und genießen.

Bernies 4-Jahreszeiten-hendl

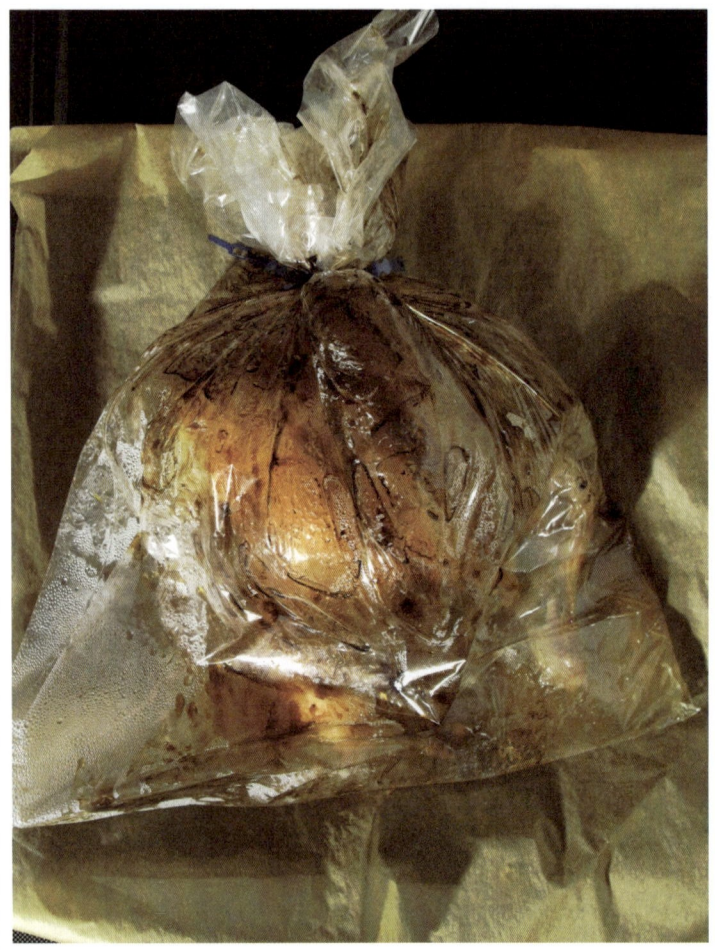

Mariniertes Buttermilchhendl mit Lauch-Petersilienpesto

Das brauchen wir

Für 2 Personen

500 ml **Buttermilch**
4 **Knoblauchzehen**
6 EL frisch gehackter **Rosmarin**
Saft und **Schale** von 1 unbehandelten **Limette**
Schale von 1 unbehandelten **Zitrone**
Salz und frisch gemahlener **Pfeffer**
1 **Hendl** (ca. 1,2 kg)
1 **Gefrierbeutel** (6 l)

Für das Pesto:

2 Stangen **Lauch**
2 **Knoblauchzehen**
1 Bund frische **Petersilie**
125 ml **Olivenöl**
2 EL **Honig**
3 EL frisch geriebener **Parmesan**
2 EL **Dijon-Senf**
Salz und frisch gemahlener **Pfeffer**

So machen wir's

Bereits am Vorabend die Hendlmarinade zubereiten: Die Buttermilch in eine Schüssel leeren. Die Knoblauchzehen schälen, fein schneiden und mit Rosmarin, Limettensaft, Limetten- und Zitronenschale zur Buttermilch geben. Gut verrühren und mit Salz und Pfeffer abschmecken. Das Hendl in die Marinade legen, gut marinieren und mit der Marinade in den Gefrierbeutel geben. Luftdicht verschließen und in den Kühlschrank stellen. Den Beutel vor dem Schlafengehen einmal wenden. Am nächsten Tag den Backofen auf 180° Ober- und Unterhitze vorheizen. Das Hendl aus der Marinade nehmen und gut abtupfen. Mit Salz und Pfeffer würzen und am besten in eine Bratfolie geben. Wer keine hat, füllt ein Backblech mit etwas Wasser, stellt einen Gitterrost hinein, legt das Hendl darauf und lässt es für 50 Minuten im Backofen braten. Auch auf einem Griller schmeckt das Buttermilchhendl vorzüglich. In der Zwischenzeit das Pesto vorbereiten: Dafür den Lauch in kleine Würfel schneiden und in kochendem Salzwasser 2 Minuten kochen lassen. Abseihen, in ein sauberes Geschirrtuch geben und so lange ausdrücken, bis kein Wasser mehr enthalten ist. Den Lauch in eine Schüssel geben. Die Knoblauchzehen schälen und fein schneiden. Die Petersilie fein hacken. Den Knoblauch mit der Petersilie, Olivenöl, Honig, Parmesan und dem Dijon-Senf dazugeben. Umrühren und mit Salz und Pfeffer würzen. Wer dem Pesto mehr Pfiff verleihen will, gibt etwas Chili hinzu. Wenn das Hendl fertig ist, in vier Teile zerlegen und mit dem Pesto servieren.

Omas Paprikahendl

Das brauchen wir

Für 4 Personen

2 **Hendln** (je ca. 1,2 kg)
Salz und frisch gemahlener **Pfeffer**
Maiskeimöl
1 **Karotte**
1 **Petersilienwurzel**
300 g geschälte und fein geschnittene **Zwiebeln**
2 **Knoblauchzehen**
1 TL **Tomatenmark**
2 EL **Paprikapulver**, edelsüß
1 l **Geflügelfond** oder **Wasser** mit **Suppenwürfel** aus dem Bioladen
1 **Lorbeerblatt**
20 g glattes **Mehl**
⅛ l **Sauerrahm**

So machen wir's

Die Hendln mit den Knochen vierteln und auf allen Seiten gut salzen und pfeffern. In einem heißen Topf in etwas Öl beidseitig anbraten, aus dem Topf nehmen und beiseite stellen.
Karotte und Petersilienwurzel schälen und in kleine Würfel schneiden. Mit den Zwiebeln in denselben Topf geben und in etwas Öl rösten. Die Knoblauchzehen schälen, klein schneiden und mitrösten. Das Tomatenmark hinzufügen und bei schwacher Hitze weiterrösten. Wenn sich das Tomatenmark am Boden anlegt, 2 EL Wasser dazugeben und weiterrösten, bis die Flüssigkeit verdampft ist. Den Topf von der Herdplatte ziehen, das Paprikapulver dazugeben und verrühren. Den Topf auf den Herd zurückstellen und mit dem Geflügelfond aufgießen. Das Lorbeerblatt hinzufügen und 5 Minuten kochen lassen. Die angebratenen Hühnerstücke dazugeben und zugedeckt ca. 30 Minuten kochen. Die Hühnerstücke aus der Sauce nehmen und die Sauce pürieren. Kosten und wenn die Sauce zu intensiv schmeckt, noch ein wenig einkochen lassen. Das Mehl mit dem Sauerrahm gut verrühren und mit einem Schneebesen zügig in die Sauce einrühren – dabei sollte die Sauce nicht kochen. Jetzt aufkochen.
Die Hühnerstücke wieder in die Sauce geben und nochmals ca. 10 Minuten bei kleiner Hitze kochen lassen. Auf Tellern anrichten und am besten mit Nudeln servieren.

Bernies Hendl mit Paprika unter der Haut und einer Paprika-Kokossauce

Das brauchen wir

Für 4 Personen

4 rote **Paprika**
2 **Hendln** (je ca. 1,2 kg)
Salz und frisch gemahlener **Pfeffer**
2 **Knoblauchzehen**
2 EL **Olivenöl**
2 TL **Paprikapulver**, edelsüß

Für die Paprika-Kokossauce:

2 **Zwiebeln**
2 **Knoblauchzehen**
2 EL **Olivenöl**
3 **Tomaten**
1 **Chilischote**
1 EL **Paprikapulver**, edelsüß
100 ml **Geflügelfond** oder **Wasser** mit **Suppenwürfel** aus dem Bioladen
200 ml **Kokosmilch**, ungesüßt
Salz und **Cayennepfeffer**

So machen wir's

Den Backofen auf 250° Ober- und Unterhitze vorheizen.
Die Paprika vierteln und entkernen. Mit der Hautseite nach oben auf ein Backblech legen und dieses ganz oben in den Backofen schieben. Wenn die Paprikaviertel schwarz sind, herausnehmen, in einen Gefrierbeutel geben und diesen zubinden. 10 Minuten ziehen lassen – so lassen sie sich leichter schälen.
Ein Hendl in die linke Hand nehmen und von der Hinternseite aus vorsichtig mit der rechten Hand unter die Haut der Brust fahren und dabei die Haut lösen, ohne dass sie einreißt. Nun kann man ohne Probleme mit Salz und Pfeffer hineinwürzen. Die Paprika schälen und 8 Vierteln ganz flach unter die Haut schieben. Mit dem zweiten Hendl gleich verfahren.
Den Backofen auf 180° Ober- und Unterhitze reduzieren.
Die Knoblauchzehen schälen, klein schneiden und mit Olivenöl und Paprikapulver vermischen. Die Hendln damit einreiben und mit Salz und Pfeffer würzen. Ein Backblech mit etwas Wasser füllen, in das Wasser einen Gitterrost stellen und die Hendln darauf legen. Im Backofen 50–60 Minuten braten lassen.
In der Zwischenzeit die Sauce zubereiten. Zwiebeln und Knoblauchzehen schälen, fein schneiden und in einem heißen Topf im Olivenöl anschwitzen. Die Tomaten vom Strunk befreien, grob schneiden und dazugeben. Die Chilischote entkernen und klein schneiden. Den Chili mit den restlichen geschälten Paprikavierteln hinzufügen und anschwitzen. Das Paprikapulver beimengen, kurz umrühren und mit dem Geflügelfond aufgießen. 1 Minute kochen lassen. Die Kokosmilch dazugeben und weitere 4 Minuten kochen lassen. Pürieren und durch ein Haarsieb abseihen. Nochmals aufkochen und mit Salz und Cayennepfeffer abschmecken. Die Hendln aus dem Backofen nehmen, vierteln und mit der Paprika-Kokossauce anrichten. Am besten mit Nudeln servieren.

Geschmortes Paprikahendl aus „Tausendundeiner Nacht"

Das brauchen wir

Für 4 Personen

1 **Hendl** (ca. 1,2 kg)
2 TL gelbes **Currypulver**
4 TL **Paprikapulver**, edelsüß
1 TL **Chilipulver**
1 TL **Kreuzkümmel**
1 TL gemahlener **Zimt**
Salz und frisch gemahlener **Pfeffer**
4 EL **Maiskeimöl**
300 g **Stangensellerie**
1 grüner **Paprika**
4 **Knoblauchzehen**
200 g geschälte und fein geschnittene **Zwiebeln**
5 **Lorbeerblätter**
2 EL **Tomatenmark**
500 ml **Geflügelfond** oder **Wasser** mit **Suppenwürfel** aus dem Bioladen
500 ml **Wasser**
200 g **Wildreis**
15 g **Ingwer**
Saft von 1 **Limette**
4 **Limettenblätter** (im Asiashop erhältlich)
400 ml **Kokosmilch**, ungesüßt
1 Bund frischer **Koriander**

So machen wir's

Das Hendl in vier Teile zerlegen. Curry, Paprikapulver, Chilipulver, Kreuzkümmel, Zimt, Salz und Pfeffer miteinander vermischen und die Hendlteile damit gut einreiben. In einem heißen Topf in 2 EL Öl das Hendl auf allen Seiten gut anbraten, herausnehmen und beiseite stellen.
Den Stangensellerie der Länge nach schälen und in 5 mm dicke Stücke schneiden. Den Paprika entkernen und in grobe Würfel schneiden. Die Knoblauchzehen schälen und fein schneiden. Im selben Topf in 2 EL Öl Zwiebeln, Stangensellerie, Paprikawürfel und Knoblauch anrösten. Lorbeerblätter und Tomatenmark dazugeben und kurz mitrösten. Mit dem Geflügelfond aufgießen und zum Kochen bringen. Die Hühnerstücke wieder in den Topf legen und zugedeckt 45 Minuten kochen lassen. Nach 15 Minuten das Wasser dazugeben, aufkochen und den Wildreis hinzufügen. Nach weiteren 20 Minuten den geschälten und gerissenen Ingwer, den Limettensaft, die Limettenblätter und die Kokosmilch dazugeben. 5 Minuten kochen lassen und den gehackten Koriander hinzufügen. Eventuell mit Salz und Pfeffer nachwürzen und auf Tellern anrichten.

Anbrennen beim Anbraten

Warum will jede Frau, dass ich für sie koche? Ich kenne keinen Polizisten, der an seinem freien Tag Strafmandate ausstellt. Also warum soll ich in meiner Freizeit immer kochen? Trotzdem halte ich mich an Omas Ratschlag „Liebe geht durch den Magen!" und lade diese tolle Frau, die ich am Abend zuvor kennengelernt habe, auf ein Curry bei mir zu Hause ein. Mit genügend Zeitpuffer und noch in Boxershorts stehe ich also in meiner Küche und bereite das Curry zu, als es plötzlich läutet. Sie kommt zu früh! Ich flitze zur Gegensprechanlage und erkläre ihr den Weg. Man möchte nicht glauben, wie verwinkelt Wiener Altbauhäuser sind. „Letzter Stock, dann zwei..." Weiter komme ich nicht. Ich höre bereits das Haustor ins Schloss fallen. Ob sie noch gehört hat, dass sie dann zweimal links gehen muss? Zur Sicherheit warte ich bei der Wohnungstür und rufe ihr die Wegbeschreibung der letzten Meter zu. Damit sie mich besser hören kann, trete ich ins Stiegenhaus. Schwerer Fehler, wie sich gleich herausstellen wird. Denn als sie gerade um die Ecke biegt, fällt die Wohnungstür hinter mir zu. Warum muss immer mir so etwas passieren? Sie hat Gott sei Dank ihr Handy dabei und wir können beim Schlüsseldienst anrufen. „Ich komme in zwei Stunden", sagt der nette Herr am anderen Ende der Leitung. „Aber in zwei Stunden ist meine Wohnung abgebrannt! Ich hab ein Curry am Herd stehen!" „In einem solchen Notfall komme ich schneller." Na, das hört sich doch gut an, also abwarten und auf den kalten Stufen im Stiegenhaus meinen Hintern abfrieren. Boxershorts sind eindeutig die falsche Bekleidung für diesen Anlass. Nach 20 Minuten reicht es mir und ich rufe noch mal an. „Ich bin gleich da", höre ich den Herrn stöhnen. Ja, wollen wir's hoffen. Wenn das noch länger dauert, spüre ich bald meinen Hintern nicht mehr. Aber es dauert und dauert und als mir nach weiteren 20 Minuten ein leicht angebrannter Duft in meine Nase steigt, habe ich genug. Ich wähle erneut die Nummer. „Ich bin ja fast da", tönt es mir entgegen. In den nächsten 20 Minuten, in denen er fast da ist, gerate ich in Panik, denn es qualmt bereits unter der Tür heraus. Als er dann endlich da ist, denkt er gar nicht daran, die Wohnungstür aufzusperren, sondern will wissen, ob ich der Wohnungseigentümer bin, und verlangt einen Ausweis von mir. Ich könnte ja jeder sein. Sehr gereizt frage ich ihn, wo er einen Ausweis hätte, wenn er sich halb nackt aus seiner Wohnung ausgesperrt hätte. Und außerdem wäre es schon ein bissl dringend, weil die Wohnung brennt! Das wirkt. Er öffnet uns in Sekundenschnelle die Wohnungstür und ein Rauchschwall kommt uns entgegen. An einen gemütlichen Abend ist nicht mehr zu denken. Wir lassen uns dann eine Pizza kommen und dinieren im Stiegenhaus – aber nicht, bevor ich mir etwas Wärmeres angezogen habe. Mein Hintern hat es mir gedankt.

Grünes Curry mit Hendlfleisch, Erbsen, Erbsenschoten, gebratener Banane und Koriander

Das brauchen wir

Für 4 Personen

4 **Hendlbrüste**
2 EL **Erdnussöl**
2 **Bananen**
1 **Zwiebel**
2 **Knoblauchzehen**
Maiskeimöl
130 g **Champignons**
1 **Zucchini**
2 EL grüne **Currypaste**
150 ml **Geflügelfond** oder **Wasser** mit **Suppenwürfel** aus dem Bioladen
420 ml **Kokosmilch**, ungesüßt
4 **Limettenblätter** (im Asiashop erhältlich)
250 g tiefgekühlte **Erbsen**
1 Tasse **Erbsenschoten**, geputzt
Saft und Schale von ½ **Limette**
1 EL **Fischsauce** (im Asiashop erhältlich)
2 EL **Sojasauce**
1 TL brauner **Zucker**
3 EL frisch gehackter **Koriander**

So machen wir's

Die Hendlbrüste in 2 x 2 cm große Würfel schneiden und in einer heißen Pfanne in 1 EL Erdnussöl auf allen Seiten scharf anbraten. Herausnehmen und beiseite stellen. Die Bananen schälen, in 2 cm dicke Scheiben schneiden und in einer anderen Pfanne in 1 EL Erdnussöl auf beiden Seiten anbraten. Herausnehmen und ebenfalls beiseite stellen.
Zwiebel und Knoblauchzehen schälen, klein schneiden und in einer dritten Pfanne in etwas Öl 2 Minuten rösten. Die Champignons putzen und in dünne Scheiben schneiden. Die Zucchini der Länge nach halbieren und in Halbmonde schneiden. Champignons und die Zucchini zu den Zwiebeln geben und mitrösten, bis sie eine leicht braune Farbe haben. Die Currypaste dazugeben und 2 Minuten mitrösten. Geflügelfond, Kokosmilch und Limettenblätter hinzufügen und 3 Minuten kochen lassen. Das Fleisch beigeben und 15–20 Minuten kochen lassen. 5 Minuten vor Ende der Kochzeit die Erbsen hinzufügen. Nach 3 Minuten die Erbsenschoten dazugeben. Limettensaft und -schale, Fischsauce, Sojasauce und braunen Zucker beimengen. Wenn sich der Zucker aufgelöst hat, ist das Curry fertig. Bei Bedarf etwas nachsalzen, mit frischem Koriander bestreuen und die gebratenen Bananen dazugeben. Am besten mit Reis servieren.

Gemüse

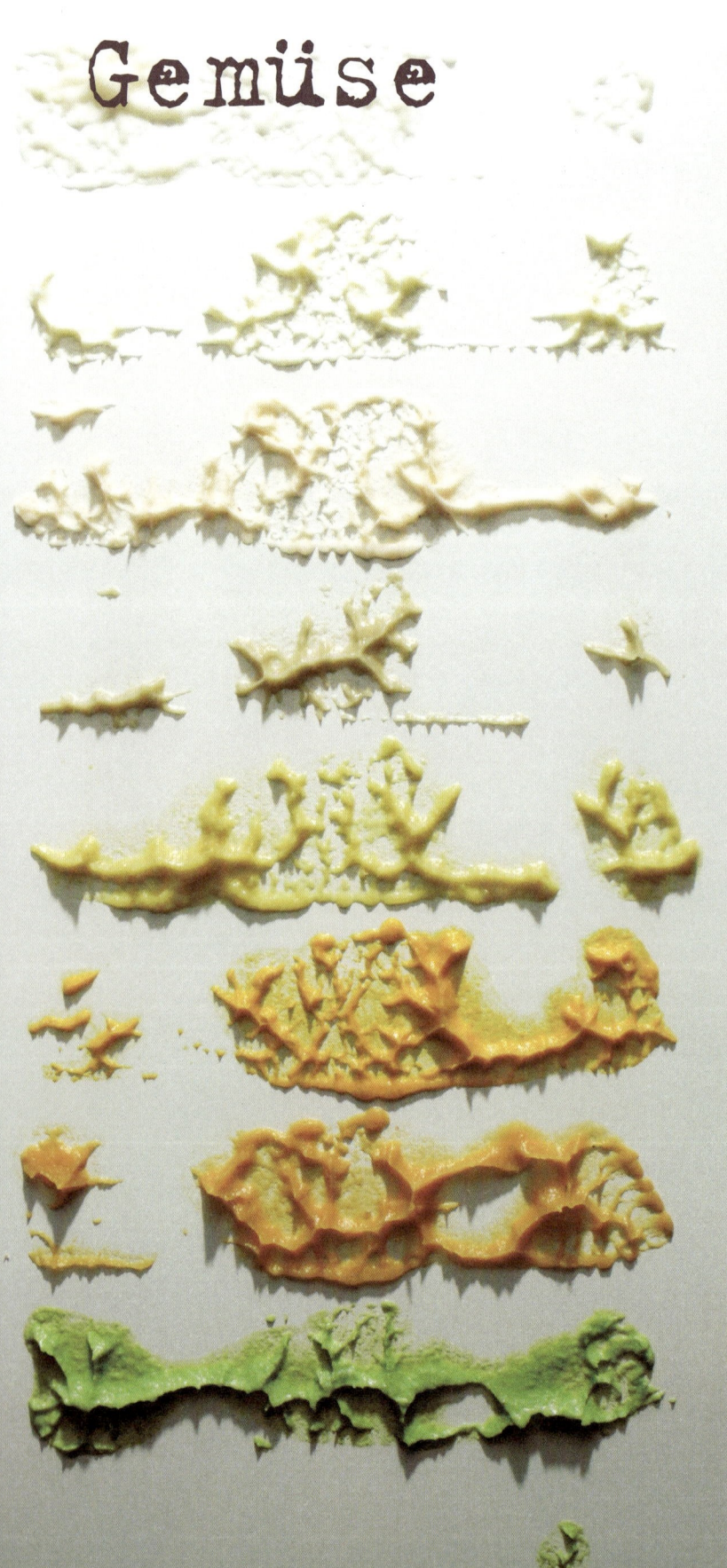

Ich liebe Pürees und geschmortes, im eigenen Saft gegartes Gemüse! Al dente – ein tolles Wort, bei Nudeln ja, aber bei Gemüse genauso wichtig wie eine Playstation am Pfadfinderlager. In meiner Kindheit gab es als Beilage immer mit einem Braten mitgeschmortes Gemüse oder Gemüse aus dem Suppentopf. Das hat einfach großartig geschmeckt. Total intensiv, aromatisch – und das ist der Geschmack, den ich haben will. Nicht dieses geschnitzte Gemüse, bei dem mehr auf die Optik geachtet wird als auf den Eigengeschmack. Es schmeckt nämlich nach gar nichts, aber Hauptsache, es ist bissfest – al dente. Davon hat man im Mund nur nicht viel. Um den Eigengeschmack vom Gemüse zu erhalten, verwende ich zum Schmoren großteils braune Butter. Sie gibt einen leicht nussigen Geschmack und außerdem ist Fett der perfekte Geschmacksträger. Braune Butter ist ganz einfach selbst herzustellen (siehe Rezept auf Seite 12).

Karotten-Limettenpüree mit Zitronengras

Das brauchen wir

Für 4 Personen

300 g **Karotten**
70 g braune **Butter** (siehe Rezept auf Seite 12)
330 ml **Gemüsefond** oder **Wasser** mit **Suppenwürfel** aus dem Bioladen
2 Stangen **Zitronengras**
70 ml **Kokosmilch**, ungesüßt
4 **Limettenblätter** (im Asiashop erhältlich)
Saft von ½ **Limette**
Salz und frisch gemahlener **Pfeffer**
1 TL **Honig**
2 EL **Olivenöl**

So machen wir's

Die Karotten schälen und in kleine Scheiben schneiden. Die braune Butter in einem Topf erhitzen und darin die Karottenscheiben anschwitzen. Leicht salzen und mit dem Gemüsefond aufgießen. Kochen lassen, bis die Flüssigkeit fast vollständig verkocht ist. Das Zitronengras grob schneiden und dazugeben. Die Kokosmilch und die Limettenblätter hinzufügen. Und so lange weiterkochen, bis die Karotten ganz weich sind und nur mehr wenig Flüssigkeit vorhanden ist. Zitronengras und Limettenblätter herausnehmen und den Limettensaft dazugeben. Mit Salz und Pfeffer abschmecken und Honig und Olivenöl beimengen. Pürieren und nochmals abschmecken.

Das Karotten-Limettenpüree am besten zu meiner gefüllten Kalbsbrust mit Garnelen und Curry (siehe Rezept auf Seite 184) oder gegrillter Hendlbrust genießen.

Weißes Bohnenpüree mit Graumohnöl

Das brauchen wir

Für 4 Personen

1 **Zwiebel**
3 **Knoblauchzehen**
500 g weiße **Bohnen**, aus der Dose
2 EL **Schweineschmalz**
100 g geselchter **Speck**
1 **Lorbeerblatt**
250 ml **Gemüsefond** oder **Wasser** mit **Suppenwürfel** aus dem Bioladen
2 **Eiswürfel**
2 EL **Graumohnöl** oder **Mohnöl**
Salz und frisch gemahlener **Pfeffer**
frisch geriebene **Muskatnuss**
gemahlener **Kümmel**
Maiskeimöl

So machen wir's

Zwiebel und Knoblauchzehen schälen und klein schneiden. Die Bohnen abseihen und mit Wasser abspülen. Das Schweineschmalz in einem Topf erhitzen und darin die Zwiebel und den Knoblauch rösten. Den Speck in Scheiben schneiden, dazugeben und kurz mitrösten. Die Bohnen und das Lorbeerblatt hinzufügen und mit dem Gemüsefond aufgießen. Kochen lassen. Wenn die Bohnen weich sind und die Hälfte der Flüssigkeit verdampft ist, Speck und Lorbeerblatt herausnehmen. Den Speck beiseite legen. Die Eiswürfel etwas zerschlagen und mit dem Graumohnöl zu den Bohnen geben. Pürieren und mit Salz, Pfeffer, Muskatnuss und etwas Kümmel abschmecken. Wer möchte, kann auch noch etwas Knoblauch beimengen. Den Speck klein schneiden und in einer heißen Pfanne in wenig Öl knusprig rösten – aber vorsichtig, der Speck wird spritzen. Das Püree auf Tellern anrichten und den Speck darüber geben.

Zum gekochten Schulterscherzel (siehe Rezept auf Seite 186) oder zur Beiried mit Kräuterbutter gratiniert und zweierlei gebackenen Zwiebeln (siehe Rezept auf Seite 183) die perfekte Beilage.

Selleriepüree mit schwarzen Nüssen

Das brauchen wir

Für 4 Personen

1 **Sellerieknolle**
1/16 l **Wasser**
¼ l **Schlagobers**
¼ l **Milch**
Salz und frisch gemahlener **Pfeffer**
frisch geriebene **Muskatnuss**
50 g braune **Butter** (siehe Rezept auf Seite 12)
50 g schwarze **Nüsse** (alternativ auch Pinienkerne oder gehackte Haselnüsse)

So machen wir's

Den Sellerie schälen und in kleine Würfel schneiden. Das Wasser in einen Topf geben, damit die Milch nicht so schnell anbrennt. Schlagobers, Milch und Sellerie hinzufügen, mit Salz, Pfeffer und Muskatnuss würzen und zum Kochen bringen. Wenn der Sellerie ganz weich ist, abseihen, dabei den Fond unbedingt auffangen und einfrieren. Der Fond eignet sich perfekt zum Aufgießen einer Béchamelsauce oder Sauce Carbonara (statt Schlagobers). Den Sellerie mit der braunen Butter in einem Topf pürieren, abschmecken und die schwarzen Nüsse dazugeben. Wer keine schwarzen Nüsse zur Hand hat, röstet die Pinienkerne oder Haselnüsse in einem heißen Topf mit brauner Butter an und streut sie über das Püree.

Passt hervorragend zum Rinderfilet im Ganzen „rosa" im Rotwein gegart (siehe Rezept auf Seite 190) und zu Wildgerichten.

Melanzanipüree mit Anchovis und Honig

Melanzani: Aubergine

Das brauchen wir

Für 4 Personen

600 g **Melanzani**
Salz und frisch gemahlener **Pfeffer**
8 EL **Aceto balsamico di Modena**
8 EL **Olivenöl**
2 **Lorbeerblätter**
6 **Knoblauchzehen**
1 Bund frischer **Thymian**
4 EL getrocknete **Tomaten**
7 **Anchovisfilets**
Honig

So machen wir's

Den Backofen auf 170° Ober- und Unterhitze vorheizen. Die Melanzani schälen und in Würfel schneiden. Auf ein Backblech legen, salzen, pfeffern und mit Aceto balsamico und Olivenöl gut vermischen. Die Lorbeerblätter dazugeben. Die Knoblauchzehen schälen, halbieren und untermischen. Mit Alufolie abdecken und für 1 Stunde im Backofen schmoren lassen. Immer wieder durchrühren und aufpassen, dass nichts anbrennt.
In der Zwischenzeit die Thymianblätter herunterzupfen und hacken. Die getrockneten Tomaten sowie die Anchovisfilets ganz klein schneiden. Wenn die Melanzani weich sind, aus dem Backofen nehmen. Die Lorbeerblätter entfernen. Die Melanzani in eine Schüssel geben und pürieren. Thymian, Tomaten und Anchovis unterrühren und kosten. Besonders gut schmeckt das Püree mit zwei weiteren frisch klein geschnittenen Knoblauchzehen. Mit etwas Honig, Salz und Pfeffer würzen. Sollte es zu süß sein, noch ein paar Tropfen Aceto balsamico dazugeben.

Das Melanzanipüree sorgt in Kombination mit dem Lammkarree mit Blattspinat, grünen Bohnen, gebackenem Bohnenstrudel und Minzbutter (siehe Rezept auf Seite 194) für wahre Gaumenfreuden.

Erbsen-Minzepüree

Das brauchen wir

Für 4 Personen

1 **Knoblauchzehe**
60 g geschälte und fein geschnittene **Zwiebeln**
50 g braune **Butter** (siehe Rezept auf Seite 12)
50 ml **Schlagobers**
170 g **Gemüsefond** oder **Wasser** mit **Suppenwürfel** aus dem Bioladen
330 g tiefgekühlte **Erbsen**
7 frische **Pfefferminzblätter**
Salz und frisch gemahlener **Pfeffer**
frisch geriebene **Muskatnuss**

So machen wir's

Die Knoblauchzehe schälen und klein schneiden. Knoblauch und Zwiebeln in einem Topf in der braunen Butter anrösten. Bevor sie Farbe bekommen, mit Schlagobers und Gemüsefond aufgießen. 4 Minuten kochen lassen. Die Erbsen dazugeben und weich kochen. Die Pfefferminzblätter klein schneiden und hinzufügen. Pürieren und eventuell durch ein Haarsieb streichen. Mit Salz, Pfeffer und Muskatnuss abschmecken. Je nach Geschmack kann man auch mehr Pfefferminze dazugeben.

Das Erbsen-Minzepüree passt hervorragend zum Lammkarree mit Blattspinat, grünen Bohnen, gebackenem Bohnenstrudel und Minzbutter (siehe Rezept auf Seite 194), zum marinierten Buttermilchhendl mit Lauch-Petersilienpesto (siehe Rezept auf Seite 132) und zur Forelle im Zucchinimantel mit Limetten, Zitronen und Zitronengras (siehe Rezept auf Seite 120).

Fenchel-Orangenpüree mit Koriandersamen

Das brauchen wir

Für 4 Personen

4 **Fenchelknollen**
2 **Zwiebeln**
Olivenöl
1 g **Safranfäden**
1 Msp. **Kurkuma**
1 l **Gemüsefond** oder **Wasser** mit **Suppenwürfel** aus dem Bioladen
$^1/_{16}$ l **Noilly Prat**
$^1/_{16}$ l **Pernod**
$^1/_8$ l **Orangensaft**
1 unbehandelte **Limette**
1 EL **Honig**
Salz und **Cayennepfeffer**
1 EL **Koriandersamen**

So machen wir's

Zuerst den Backofen auf 150° Ober- und Unterhitze vorheizen. Den Fenchel putzen und klein schneiden. Das Fenchelgrün unbedingt für die Dekoration aufheben. Die Zwiebeln schälen und in grobe Würfel schneiden. Fenchel und Zwiebeln in einem heißen Topf in etwas Olivenöl leicht anbraten. Bevor sie Farbe bekommen, Safran und Kurkuma dazugeben. Mit der Hälfte des Gemüsefonds aufgießen und den Topf in den Backofen stellen. Jetzt heißt es warten – man kann sich die Wartezeit entweder mit einem Flascherl Wein versüßen oder eine Hauptspeise nach Wahl zubereiten. Gerichte mit Fisch und Garnelen passen besonders gut dazu. Ab und zu in den Backofen schauen und umrühren. Wenn die Flüssigkeit verkocht ist, bevor der Fenchel weich ist, nach und nach den Gemüsefond nachgießen. Der Fenchel muss ganz weich sein, nicht angebrannt und die Flüssigkeit verdunstet, dann ist es perfekt. Den Topf wieder auf eine Herdplatte stellen, Noilly Prat und Pernod hinzufügen und verkochen lassen. Mit dem Orangensaft aufgießen und ebenfalls verkochen lassen. Fein pürieren. Die halbe Limette hineinpressen und mit Honig, Salz und Cayennepfeffer abschmecken. Wem das Püree zu dünn erscheint, der sollte es auf kleiner Flamme noch etwas einkochen lassen. Die Koriandersamen in einer heißen Pfanne ohne Fett und unter ständigem Rühren rösten, bis die typischen Aromen den Raum füllen. Herausnehmen und in eine leere Pfeffermühle geben. Das Püree auf Tellern anrichten. Die Schale der Limette darüber reißen, mit dem Fenchelgrün garnieren und mit frisch gemahlenem Koriander aus der Mühle bestreuen.

Zwiebelpüree mit gebackenen Zwiebeln

Das brauchen wir

Für 4 Personen

5 große **Zwiebeln**
Olivenöl
2 **Lorbeerblätter**
20 g **Langkornreis**
400 ml **Gemüsefond** oder **Wasser** mit **Suppenwürfel** aus dem Bioladen
2 cl **Weißweinessig**
Salz und frisch gemahlener **Pfeffer**
gemahlener **Kümmel**
1 rote **Zwiebel**
1 kleine weiße **Zwiebel**
Mehl, 1 **Ei** und **Brösel** zum Panieren
Fett zum Herausbacken

So machen wir's

Den Backofen auf 170° Ober- und Unterhitze vorheizen.
Die 5 Zwiebeln schälen, grob schneiden und in einem heißen Topf in etwas Olivenöl anschwitzen. Die Lorbeerblätter und den Reis dazugeben. Mit dem Gemüsefond aufgießen und im Backofen 1–1 ½ Stunden weich schmoren. Wenn der Reis weich und die Flüssigkeit verdunstet ist, die Lorbeerblätter herausnehmen. Den Weißweinessig dazugeben, mit Salz, Pfeffer und etwas Kümmel abschmecken und pürieren.
Die rote und die kleine weiße Zwiebel schälen und vom Strunk ausgehend in Spalten schneiden. Die Spalten voneinander lösen und zuerst im Mehl, dann im verquirlten Ei und zuletzt in den Bröseln wenden. In einem Topf in etwas Fett goldgelb herausbacken.

Schmeckt vorzüglich zu Schweinsbraten (siehe Rezept auf Seite 158), geschmorten Schweinsbackerl, geschmortem Rind oder gegrilltem Wolfsbarsch.

Süßkartoffelpüree mit Kreuzkümmel

Das brauchen wir

Für 4 Personen

270 g **Süßkartoffeln**
90 g braune **Butter** (siehe Rezept auf Seite 12)
1 TL gemahlener **Kreuzkümmel**
2 **Lorbeerblätter**
400 ml **Gemüsefond** oder **Wasser** mit **Suppenwürfel** aus dem Bioladen
Salz und frisch gemahlener **Pfeffer**
frisch geriebene **Muskatnuss**
2 EL **Walnussöl**

So machen wir's

Die Süßkartoffeln schälen und in Würfel schneiden. In einem Topf bei mittlerer Hitze die braune Butter erhitzen. Die Süßkartoffeln dazugeben und leicht darüber salzen, damit der eigene Saft abrinnen kann. Die Kartoffeln so lange rösten, bis sie sich leicht anlegen. Kreuzkümmel und Lorbeerblätter hinzufügen und umrühren. Mit dem Gemüsefond aufgießen. Kochen lassen, bis sie ganz weich sind. Die Lorbeerblätter herausnehmen und mit Salz, Pfeffer und Muskatnuss abschmecken. Nach Belieben auch noch etwas Kreuzkümmel hinzufügen. Pürieren, das Walnussöl dazugeben und nochmals pürieren.

Das Süßkartoffelpüree ist die perfekte Beilage zu Wild oder asiatisch gewürztem, gegrilltem Fleisch.

Rote Paprika mit Sardellen, Oliven und Ziegenkäse in Asche

Das brauchen wir

Für 4 Personen

4 rote **Paprika**
4 EL **Olivenöl**
6 **Knoblauchzehen**
200 g **Ziegenkäse** in Asche
3 frische **Thymianzweige**
3 frische **Rosmarinzweige**
12 **Sardellenfilets** in Öl
30 schwarze **Oliven**, entkernt
grobes **Meersalz** und frisch gemahlener **Pfeffer**

So machen wir's

Den Backofen auf 250° Oberhitze oder Grillstufe vorheizen.
Die Paprika vierteln und entkernen. Mit der Hautseite nach oben auf ein Backblech legen und für ca. 7–10 Minuten ganz oben in den Backofen geben. Wenn die Haut schwarz ist, herausnehmen, in einen Gefrierbeutel geben, diesen zubinden und 10 Minuten ziehen lassen. Die Haut kann jetzt ganz leicht mit einem Messer heruntergeschabt werden. Eine Auflaufform mit 2 EL Olivenöl gut auspinseln und die Paprikavierteln hineinlegen. Die Knoblauchzehen schälen und in Scheiben schneiden. Den Ziegenkäse grob schneiden. Thymian und Rosmarin zupfen. Knoblauch, Ziegenkäse, Thymian, Rosmarin, Sardellenfilets und Oliven auf den Paprikavierteln verteilen. Mit dem restlichen Olivenöl bepinseln, salzen, pfeffern und nochmals in den Backofen geben, bis der Käse leicht geschmolzen ist.

Der Paprika schmeckt als vegetarische Hauptspeise oder auch mit dem Zander im Lorbeer-Speckmantel mit Thymian (siehe Rezept auf Seite 119) einfach sensationell.

Geschmorter Kürbis mit Zimt, Salbei und Pinienkernen

Das brauchen wir

Für 4 Personen

1 kg **Hokkaidokürbis**
230 ml **Maiskeimöl**
Salz und frisch gemahlener **Pfeffer**
8 **Ingwerscheiben** mit der Schale
80 g **Pinienkerne**
80 g braune **Butter** (siehe Rezept auf Seite 12)
3 EL brauner **Zucker**
1 TL gemahlener **Zimt**
1 Bund frischer **Salbei**
Muskatnuss

So machen wir's

Den Backofen auf 190° Ober- und Unterhitze vorheizen. Den Kürbis mit der Schale in große Stücke schneiden und mit Salz und Pfeffer würzen. Das Maiskeimöl auf einem Backblech verteilen und im Backofen erhitzen, aber aufpassen, dass sich das Öl nicht entzündet! Wenn es doch passiert, mit viel Mehl löschen. Das Blech herausnehmen. Die Kürbisstücke in das heiße Öl setzen und die Ingwerscheiben darüber legen. Das Blech wieder in den Ofen schieben. Die Pinienkerne in einem heißen Topf in der braunen Butter rösten. Den Zucker mit dem Zimt vermischen. Wenn der Kürbis goldgelb ist, mit der Zucker-Zimtmischung bestreuen. Den Kürbis jetzt mehrmals wenden, bis er eine schöne braune Farbe hat. Die Salbeiblätter grob hacken. Den Kürbis herausnehmen, mit dem Salbei und den gerösteten Pinienkernen bestreuen und etwas Muskatnuss darüber reiben.

Als vegetarische Hauptspeise oder mit dem marinierten Buttermilchhendl mit Lauch-Petersilienpesto (siehe Rezept auf Seite 132) servieren. Ein himmlischer Genuss!

Geschmorter Chicorée mit Birnen, Rosinen und Mandeln

Das brauchen wir

Für 4 Personen

400 ml **Schlagobers**
2 EL **Honig**
140 g **Mandelsplitter**
8 Stangen **Chicorée**
Saft von 1 **Zitrone**
1 EL **Zucker**
Olivenöl
2 **Birnen**
⅛ l **Birnensaft**, naturtrüb
50 g **Rosinen**, nach Belieben
Salz und grober **Pfeffer**

So machen wir's

Den Backofen auf 200° Ober- und Unterhitze vorheizen.
Schlagobers, Honig und Mandelsplitter in einen Topf geben und zum Kochen bringen. 2 Minuten kochen lassen. Zur Seite stellen und ziehen lassen. Den Chicorée halbieren und den Strunk keilförmig herausschneiden. In einem anderen Topf Wasser zum Kochen bringen. Zitronensaft und Zucker hineingeben und aufkochen. Den Chicorée hinzufügen und 1 Minute kochen lassen. Herausnehmen und abtropfen lassen – eventuell mit einem Geschirrtuch trocken tupfen. Den Chicorée in einer heißen Pfanne in etwas Olivenöl anbraten und in eine feuerfeste Schüssel oder ein Backblech geben. Die Birnen schälen, entkernen und achteln. Anschließend in einer anderen heißen Pfanne in etwas Olivenöl anschwitzen und mit dem Birnensaft aufgießen. Rosinen dazugeben und so lange kochen lassen, bis der Birnensaft verdunstet ist. Die Birnen zum Chicorée geben.
Die Mandelmilch pürieren, mit Salz und Pfeffer würzen und abseihen – nichts wegwerfen. Die Milch über den Chicorée und die Birnen leeren und im Backofen ca. 15 Minuten backen. Aus dem Backofen nehmen und auf Tellern anrichten. Das abgeseihte Mandelpüree darüber geben und mit grobem Pfeffer bestreuen.

TIPP

Der geschmorte Chicorée ist als vegetarische Hauptspeise oder als Beilage zu Bernies Brathendl im Heu mit Rosinen-Semmelfülle (siehe Rezept auf Seite 130) und zu Bernies Idee zum Brathendl „Plumpudding flambiert" (siehe Rezept auf Seite 130) ein Gedicht.

Fenchel-Feigen-eintopf mit Lorbeer und Zimt

Das brauchen wir

Für 4 Personen

Saft von 1 **Zitrone**
2 EL **Fenchelsamen**
8 kleinere **Fenchelknollen**, geputzt
etwas griffiges **Mehl**
Olivenöl
6 schwarze **Feigen**
6 cl **Pernod** oder **Noilly Prat**
4 EL **Olivenöl**
8 **Zimtstangen**
12 **Lorbeerblätter**
grobes **Meersalz** und frisch gemahlener **Pfeffer**
3 **Feigenblätter**
Schmortopf

So machen wir's

Einen großen Topf mit Wasser, Zitronensaft und Fenchelsamen aufstellen und zum Kochen bringen. Die Fenchelknollen dazugeben – sie müssen mit Wasser bedeckt sein – und 10 Minuten kochen lassen. Im Fond auskühlen lassen. Herausnehmen und gut abtropfen lassen bzw. trocken tupfen. Den Backofen auf 190° Ober- und Unterhitze vorheizen. Den Fenchel vierteln, in etwas Mehl wenden und in einer heißen Pfanne in etwas Olivenöl goldgelb braten. Die Feigen halbieren und mit dem Fenchel abwechselnd in den Schmortopf schlichten. Mit dem Pernod und dem Olivenöl parfümieren. Die Zimtstangen zerbrechen und gemeinsam mit den Lorbeerblättern darauf verteilen. Mit Salz und Pfeffer würzen und mit Feigenblättern abdecken. Mit dem Schmortopfdeckel zudecken und für etwa 20–30 Minuten in den Backofen stellen. Herausnehmen, Feigenblätter, Lorbeerblätter und Zimtstangen entfernen und auf Tellern anrichten.

Als vegetarische Hauptspeise, zum Lammkarree mit Blattspinat, grünen Bohnen, gebackenem Bohnenstrudel und Minzbutter (siehe Rezept auf Seite 194) oder zu geschmortem Rindfleisch schmeckt der Fenchel-Feigeneintopf hervorragend.

Rote Rüben im Salzteig mit Minzsauce

Das brauchen wir

Für 4 Personen

12 Rote **Rüben**, gekocht
Olivenöl
Salz und frisch gemahlener **Pfeffer**
2 Bund frische **Minze**
200 g grober **Topfen** oder **Quark**
¹⁄₁₆ l **Wasser**
1 **Ei**

Für den Salzteig:

250 g **Mehl**
250 g grobes **Meersalz**
2 **Eier**
100 ml **Wasser**

Für die Minzsauce:

1 Rote **Rübe**, gekocht
100 g **Sauerrahm** oder **Crème fraîche**
Saft von ½ **Limette** oder **Zitrone**
2 EL scharfer **Senf**
2 EL **Honig**
14 frische **Minzeblätter**
Salz und frisch gemahlener **Pfeffer**
gemahlener **Kümmel**

So machen wir's

Für den Salzteig das Mehl auf die Arbeitsfläche sieben und in die Mitte eine Mulde drücken. Meersalz, Eier und Wasser hinzufügen und zu einem Teig kneten. 30 Minuten rasten lassen.
Den Backofen auf 200° Ober- und Unterhitze vorheizen.
Die Roten Rüben in ein hohes Backblech geben, mit etwas Olivenöl beträufeln, salzen und pfeffern. Die Minze grob zerreißen und gemeinsam mit dem Topfen auf den Roten Rüben verteilen. Den Teig ausrollen und über die Roten Rüben legen. Das Wasser mit dem Ei verquirlen und den Teig damit bestreichen. In den Backofen geben und so lange backen, bis der Teig eine schöne Farbe hat. Dies dauert etwa 25–35 Minuten.

In der Zwischenzeit die Minzsauce zubereiten. Hierfür die Rote Rübe klein schneiden und mit Sauerrahm, Limettensaft, Senf, Honig und Minzeblätter in ein hohes Geschirr geben. Mit einem Stabmixer pürieren und mit Salz, Pfeffer und etwas Kümmel abschmecken.
Den Teig entfernen und die Roten Rüben mit dem Topfen und der Sauce genießen.

Sautanz anno dazumal oder einfach nur „blunzenfett"

Unsere heutige schnelllebige Zeit ist durch ein Überangebot an Lebensmitteln gekennzeichnet. Kaum vorstellbar, dass es einmal anders war. Dass vor nicht allzu langer Zeit Fleisch nur selten auf dem Speiseplan stand. Die eigene Schweinehaltung war der billigste Weg zum Fleischgenuss. Zudem wusste man, woher das Fleisch kam, was die Schweine gegessen und an welchen Krankheiten die Tiere gelitten hatten – ganz im Gegensatz zu heute. Und so hielt es auch meine Juzzi Oma – genauer ein paar Schweine. Sie bescherte den Schweinen ein glückliches Leben mit viel Auslauf, liebevoller Behandlung und nur dem besten Essen. Denn ein glückliches Schwein schenkt dem Menschen ein gesundes Leben. Da ist es nur naheliegend, dass meine Oma ihre Schweine Marie, Hilde, Gucki – und wie sie alle hießen – wie Haustiere hielt. Eine Sau zu schlachten, bedeutete in der damaligen Zeit, die ganze Familie durch den kalten Winter zu bringen. Und diese Nahrungsversorgung wurde ordentlich gefeiert. Musikanten spielten auf. Es wurde getanzt, gelacht und im wahrsten Sinne des Wortes die Sau rausgelassen. Dieser traditionelle burgenländische Sautanz war ein Fest für die ganze Familie, die Nachbarschaft und die Freunde, das sich alle Beteiligten wahrlich verdient hatten – denn eine Sau zu zerlegen und zu verarbeiten, war eine „Sau-Arbeit".

Ich war sieben Jahre alt, als ich das erste Mal einen Sautanz erlebte und mir diese respektvolle Tötung von Tieren gezeigt wurde. Nach einer Runde selbst gebranntem Schnaps ging's los. Es oblag dem Bauern, sein eigenes Schwein zu töten. Da mein Opa aber nicht mehr lebte, übernahmen mein Onkel Hiasl und mein Onkel Ludwig, auch „Römer" genannt, die ehrenvolle Aufgabe und betäubten das Schwein mit einem Schlachtschussapparat. So ersparten sie dem Tier jegliches Leid. Erst wenn das Schwein bewusstlos war, schnitt Onkel Ludwig die Halsschlagader durch und ließ das Schwein ausbluten. Auf diese Weise konnte das Tier langsam und friedlich entschlummern.

Nun war schnelles Arbeiten angesagt. Das frische Blut musste sofort und ohne Unterbrechung umgerührt werden, um ein Stocken zu verhindern. Eine mühevolle Arbeit, die man erst beenden durfte, wenn das Blut abgekühlt war. Aber mit zwei oder drei Schnäpsen zwischendurch ging sie leichter von der Hand.

Als Nächstes widmeten sich die Männer der Haut, denn ohne eine gut gesäuberte, glatte Haut konnte man schmackhafte Grammeln vergessen. Also hieß es, zuerst die gröbsten und widerspenstigsten Borsten mit brennenden Strohbündeln abzubrennen und die Haut anschließend zu „pflegen". Mit einem sogenannten „Saupech", eine Art Epilierharz für seidenglatte

Schweinehaut, rieb man das Schwein ein. Nur leider war das Epilieren keine leichte Aufgabe, da die Männer die schwere Sau zuerst in einen Sautrog mit heißem Wasser hieven mussten. Erst danach konnten sie mit einem Löffel das Saupech mitsamt der restlichen Behaarung abschaben. Die erste Anstrengung war geschafft. Schnaps für alle und Apfelsaft für mich. Nach dieser kurzen Pause ging es „erfrischt" weiter. Mein Onkel Hiasl griff zu einem scharfen Messer, schnitt den Schweinebauch auf und holte die Innereien heraus. Da diese schnell verderblich sind, mussten sie als Erstes verarbeitet werden. Neben gerösteter Leber, Hirn mit Nieren und Hirn mit Ei zauberten meine Oma, die Sissi Tant' und deren Freundinnen Suppeneinlagen wie Milzschnitten und Lungenstrudel, Blutsterz oder Wurstbrät. Das sollte den Männern zur ersten Stärkung genügen. Und mit Wein und Schnaps hätten die Speisen nicht „kräftigender" sein können. Ich musste wieder mit Apfelsaft vorliebnehmen, obwohl ich jetzt auch ein Stamperl vertragen hätte – warteten doch die Därme auf mich. Fürs Därmeputzen braucht man wirklich einen Saumagen. Das ist keine Aufgabe für zartbesaitete Gemüter, aber eine wichtige. Die gründlich ausgeputzten Därme füllten wir dann mit Fleischabschnitten und dem Fettrand großer Fleischteile. Eine weitere Sautanz-Köstlichkeit war fertig – herzhafte Brat- und Selchwürste. Es folgten geräucherter Goderlspeck vom Goderl, Presswurst und Schmerkrapfen, eine delikate Süßspeise aus dem Schmer, dem feinen, inneren Fett der Rippen. Für die Presswurst wurden Fleischstücke vom Wangerl, von der Zunge, den Haxen, der Schwarte und dem Stichfleisch in den geputzten Saumagen gefüllt, aber hier war Vorsicht angesagt. Der Saumagen durfte nicht überfüllt werden, und die gesamte Masse war mit Sicherheit zu viel für den kleinen Saumagen. Das hatte aber auch sein Gutes. Denn so konnte meine Oma ihre geliebte Tellersulze zubereiten. Dafür füllte sie die übrig gebliebene Presswurstmasse in einen Teller und ließ diese im Kühlschrank über Nacht stocken – wobei meine Oma meistens nicht so lange warten konnte. Sie aß die Sulze noch warm und am gleichen Tag. Auch der Saurüssel wurde nach dem Auskochen in eine delikate gepresste Sulze verwandelt. Verschwendung war an diesem Tag ein Fremdwort. Der Sautanz war wahrlich ein Paradies für Schlemmermäuler und Schnapsliebhaber. Denn die nächste Runde folgte sogleich. Schon etwas angeheitert, ging es dem Schwein nun an den Kragen. Die Männer zerlegten es in seine Einzelteile und nahmen sich zunächst des Schopfstücks an. Um dem Fleisch die Flüssigkeit zu entziehen und es damit länger haltbar zu machen, wurde es gesalzen, gepresst (gesurt) und geselcht. Wer das für eine trockene Angelegenheit hält, der irrt sich. Beim Kochen nimmt das Fleisch wieder genügend Flüssigkeit auf und landet butterweich auf dem Teller. Rücken und Haxen nahmen viel Zeit in Anspruch. Sie mussten fünf Tage an einem kühlen Ort aushängen, damit sich das Fleisch nicht verkrampfte. Aber das Warten lohnte sich, denn auch hier war butterweiches Fleisch das Ergebnis. Und für die Männer gab es ein weiteres Stamperl vom Hochprozentigen.

Ich durfte mich in der Zwischenzeit um die Grammeln kümmern und kräftig umrühren. (Für alle, die es nicht wissen: Grammeln entstehen beim Auslassen der dicken Fettschicht des Bauchspecks.) Die Männer widmeten sich – nach zwei oder drei weiteren Stamperln – dem ausgekühlten Blut und stellten frische Blunzen her. Spätestens jetzt zeigten die Schnäpse ihre Wirkung. Daher kommt wahrscheinlich auch der Ausdruck „blunzenfett"!

Omas Schweinsbraten

Das brauchen wir

Für 6 Personen

1 **Schweinebauch** mit Schwarte, ca. 2 kg
Salz und frisch gemahlener **Pfeffer**
gemahlener **Kümmel**
12 **Knoblauchzehen**
4 kleine **Zwiebeln**
3 **Lorbeerblätter**
½ l dunkles **Bier**

So machen wir's

Eine große Bratpfanne ca. 3 cm hoch mit Wasser befüllen und das Wasser zum Kochen bringen. Den Schweinebauch mit der Schwarte nach unten in das kochende Wasser legen und 20 Minuten kochen lassen.
Den Backofen auf 220° Ober- und Unterhitze vorheizen.
Den Schweinebauch herausnehmen, das Wasser wegschütten und den Schweinebauch alle 5 mm mit einem scharfen Messer einschneiden. Ordentlich salzen, pfeffern und mit etwas Kümmel einreiben. 6 Knoblauchzehen schälen, klein schneiden und auf den Schweinebauch legen. In ein Bratblech 1 cm hoch Wasser einfüllen, den Schweinebauch mit der Schwarte nach oben hineinlegen und in den Backofen geben. Nach 20 Minuten die Hitze auf 180° reduzieren. Die restlichen Knoblauchzehen, die geschälten Zwiebeln und die Lorbeerblätter dazugeben. Immer wieder mit Bier begießen. Man kann auch Wasser verwenden. Die Garzeit beträgt ca. 1 ½ bis 2 Stunden. In den letzten 50 Minuten kein Bier oder Wasser über die Schwarte gießen, aber regelmäßig kontrollieren, ob der Schweinsbraten in genügend Flüssigkeit liegt. Wenn nicht, etwas Wasser neben den Schweinsbraten gießen.
10 Minuten, bevor der Schweinsbraten fertig ist, die Schwarte nochmals salzen und fertig braten lassen. Herausnehmen und klassisch mit Sauerkraut und Serviettenknödeln (siehe Rezept auf Seite 214) servieren.

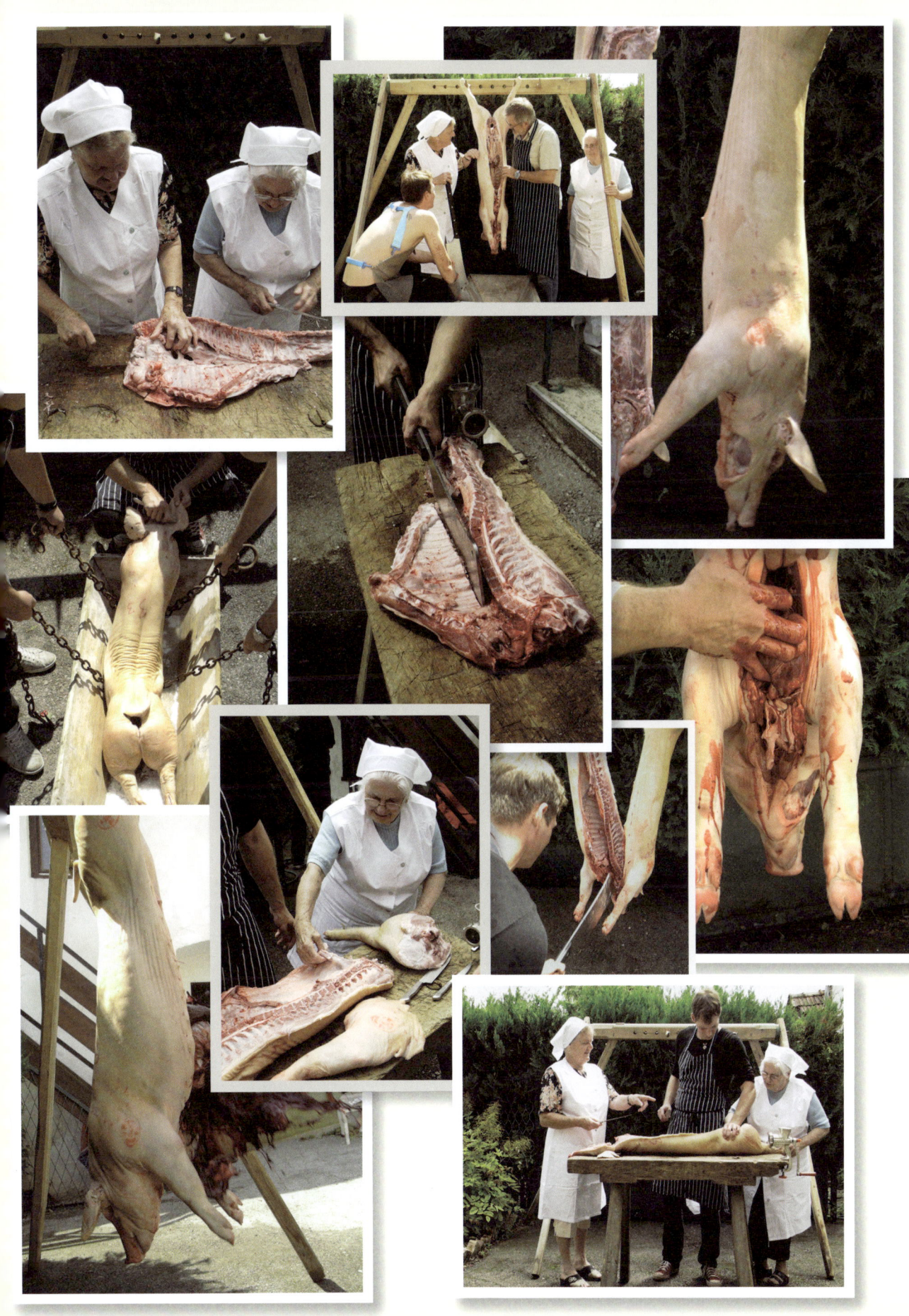

Bernies geschmorte Schweinsbackerl und
Schweinebauch mit Zwiebelpüree, gebackenen
Zwiebeln und gefüllten Kräuterbutterkartoffeln

Das brauchen wir

Für 6 Personen

Für die Schweinsbackerl:

6 **Schweinsbackerl**
Salz und frisch gemahlener **Pfeffer**
gemahlener **Kümmel**
2 EL **Schweineschmalz**
3 **Zwiebeln**
1 TL **Tomatenmark**
½ l dunkles **Bier**
4 **Knoblauchzehen**
3 frische **Majoranzweige**
2 frische **Thymianzweige**

Für den Schweinebauch:

1 **Schweinebauch** mit Schwarte, ca. 2 kg
12 **Knoblauchzehen**
frisch gemahlener **Pfeffer**
gemahlener **Kümmel**
2 kg **Schweineschmalz**
4 **Zwiebeln**
1 Bund frischer **Majoran**
3 frische **Thymianzweige**
3 frische **Rosmarinzweige**
2 **Lorbeerblätter**
Salz
Maiskeimöl

So machen wir's

Den Backofen auf 180° Ober- und Unterhitze vorheizen.
Die Schweinsbackerl mit Salz, Pfeffer und etwas Kümmel würzen. Das Schweineschmalz in einen Topf geben und heiß werden lassen. Die Schweinsbackerl darin scharf anbraten, herausnehmen und beiseite stellen. Die Zwiebeln schälen, klein schneiden und in den Topf geben. Bei mittlerer Hitze langsam und unter ständigem Rühren rösten, bis sie schön braun sind. Das Tomatenmark hinzufügen und kurz mitrösten. Mit dem Bier aufgießen. Die Knoblauchzehen schälen und klein schneiden. Majoran und Thymian zupfen und mit dem Knoblauch dazugeben. Die Schweinsbackerl wieder hinzufügen und zugedeckt im Backofen 2 Stunden fertig garen. Es muss immer genügend Flüssigkeit im Topf sein. Die Schweinsbackerl müssen immer komplett mit Wasser bedeckt sein. Bei Bedarf etwas Wasser nachgießen. Den Topf aus dem Backofen nehmen und die Schweinsbackerl im Saft auskühlen lassen. Aus dem Topf nehmen und die Fleischsauce kosten. Wenn sie noch nicht kräftig genug ist, noch etwas einreduzieren lassen. Sie soll intensiv nach Fleisch schmecken. Die Sauce mit Salz und Pfeffer abschmecken – eventuell noch etwas Knoblauch beimengen.

Den Schweinebauch am Vortag auf der Schwartenseite alle 5 mm mit einem scharfen Messer einschneiden. 6 Knoblauchzehen schälen und fein schneiden. Den Schweinebauch mit dem Knoblauch, Pfeffer und etwas Kümmel gut einreiben. Zugedeckt über Nacht im Kühlschrank lagern.
Den Backofen auf 110° Ober- und Unterhitze vorheizen.
In einer Bratpfanne das Schweineschmalz zergehen lassen. Die Zwiebeln und die restlichen Knoblauchzehen schälen, grob schneiden und mit Majoran-, Thymian- und Rosmarinzweigen sowie den Lorbeerblättern in das Schmalz geben. Den Schweinebauch gut salzen und ebenfalls in das Schmalz legen. Für etwa 3 Stunden in den Backofen geben. Nach ungefähr 2 ½ Stunden das Fleisch mit einer Gabel anstechen und überprüfen, ob es schon fertig ist. Wenn das Fleisch leicht von der Gabel rutscht, aus dem Backofen nehmen und den Schweinebauch im Fett auskühlen lassen. Wenn der Schweinebauch kalt ist, aus der Pfanne nehmen und in Würfel schneiden. Die Schweinebauchwürfel auf der Schwartenseite nochmals in einer anderen Pfanne in etwas Öl langsam braten, bis sie knusprig sind. Das Bratenfett ist der perfekte Brotaufstrich und schmeckt mit fein geschnittenen Zwiebeln einfach herrlich. Aber bei dieser Menge Schmalz empfiehlt es sich auf eine Party mit 20 Personen zu warten.

Schweinsbackerl und Schweinebauch nach Lust und Laune entweder getrennt oder gemeinsam mit Zwiebelpüree mit gebackenen Zwiebeln (siehe Rezept auf Seite 146) sowie den gefüllten Kräuterbutterkartoffeln (siehe Rezept auf Seite 198) servieren. Frische Grammeln runden das Gericht perfekt ab. Geschmacklicher Hochgenuss garantiert!

Sautanz 2007

Auf Einladung von Paul Renner habe ich am 7.7.2007 im Kunsthaus Bregenz im Rahmen des „Theatrum Anatomicum" einen Sautanz nachgestellt – gemäß der Tradition versteht sich. Vor mir hing ein bereits gesäubertes Schwein, das auf seine Verarbeitung wartete. Unter mir – quasi als Showeinlage – lag ein menschlicher Glaskörper. Ich hatte die Idee, einen Menschen aus Schweineteilen nachzubauen. Anregung dazu fand ich bei Leonardo da Vinci. Dieser geistreiche Mann musste sich zu seinen Lebzeiten mit Schweinen begnügen, da es verboten war, Menschen zu sezieren. Der Abend begann, wie er beginnen musste – mit dem Auseinanderhaken des Schweines und einem wahren Blutbad. Das Blut floss als Erstes in den Glaskörper und die geladenen Gäste bekamen ihren ersten Gang des Abends serviert: frische Blunzen. Als Nächstes entfernte ich die Därme und platzierte sie an der richtigen Stelle im Glaskörper. Der zweite Gang wurde kredenzt: herzhafte Bratwürste für alle. Im Laufe des Abends zerlegte ich nach und nach das gesamte Schwein und schlichtete die übrigen Organe sowie alle Fleischteile in den Glaskörper. Für die Gäste stand gleichzeitig ein zu jedem Organ und jedem Fleischstück passender Gang bereit. Als krönenden Abschluss hackte ich dem Schwein den Kopf ab und setzte ihn dem Glaskörper auf. Fertig war mein Schweine-Mensch!

Omas Stefaniebraten

Das brauchen wir

Für 4 Personen

6 **Eier**
1 **Zwiebel**
3 **Knoblauchzehen**
100 g **Bauchspeck**
2 EL **Olivenöl**
3 **Semmeln** oder 150 g entrindetes **Toastbrot**
30 g **Tomatenketchup**
30 g scharfer **Senf**
2 EL frisch gehackte **Petersilie**
1 EL frisch gehackter **Majoran**
750 g gemischtes **Faschiertes** (Hackfleisch) vom Rind und Schwein
Salz und frisch gemahlener **Pfeffer**
8 **Essiggurkerl**
10 cl **Gemüsefond** oder **Wasser** mit **Suppenwürfel** aus dem Bioladen
1 **Schweinsnetz**, wenn vorhanden

So machen wir's

4 Eier hart kochen. Dafür die Eier in einen Topf mit kaltem Wasser geben und aufkochen. Vom Zeitpunkt des ersten Aufkochens die Eier 6 ½ Minuten kochen lassen. Mit kaltem Wasser abschrecken und schälen.
Den Backofen auf 210° Ober- und Unterhitze vorheizen.
Zwiebel und Knoblauchzehen schälen und fein schneiden. Den Speck würfeln und in einer heißen Pfanne im Olivenöl anbraten. Zwiebel und Knoblauch dazugeben und ein paar Minuten braten lassen, ohne dass sie Farbe nehmen. Speck, Zwiebel, Knoblauch und das gesamte Öl in eine große Schüssel leeren.
Die Semmeln mit etwas lauwarmem Wasser befeuchten, gerade so viel, dass sie ganz nass sind. Ausdrücken, klein hacken und mit Ketchup, Senf, Petersilie, Majoran und den restlichen 2 rohen Eiern in die Schüssel geben. Das Faschierte hinzufügen, salzen, pfeffern und gut durchrühren.
Das Schweinsnetz mit kaltem Wasser vorsichtig ein paar Mal gut wässern, ausdrücken und auf der Arbeitsfläche ausbreiten. Das Faschierte darauf verteilen und zu einer Wurst formen. Ein Leichtes, wenn man die Hände vorher mit lauwarmem Wasser befeuchtet – so bleibt das Faschierte nicht an den Fingern kleben. Der Länge nach eine Grube formen und die gekochten Eier und die Essiggurkerln hineinlegen. Die Grube schließen und das Faschierte mit dem Schweinsnetz einwickeln. Das Schweinsnetz sorgt dafür, dass der Bratensaft nicht austreten kann und der Braten saftig bleibt. Aber auch ohne Schweinsnetz bekommen Sie einen ausgezeichneten Braten auf den Tisch.
Ein Blech mit Backpapier auslegen, den Faschierten Braten darauf setzen und im Backofen 40 Minuten braten lassen. Nach der Hälfte der Bratzeit den Braten mit dem Gemüsefond übergießen. Aus dem Backofen nehmen und anrichten. Für mich gibt's nur eine Beilage, die den Faschierten Braten perfekt ergänzt: Omas Kartoffelpüree (siehe Rezept auf Seite 208).

Bernies orientalischer Stefaniebraten im Currybrot

Mit oder auch ohne Brotteigmantel eine Sünde wert.

Das brauchen wir

Für 4 Personen

80 g getrocknete **Äpfel**
1 TL **Koriandersamen**
1 TL **Fenchelsamen**
2 grüne **Äpfel** (Granny Smith)
500 g **Roggenmehl**
300 g lauwarmes **Wasser**
1 Pkg. **Trockenhefe**
1 TL **Zucker**
1 EL **Salz**
50 g **Olivenöl**
3 TL gelbes **Currypulver**
1 TL **Kurkuma**
Cayennepfeffer
Faschierter Braten
(siehe Rezept auf der nächsten Seite)

So machen wir's

Die getrockneten Äpfel klein schneiden. Koriander- und Fenchelsamen ohne Fett in einer heißen Pfanne bei mittlerer Hitze schwenken, bis sich in der Küche der typische Geruch ausbreitet. Die Samen in einem Mörser, einer Moulinette oder durch eine Pfeffermühle fein reiben. Die grünen Äpfel fein reiben. Das Mehl auf die Arbeitsfläche sieben und in die Mitte eine Mulde drücken. Das lauwarme Wasser, die Hefe und die übrigen Zutaten hineingeben und zu einem glatten Teig kneten. Den Teig zugedeckt an einem warmen Ort gehen lassen – so lange, bis der Faschierte Braten fertig ist, aber mind. 30 Minuten. Nun den Faschierten Braten laut Rezept zubereiten.

Faschierter Braten

Das brauchen wir

Für 4 Personen

1 **Zwiebel**
7 **Knoblauchzehen**
100 g **Bauchspeck**
2 EL **Olivenöl**
80 g **Rosinen**
4 cl **Weinbrand** oder **Cognac**
3 **Semmeln** oder 150 g entrindetes **Toastbrot**
3 **Chilischoten**
2 EL frisch gehackte **Petersilie**
1 EL frisch gehackter **Koriander**
3 EL **Chilisauce** Sweet Chicken
1 EL gelbes **Currypulver**
1 TL gemahlener **Kreuzkümmel**
2 **Eier**
750 g gemischtes **Faschiertes** (Hackfleisch) vom Rind und Schwein
Salz und frisch gemahlener **Pfeffer**
10 cl **Gemüsefond** oder **Wasser**
1 **Schweinsnetz**, wenn vorhanden

So machen wir's

Den Backofen auf 220° Ober- und Unterhitze vorheizen. Die Zwiebel und die Knoblauchzehen schälen und fein schneiden. Den Speck in Würfel schneiden und in einer heißen Pfanne im Olivenöl anbraten. Zwiebel und Knoblauch dazugeben und ein paar Minuten braten lassen, aber ohne dass sie Farbe bekommen. Die Rosinen klein hacken und hinzufügen. Ein paar Mal umrühren und mit dem Weinbrand aufgießen. Wenn die Flüssigkeit komplett verdunstet ist, alles in eine große Schüssel geben.

Die Semmeln mit etwas lauwarmem Wasser befeuchten – sie sollen ganz nass sein. Ausdrücken, klein hacken und in die Schüssel geben. Die Chilischoten entkernen, klein schneiden und mit Petersilie, Koriander, Chilisauce Sweet Chicken, Curry, Kreuzkümmel und den Eiern beimengen. Mit dem Faschierten gut verrühren und mit Salz und Pfeffer würzen. Das Schweinsnetz mit kaltem Wasser vorsichtig ein paar Mal gut wässern, ausdrücken und auf der Arbeitsfläche ausbreiten. Die Masse darauf verteilen und zu einer Wurst formen. Die Hände unbedingt vorher mit lauwarmem Wasser anfeuchten, so bleibt das Faschierte nicht kleben.

In das Schweinsnetz einwickeln und entweder gleich für 40 Minuten in den Backofen geben oder mit dem Currybrot umwickeln. Wer nur Lust auf Faschierten Braten hat, sollte den Braten nach der Hälfte der Bratzeit mit 10 cl Gemüsefond übergießen.

Für die Variante mit dem Currybrotmantel den Teig mit einem Nudelholz ausrollen und den Faschierten Braten darin einschlagen. Den Teig mit etwas Wasser bepinseln, auf ein Backblech mit Backpapier setzen und für ca. 50 Minuten in den Backofen geben. Nach der Hälfte der Backzeit mit 10 cl Wasser bepinseln. Kurz vor Ende der Backzeit mit einer Nadel durch den Teig stechen. Wenn die ausdringende Flüssigkeit klar ist, ist das Fleisch durch. Das Fleisch aus dem Backofen nehmen, in 3 cm dicke Scheiben schneiden und auf Tellern anrichten. Mit einem Süßkartoffelpüree (siehe Rezept auf Seite 146) servieren.

Spareribs mit Johannisbeer-Chilimarinade

Das brauchen wir

Für 4 Personen

4 **Spareribs** vom Schwein
0,7 l **Johannisbeersaft**
4 **Chilischoten**
12 **Knoblauchzehen**
2 EL **Senfkörner**
1 EL **Korianderkörner**
10 EL Hot **Tomatenketchup**
6 EL **Sojasauce**
8 EL **Honig**
6 EL **Apfelessig**
7 EL **Olivenöl**
4 EL **Paprikapulver**, edelsüß
2 EL rote **Currypaste**
2 EL **Tomatenmark**

So machen wir's

In einem großen Topf genügend Wasser aufkochen und die Spareribs hineingeben. Sie müssen komplett mit Wasser bedeckt sein. 15 Minuten kochen lassen. Die Spareribs herausnehmen, trocken tupfen und beiseite stellen.
In der Zwischenzeit den Johannisbeersaft auf die Hälfte einkochen lassen und zum Abkühlen in den Kühlschrank stellen. Die Chilischoten entkernen und in kleine Stücke schneiden. Die Knoblauchzehen schälen und klein schneiden. Senfkörner und Koriandersamen im Mörser zermahlen und gemeinsam mit den Chilis, dem Knoblauch, dem Johannisbeersaft und den übrigen Zutaten in einer Schüssel verrühren. Die gekochten Spareribs mit der Marinade gut einreiben und begießen. Mit einer Klarsichtfolie bedecken und mind. 4 Stunden oder noch besser über Nacht bei Zimmertemperatur marinieren lassen. Den Backofen auf 200° Ober- und Unterhitze vorheizen.
Die Spareribs nebeneinander auf ein Backblech legen und ca. 30 Minuten im Backofen braten. Für einen intensiveren Geschmack und die typischen Röstaromen die Spareribs am Griller zubereiten und mit meiner Erdnuss-Chilisauce genießen. Diese Sauce passt auch ausgezeichnet zu Hühnerfleisch.

Erdnuss-Chilisauce

Das brauchen wir

2 **Chilischoten**
2 **Knoblauchzehen**
80 ml **Kokosmilch**, ungesüßt
70 ml **Gemüsefond** oder **Wasser** mit **Suppenwürfel** aus dem Bioladen
125 g **Erdnussbutter**
2 EL süße **Sojasauce**
Salz und frisch gemahlener **Pfeffer**

So machen wir's

Die Chilischoten entkernen und klein schneiden. Die Knoblauchzehen schälen und ebenfalls klein schneiden. Die Kokosmilch und den Gemüsefond in einen Topf geben und aufkochen. Die Erdnussbutter einrühren und 2-4 Minuten kochen lassen. Chilis, Knoblauch und Sojasauce einrühren und mit Salz und Pfeffer würzen.

Schweinsfilet im Brot

Die Idee zu diesem Gericht entstand aus dem typischen Osterschinken im Brotteig. Zu Ostern bringt meine Oma das geweihte, gekochte Osterfleisch immer zum Bäcker, der den Brotteig darüber schlägt und es für sie bäckt. Eine geniale Idee, die unbedingt variiert werden musste.

Das brauchen wir

Für 4 Personen

2 **Schweinsfilets**, je ca. 200 g
Maiskeimöl
2 **Tramezzini**
2 Tassen **Keniabohnen** oder **Fisolen**

Für die Hühnerfarce:

100 g **Hühnerfleisch**
100 ml **Schlagobers**
Salz und frisch gemahlener **Pfeffer**
frisch geriebene **Muskatnuss**
1 EL **Crème fraîche**

Für die Petersiliencrème:

1 Bund frische **Petersilie**
Gemüsefond oder **Wasser** mit **Suppenwürfel** aus dem Bioladen
Salz und frisch gemahlener **Pfeffer**
frisch gerieben **Muskatnuss**

So machen wir's

Zuerst die Hühnerfarce vorbereiten: Das Hühnerfleisch von den Sehnen befreien, in Würfel schneiden und 5 Minuten in das Tiefkühlfach geben. Danach die Hühnerwürfel mit den restlichen Zutaten in eine Küchenmaschine oder Moulinette geben und fein pürieren.
Den Backofen auf 200° Ober- und Unterhitze vorheizen.
Die Schweinsfilets von den Sehnen befreien, halbieren und in einer heißen Pfanne in etwas Öl scharf anbraten. Die Tramezzini mit einem Nudelholz glatt rollen. Mit der Hühnerfarce bestreichen und mit den blanchierten Keniabohnen dicht aneinandergereiht belegen. Die Schweinsfilets darauf legen und einrollen. Für etwa 13 Minuten in den Backofen geben.
Für die grüne Petersiliencrème die Petersilienblätter kurz in kochendem Wasser blanchieren, abschrecken und ausdrücken. Klein schneiden und in ein schmales hohes Gefäß geben. Mit Gemüsefond knapp bedecken und pürieren. Mit Salz, Pfeffer und Muskatnuss abschmecken.
Die Schweinsfilets herausnehmen und entweder nur mit der Petersiliencrème oder mit der Petersiliencrème und einem Kartoffelpüree (siehe Rezepte auf den Seiten 208 und 209) servieren. Die Petersiliencrème unter ein Petersilienpüree (siehe Rezept auf Seite 40) gerührt ist auch eine Kostprobe wert.

Schweinsfiletspitzen in Rotweinzwetschken mit gebratenen Serviettenknödelwürfeln und Zwiebeln

Das brauchen wir

Für 4 Personen

125 g **Dörrzwetschken**
140 ml **Rotwein**
2 EL **Kristallzucker**
800 g **Schweinsfilet**
Salz und frisch gemahlener **Pfeffer**
1 EL **Olivenöl**
200 ml **Bratensaft**, **Pulv**er oder **Suppenwürfel**
1/16 l **Schlagobers**
1 **Zwiebel**
Serviettenknödel (siehe Rezept auf Seite 214)

So machen wir's

Die Serviettenknödel laut Rezept zubereiten. Dörrzwetschken, Rotwein und Kristallzucker in einen Topf geben und aufkochen. 2 Minuten kochen lassen und beiseite stellen. Das Schweinsfilet von den Sehnen befreien, der Länge nach aufschneiden und in 2 cm große Würfel schneiden. Mit Salz und Pfeffer würzen.
Eine Pfanne heiß werden lassen und das Olivenöl hineingeben. Das Fleisch auf allen Seiten scharf anbraten, herausnehmen und auf einen Teller legen. Nicht zu viel Fleisch auf einmal nehmen, da es sonst zu viel Wasser lässt. Lieber zwei- oder dreimal hintereinander die Fleischstücke anbraten. Die Dörrzwetschken in dieselbe Pfanne geben, den Bratensaft hinzufügen und 2 Minuten kochen lassen. Das Schlagobers dazugeben und 1 Minute kochen lassen. Das Fleisch wieder beigeben und weitere 3 Minuten kochen.
Die Zwiebel schälen, in Spalten schneiden und in einer zweiten, heißen Pfanne in etwas Öl kurz braten. Die Serviettenknödel in 2 cm große Würfel schneiden und in einer dritten, heißen Pfanne in etwas Öl durchschwenken. Auf Tellern anrichten, die Schweinsfiletspitzen und die Dörrzwetschken darauf geben und mit den Zwiebelspalten garnieren.

Dieses Gericht ist das absolute Lieblingsrezept meiner Cousinen Judith und Lisa. Nachkochen zahlt sich also aus!

Das „beste" Schnitzel Deutschlands

Für die ZDF-Sendung „Deutschland von A bis Z" war ich in Hamburg als Restauranttester unterwegs und sollte unter anderem das angeblich „beste Schnitzel Deutschlands" probieren. Ein wenig skeptisch war ich schon. Seit wann sind die Deutschen Schnitzelkenner? Zwar sind sie uns Österreichern im Fußball weit voraus, aber sicher nicht beim Essen. Neugierig machte ich mich mit einem Kamerateam auf den Weg, um dem Koch bei der Zubereitung des Wunderschnitzels über die Schulter zu schauen. Aber anstelle eines kulinarischen Höhenfluges wurde ich Zeuge einer Hinrichtung.

Es begann noch recht harmlos mit einer Klarsichtfolie, die der Koch über die dünnen Schnitzel legte. Aber dann legte er los: Voll geballter Aggression, so kam es mir zumindest vor, prügelte er auf die Schnitzel ein und ließ nicht locker, bis sie genauso durchsichtig waren wie die Folie. Ich war geschockt – viel war vom Fleisch nicht mehr übrig geblieben. Neugierig fragte ich ihn, warum er die Klarsichtfolie verwendete. Antwort bekam ich keine, bis auf einen missmutigen Blick. Meine Vermutung: damit er sich nicht bespritzte. Bei der Schlagkraft, die er an den Tag legte, wäre er ohne Folie bereits von oben bis unten voll mit wertvollem Fleischsaft gewesen. Dabei muss der Fleischsaft unbedingt im Fleisch erhalten bleiben.

Auch wenn der Koch keinerlei Interesse an der korrekten Zubereitung zeigte, erklärte ich ihm trotzdem, dass man die Folie verwendet, um mit der groben Seite des Fleischklopfers die Struktur des Fleisches nicht zu zerstören. Das hauchdünn heruntergeschnittene Fleisch sollte nur kurz und leicht mit einem Plattiereisen bearbeitet werden. Eigentlich ganz einfach. Warum wendete er also bloß so viel Kraft für dieses dünne Stückchen Fleisch auf? „Weil der Chef es so will." Und was ist mit dem wertvollen Fleischgeschmack, der dabei verloren geht? Wieder keine Antwort. Es war ihm anscheinend egal, dass man bei diesem „durchsichtigen" Schnitzel nur mehr die Panier und nicht das köstliche Fleisch schmeckte. Dabei braucht ein gutes Schnitzel sowohl aromatischen Fleischgeschmack als auch eine knusprige Panier – zumindest in Österreich! Aber diese Erkenntnis ist offenbar nicht bis in den hohen Norden Deutschlands durchgedrungen.

Mein Sarkasmus kam beim Koch gar nicht gut an. Er strafte mich mit Schweigen und führte seine Hinrichtung fort. Nächster Schritt: das Panieren. Auch wenn die Reihenfolge richtig war – das Fleisch zuerst mit Salz würzen und dann nacheinander in Mehl, in verquirlten Eiern und in den Bröseln wenden –, folgte der ersten Körperverletzung, dem Verprügeln, die zweite, das Ohrfeigen. Nachdem er die schon sehr in Mitleidenschaft gezogenen Schnitzel in die Brösel gelegt hatte, schlug er mit der flachen Hand und mit voller Wucht auf die Fleischstücke.

Wie soll nach so viel Gewaltanwendung noch eine ordentlich knusprige Panier mit Blasen entstehen? Das ist ein Ding der Unmöglichkeit – die Panier hebt sich nämlich nur dann, wenn man die Schnitzel nur leicht in den Bröseln wendet. Physikalisch ist das ganz einfach erklärt: Das im Fleisch enthaltene Wasser beginnt durch die Hitze beim Herausbacken zu verdunsten und der entstehende Dampf hebt die Panier, sodass sie „souffliert". Aber nur, wenn die Brösel nicht in das Fleisch gedroschen werden!

Richtig geht es so weiter: Etwas Butterschmalz in eine passende Pfanne geben. Das Schmalz erhitzen und die Schnitzel darin goldgelb herausbacken. Damit die Schnitzel im Fett aufschwimmen und nicht aufgrund direkten Bodenkontaktes verbrennen, die Pfanne ständig kreisförmig bewegen. Auch nicht wirklich schwer, möchte man meinen. Aber selbst diese Grundregel wurde bei „Deutschlands bestem Schnitzel" missachtet. Ich traute meinen Augen nicht: Der Maestro nahm keine Pfanne, sondern gab etwas Fett auf seine ach-so-tolle Allround-Grillplatte – und legte das arme, gequälte Schnitzel direkt neben ein Wolfsbarschfilet. Das ist doch die Höhe! Als ob das noch nicht genug wäre, wendete er das Fleisch mit einer Fleischgabel (!) geschätzte 20-mal. Das Resultat: ein löchriger Lappen, der mit einem Schnitzel wirklich gar nichts mehr gemein hatte – bis auf den Namen. Denn das ehemals zarte Schnitzelfleisch hatte nach dieser Prozedur nun auch noch den letzten Tropfen Fleischsaft verloren. Eine Schande für unseren Berufsstand. Unglaublich, aber wahr, es ging noch schlimmer: Der Gipfel der Grausamkeit war eine super-perverse Champignonsauce, die über das löchrige, fest panierte Stückchen Elend gegossen wurde. Alternativ waren auch eine Tomaten- oder eine Käsesauce im Angebot. Welch Variantenreichtum! Das war zu viel. Ich musste wissen, wer dieses Schnitzel – oder was davon noch übrig war – als das „beste Schnitzel Deutschlands" bezeichnet hatte und nahm den Chef ins Verhör. Er schob einen Freund aus Köln vor, der angeblich schon etliche Schnitzel in Österreich gegessen hatte, die nicht mit seinem „fabelhaften" Schnitzel mithalten konnten. Selbst war der Chef natürlich noch nie in Österreich gewesen, geschweige denn, dass er ein köstliches Wiener Schnitzel probiert hätte. Dann wäre ihm wahrscheinlich schon längst ein Licht aufgegangen. Mein Fazit: Dieses Lokal zählt nicht zu meiner kulinarischen Fahndungsliste.

Beiried mit Kräuterbutter gratiniert und zweierlei gebackenen Zwiebeln

Das brauchen wir

Für 4 Personen

150 g **Butter**
60 g frische **Petersilie**
40 g frisches **Basilikum**
4 **Toastbrotscheiben**
4 **Knoblauchzehen**
Salz und frisch gemahlener **Pfeffer**
Cayennepfeffer
1 unbehandelte **Zitrone**
4 **Beiriedschnitten**, je ca. 250 g
2 EL **Olivenöl**
2 **rote Zwiebeln**
2 **weiße Zwiebeln**
Mehl
2 **Eier**
Brösel
100 g **Tempuramehl** (im Asiashop erhältlich)
Maiskeimöl

So machen wir's

Den Backofen auf 180° Ober- und Unterhitze vorheizen.
Für die Kräuterbutter die Butter mit einem Mixer aufschlagen, bis sie ganz weiß ist. Petersilie und Basilikum zupfen und grob hacken. Das Toastbrot entrinden. Die Hälfte der Kräuter mit der Hälfte der Toastbrotscheiben in einer Moulinette fein mixen und zur Butter geben. Mit den anderen Hälften gleich umgehen. Die Knoblauchzehen schälen, fein schneiden und zur Butter geben. Mit Salz, Pfeffer und Cayennepfeffer würzen. Die fein gerissene Schale der Zitrone ebenfalls beimengen. Die Kräuterbutter auf eine Alufolie geben, zu einer Rolle formen und sofort einfrieren.
Die Beiriedschnitten mit Salz und Pfeffer würzen. In einer heißen Pfanne im Olivenöl auf beiden Seiten schnell und scharf anbraten. Herausnehmen und beiseite stellen.
Die roten und weißen Zwiebeln schälen und in Spalten schneiden. Die weißen Zwiebelspalten zuerst in etwas Mehl, dann in den verquirlten Eiern und zuletzt in den Bröseln wenden. Für die roten Zwiebeln das Tempuramehl in einer Schüssel mit Wasser verrühren – die Wassermenge müsste auf der Verpackung angegeben sein; wenn nicht, sollte der Teig eine dicke Konsistenz haben, also nicht zu dünn sein. Die roten Zwiebeln darin wenden. Rote und weiße Zwiebelspalten in heißem Öl herausbacken.
Das Fleisch in den Backofen geben, auf jeder Seite 3 Minuten braten lassen und herausnehmen.
Die Temperatur des Backofens auf 250° Oberhitze oder Grillstufe erhöhen.
Die Kräuterbutter aus dem Tiefkühlfach nehmen, in Scheiben schneiden und auf das Fleisch geben. Das Fleisch auf der obersten Schiene wieder in den Backofen geben. Wenn die Kräuterbutter zerflossen ist, aus dem Backofen nehmen und mit den Zwiebeln servieren. In Kombination mit Bratkartoffeln einfach ein Gedicht.

Bernies gefüllte Kalbsbrust mit Garnelen und Curry

Das brauchen wir

Für 6–8 Personen

1 **Baguette**, ca. 550 g
90 ml **Kokosmilch**, ungesüßt
12 **Garnelen**, ohne Schale und entdarmt
2 **Chilischoten**
1 kleine **Ingwerknolle**
3 **Zwiebeln**
2 **Knoblauchzehen**
110 g **Butter**
2 EL frisch gehackte **Petersilie**
2 EL frisch gehackter **Koriander**
1 Prise **Kreuzkümmel**
1 Prise **Kardamom**
1 ½ EL gelbes **Currypulver**
1 TL **Kurkuma**
6 **Eier**
Schale von 1 unbehandelten **Zitrone**
Salz und frisch gemahlener **Pfeffer**
frisch geriebene **Muskatnuss**
1 **Kalbsbrust** untergriffen und ohne Knochen vom Fleischer, ca. 2 ½–3 kg
3 EL **Olivenöl**

So machen wir's

Den Backofen auf 200° Ober- und Unterhitze vorheizen. Das Baguette der Länge nach durchschneiden und in 2 x 2 cm große Würfel schneiden.
Mit lauwarmer Kokosmilch übergießen und gut verrühren. Die Garnelen in kleine Würfel schneiden. Die Chilischoten entkernen und klein schneiden. Den Ingwer schälen und mit einer Reibe fein reißen. Zwiebeln und Knoblauchzehen schälen, fein schneiden und in einer heißen Pfanne in der Butter anrösten, ohne dass sie Farbe bekommen. Den Ingwer ganz kurz dazugeben und alles über die Baguettewürfel leeren. Garnelen, Chilis, Petersilie, Koriander, Kreuzkümmel, Kardamom, Curry, Kurkuma, die Eier und die fein geriebene Zitronenschale untermischen. Mit Salz, Pfeffer und Muskatnuss würzen. Die Masse in die Öffnung der Kalbsbrust stopfen und mit einem Bindfaden vernähen. Die Kalbsbrust mit dem Olivenöl einreiben und mit Salz und Pfeffer würzen. Auf ein tiefes Backblech geben und im Backofen ca. 2 ½ bis 3 Stunden braten lassen. Alle 30 Minuten mit Wasser übergießen. Wenn die Kalbsbrust zu schnell zu dunkel werden sollte, mit einer Alufolie abdecken und weiterbraten. Die Alufolie schützt vor der direkten Hitze. Herausnehmen und auf einer Platte servieren.

Omas gefüllte Kalbsbrust

Das brauchen wir

Für 6–8 Personen

¼ l **Milch**
4 **Eier**
3 **Eidotter**
400 g **Semmelwürfel**
3 **Zwiebeln**
2 **Knoblauchzehen**
90 g **Champignons**
80 g **Butter**
100 g tiefgekühlte **Erbsen**
25 g frisch gehackte **Petersilie**
Salz und frisch gemahlener **Pfeffer**
frisch geriebene **Muskatnuss**
1 **Kalbsbrust** untergriffen und ohne Knochen vom Fleischer, ca. 2 ½ kg
3 EL **Olivenöl**

So machen wir's

Den Backofen auf 200° Ober- und Unterhitze vorheizen. Die Milch mit den Eiern und den Eidottern verrühren und über die Semmelwürfel schütten. Gut vermischen und ziehen lassen. Zwiebeln und Knoblauchzehen schälen und klein schneiden. Die Champignons putzen und ebenfalls klein schneiden. Zwiebeln, Knoblauch und Champignons in einer heißen Pfanne in der Butter anrösten, ohne dass sie Farbe nehmen. Abkühlen lassen und unter die Semmelwürfel mischen. Die Erbsen in kochendem Salzwasser bissfest kochen. Abseihen und in Eiswasser abschrecken. Erbsen und Petersilie zur Masse geben und mit Salz, Pfeffer und Muskatnuss abschmecken. Die Masse in die Öffnung der Kalbsbrust füllen und mit einem Bindfaden vernähen. Die Kalbsbrust mit dem Olivenöl einreiben und mit Salz und Pfeffer würzen. Auf ein tiefes Backblech geben und im Backofen ca. 2 ½ bis 3 Stunden braten lassen. Pro Kilogramm sollte das Fleisch ca. 1 Stunde braten. Alle 30 Minuten mit Wasser übergießen. Wenn die Kalbsbrust zu schnell zu dunkel werden sollte, mit einer Alufolie abdecken und weiterbraten. Die Alufolie schützt vor der direkten Hitze. Herausnehmen und genießen.

Omas gekochtes Rindsschulterscherzl mit Kren

Kren: Meerrettich

Das brauchen wir

Für 6–8 Personen

1 **Rindsschulterscherzl**, ca. 2 ½ kg
4 geschnittene **Markknochen**
5 l **Wasser**
10 **Pfefferkörner**
2 **Lorbeerblätter**
5 **Wacholderbeeren**
2 **Zwiebeln**
Maiskeimöl
2 **Petersilienwurzeln**
1 **Knollensellerie**
1 **Karotte**
1 **Tomate**
Salz und frisch gemahlener **Pfeffer**
1 **Krenwurze**
1 Bund frischer **Schnittlauch**

So machen wir's

Rindfleisch und Knochen mit heißem Wasser abwaschen. Mit dem Wasser in einen großen Topf geben und aufkochen lassen. Den entstehenden Schaum abschöpfen. Die Gewürze dazugeben und sieden lassen. Das dauert ca. 3–4 Stunden. 1 Stunde vor Ende der Kochzeit die Zwiebeln mit der Schale halbieren und in einer heißen Pfanne mit etwas Öl auf der Schnittfläche schwarz anbraten lassen. Petersilienwurzeln, Sellerie und Karotte schälen und der Länge nach halbieren. Die Tomate vom Strunk befreien und halbieren. Das Gemüse in den Suppentopf geben und mitköcheln lassen. Öfter überprüfen, ob das Fleisch schon fertig ist. Dafür das Fleisch mit einer Fleischgabel anstechen. Wenn es durch ist, rutscht es von selbst wieder von der Gabel. Achtung Spritzgefahr, wenn das Fleisch zurück in den Topf fällt. Fleisch und Gemüse herausnehmen und aufschneiden. Die Suppe durch ein sauberes Geschirrtuch seihen, mit Salz und Pfeffer abschmecken. Das Fleisch und das Gemüse in eine Pfanne geben, etwas Suppe darüber gießen und mit frisch geriebenem Kren und klein geschnittenem Schnittlauch bestreuen.

Meine Oma servierte dazu immer Suppenkartoffeln. Die Kartoffeln in etwas Suppe weich kochen, das ist dabei die ganze Hexerei.

Omas Rindsschulterscherzl in rotem Portwein geschmort mit Schmorgemüse

Das brauchen wir

Für 6–8 Personen

1 **Rindsschulterscherzl**, ca. 2 ½ kg
0,7 l roter **Portwein**
¼ l **Cognac**
½ l **Blauburgunder**
150 g **Bauchspeck**
2 **Zwiebeln**
6 **Knoblauchzehen**
2 **Petersilienwurzeln**
1 **Karotte**
1 **Knollensellerie**
6 **Schalotten**
Salz und frisch gemahlener **Pfeffer**
Olivenöl
2 EL **Tomatenmark**
1 **Tomate**
¼ l **Rindsuppe** oder **Wasser** mit
Suppenwürfel aus dem Bioladen
5 **Wacholderbeeren**
2 **Lorbeerblätter**
1 Bund frischer **Thymian**
3 frische **Rosmarinzweige**
10 **Pfefferkörner**
1 EL **Honig**
frisch geriebene **Muskatnuss**

So machen wir's

Das Rindfleisch in eine Schüssel legen, mit rotem Portwein, Cognac und Blauburgunder übergießen und einen Tag marinieren.
Den Backofen auf 160° Ober- und Unterhitze vorheizen.
Den Speck würfeln. Zwiebeln, Knoblauchzehen, Petersilienwurzeln, Karotte und Sellerie schälen und ebenfalls in Würfel schneiden. Die Schalotten nur schälen. Das Rindfleisch aus der Marinade nehmen und mit Salz und Pfeffer gut würzen. Die Marinade in einem Topf aufkochen lassen und den Schaum abschöpfen. Etwas Olivenöl in einen großen, heißen Topf geben und das Fleisch darin auf allen Seiten anrösten. Das Fleisch herausnehmen und beiseite stellen. Den Speck in denselben Topf geben und rösten. Nach ein paar Minuten das Gemüse dazugeben und so lange mitrösten, bis es eine schöne Farbe hat. Das Tomatenmark beimengen und weiterrösten. Wenn es sich am Topfboden anzulegen beginnt, einen Schöpfer von der Marinade hinzufügen. Die Marinade einkochen lassen, weiterrösten und nochmals mit etwas Marinade aufgießen. Erneut einkochen lassen. Die Tomate vom Strunk befreien, vierteln und dazugeben. Die restliche Marinade beifügen und mit der Rindsuppe auffüllen. Wacholderbeeren, Lorbeerblätter, Thymian, Rosmarin, Pfefferkörner und das Rindfleisch dazugeben und aufkochen lassen. Anschließend zugedeckt für 2 ½ Stunden im Backofen garen lassen. Das Rindfleisch mit einer Fleischgabel anstechen. Wenn es leicht von der Gabel rutscht, ist es fertig. Das Rindfleisch aus dem Topf nehmen. Die Fleischsauce in einen anderen Topf abseihen und einkochen lassen, bis sie einen intensiven Geschmack aufweist. Den Honig hinzufügen und mit Salz, Pfeffer und Muskatnuss abschmecken – eventuell mit Stärkemehl abbinden. Das Rindfleisch aufschneiden und mit dem mitgeschmorten Gemüse servieren. Bratkartoffeln ergänzen dieses Gericht optimal.

Bernies gratiniertes Rindsschulterscherzl mit Laugenbrezen und Kren

Kren: Meerrettich

Das brauchen wir

Meine Verfeinerung von Omas gekochtem Rindsschulterscherzl basiert auf ihrem Rezept. Also zuerst Omas Gericht (siehe Seite 186) nachkochen und unbedingt das Gemüse aufheben.

Für 4 Personen

3 frische **Laugenbrezen**
4 **Eier**
1 EL **Sauerrahm**
Salz und frisch gemahlener **Pfeffer**
4 Scheiben gekochtes **Rindsschulterscherzl**
1 Tasse frische **Kresse**
1 Bund frischer **Schnittlauch**
1 **Krenwurzen**

So machen wir's

Den Backofen auf 220° Oberhitze oder Grillstufe vorheizen. Die Laugenbrezen in 5 mm dicke Scheiben schneiden. Die Eier mit dem Sauerrahm glatt rühren und unter die Laugenbrezen mischen. Mit Salz und Pfeffer würzen und ein paar Minuten ziehen lassen, bis die Masse kompakt ist. Die Schulterscherzlscheiben in eine feuerfeste Form legen, die Masse darauf geben und im Backofen gratinieren, bis die Gratiniermasse eine schöne braune Farbe hat. Herausnehmen und mit Kresse und fein geschnittenem Schnittlauch bestreuen. Den Kren frisch darüber reiben und mit heißer Suppe und Suppengemüse genießen.

Bernies Rindsschulterscherzl in rotem Portwein geschmort mit Schmorgemüse, Karfiolpüree und Karfiolchips

Das brauchen wir

Für 6–8 Personen

Zuerst Omas geschmortes Rindsschulterscherzl (siehe Rezept auf Seite 187) zubereiten und das Gemüse aufheben.

2 **Karfiolrosen**
110 g braune **Butter** (siehe Rezept auf Seite 12)
⅛ l **Gemüsefond** oder **Wasser** mit **Suppenwürfel** aus dem Bioladen
Salz und frisch gemahlener **Pfeffer**
frisch geriebene **Muskatnuss**

So machen wir's

Den Backofen auf 70° Ober- und Unterhitze vorheizen.
Die Karfiolrosen vom Strunk befreien und die Röschen lösen. Die 4 größten Röschen halbieren und in hauchdünne Scheiben schneiden – am besten mit einem Gemüsehobel oder einer Brotmaschine. Ein Backblech mit Backpapier auslegen und die Röschen darauf legen. In den Backofen geben und mind. 1 ½ Stunden trocknen lassen. Öfter umdrehen.
Für das Karfiolpüree den restlichen Karfiol ganz fein schneiden. Die braune Butter in einen Topf geben und erhitzen. Den Karfiol dazugeben und bei mittlerer Hitze langsam rösten. Aber aufpassen, er fällt ziemlich schnell zusammen. Wichtig ist, ständig umrühren, bis er eine gleichmäßige braune Farbe hat. Mit dem Gemüsefond aufgießen und so lange kochen, bis die Flüssigkeit verdunstet ist. Pürieren und mit Salz, Pfeffer und Muskatnuss abschmecken.
Omas Rindsschulterscherzl aufschneiden und in der Fleischsauce erwärmen. Mit dem Karfiolpüree und dem mitgeschmorten Gemüse auf Tellern anrichten. Die Chips in das Püree stecken – so verleihen sie dem Gericht Pepp.

Rinderfilet im Ganzen „rosa" im Rotwein gegart

Das brauchen wir

Für 4 Personen

2 **Zwiebeln**
0,7 l **Burgunder**
0,7 l roter **Portwein**
5 **Wacholderbeeren**
2 **Lorbeerblätter**
800 g **Rinderfilet** im Ganzen (vom Mittelstück)
Salz und frisch gemahlener **Pfeffer**
2 EL **Olivenöl**

So machen wir's

Den Backofen auf 90° Ober- und Unterhitze vorheizen. Die Zwiebeln schälen, grob schneiden und mit dem Burgunder, dem Portwein und den Gewürzen in einen Topf (vorzugsweise einen Schmortopf) geben. Aufkochen und 10 Minuten kochen lassen. Das Rinderfilet großzügig salzen und pfeffern und in einer heißen Pfanne im Olivenöl auf allen Seiten scharf anbraten. In den Schmortopf geben, aufkochen lassen und zugedeckt 40 Minuten im Backofen garen lassen. Das Fleisch muss komplett mit Rotwein bedeckt sein. Den Rotwein sollte man unbedingt aufheben, er eignet sich hervorragend zum Ansetzen einer Bratensauce. Das Rinderfilet herausnehmen, aufschneiden und auf Tellern anrichten. Als Beilage empfehle ich Kartoffeln in jeder Form oder mein Selleriepüree mit schwarzen Nüssen (siehe Rezept auf Seite 143).

Joghurt-Mayonnaisesauce mit Knoblauch rundet das Gericht genial ab:

Das brauchen wir

Für 4 Personen

4 **Knoblauchzehen**
150 g **Mayonnaise**
50 g **Naturjoghurt**
Saft von ½ **Zitrone**
1 TL brauner **Zucker**
1 TL **Weißweinessig**
1 EL **Olivenöl**
1 EL süßer **Senf**
Salz und **Cayennepfeffer**

So machen wir's

Die Knoblauchzehen schälen und klein schneiden. Den Knoblauch mit den übrigen Zutaten in ein hohes Gefäß geben und mit einem Stabmixer pürieren.

Roastbeef in einer Wacholder-Salzkruste

Das brauchen wir

Für 6 Personen

1 ½ kg **Beiried** mit Deckel
Salz und frisch gemahlener
Pfeffer
2 EL **Olivenöl**
15 **Wacholderbeeren**
1,6 kg **Meersalz**
10 **Eiweiß**
1 Bund frischer **Thymian**

Für die Marinade:

4 **Knoblauchzehen**
2 EL **Pfefferkörner**
2 EL **süßer Senf**
2 EL **scharfer Senf**
1 TL **Aceto balsamico di Modena**
1 EL **Cognac**

So machen wir's

Den Backofen auf 250° Ober- und Unterhitze vorheizen. Die Beiried großzügig mit Salz und Pfeffer würzen und in einer heißen Pfanne im Olivenöl auf allen Seiten scharf anbraten. Herausnehmen und beiseite stellen.
Die Wacholderbeeren in einem Mörser zerdrücken und in einer Schüssel mit dem Meersalz vermischen. Das Eiweiß halb schlagen, dazugeben und gut verrühren.
Für die Marinade die Knoblauchzehen schälen, klein schneiden und mit den restlichen Zutaten vermischen. Die Beiried damit gut einreiben. Ein Backblech 1 cm hoch mit dem Salzgemisch befüllen. Das Fleisch darauf setzen, mit gezupftem Thymian bestreuen und mit dem restlichen Salz bedecken. Für 40 Minuten in den Backofen geben. Herausnehmen, 10 Minuten rasten lassen und die Salzkruste aufklopfen. Die Beiried aus dem Salzmantel heben, in Scheiben schneiden und auf Tellern anrichten. Das Roastbeef als warmes Hauptgericht mit Kartoffelgratin (siehe Rezepte auf den Seiten 202 und 203) oder als kalte Jause essen.

Nein, mein Lamm esse ich nicht!

Ganz so wie der Suppen-Kaspar seine Suppe verschmäht, lasse ich die Finger vom Lammfleisch. Nicht, dass Sie jetzt glauben, ich hätte es nie probiert. Das habe ich - sogar zweimal. Aber es schmeckt mir einfach nicht. Ich war noch ein junger Bursch, als mir Mama das erste Mal Lamm vorsetzte: geschmorte Lammschulter mit Curry-Erbsenreis und Rosinen. Klingt sehr gut, das muss ich, im Nachhinein betrachtet, auch zugeben. Mama war eine der großartigsten Köchinnen überhaupt. Besonders legendär und beliebt waren ihre Mehlspeisen. In ihre Bananen- oder Ribiselschnitten hätte ich mich eingraben können. Dazu gab es auch genügend Gelegenheit, denn jedes Wochenende duftete das ganze Haus nach mindestens zwei herrlichen Süßspeisen. Außerdem liebte sie es zu experimentieren und die skurrilsten Zutaten auf dem Teller zusammenzubringen. Und jedes Mal bewirkten ihre Gerichte wahre Gaumenfreuden - bis auf die geschmorte Lammschulter. Nichts ahnend und voller Neugier - ich hatte ja zuvor noch nie Lamm probiert - nahm ich einen Bissen in den Mund und kostete. Aber so schnell konnte Mama gar nicht schauen, wie der Bissen wieder am Teller landete. Das Fleisch schmeckte äußerst eigenartig - irgendwie nach Stall und das war überhaupt nicht nach meinem Geschmack. Mittlerweile weiß ich, dass Lamm „böckelt", wenn es geschlechtsreif wird. Trotzdem wollte ich Lammfleisch nie wieder auf meinem Teller sehen.

Aber so leicht konnte ich dem Lamm nicht entkommen. Auch wenn ich ganz ohne Lammfleisch zu einem stattlichen Mann heranwuchs, sah ich mich nach 15 Jahren erneut einem Lammgericht gegenüber. Es war auf einer Weihnachtsfeier mit der Crew der Eselmühl (St. Margarethen), als meine Augen auf der Speisekarte des für die Feier auserkorenen, burgenländischen Haubenlokals folgendes Gericht erblickten: Crepinette und Kotelette vom Lamm auf Blattspinat und Rotweinsauce. Na bravo - toller Hauptgang. Das konnte ja heiter werden! Aber eine Chance hatte das Lammfleisch noch verdient. Doch was soll ich sagen: Das Lammkotelette hat genauso geböckelt wie Mamas Lammschulter. Mit dem Lammfleisch und mir, das konnte nichts mehr werden. Ab diesem Zeitpunkt entsagte ich zwar jeglichem Lammgericht, aber als Küchenchef der Eselmühl musste ich meinen Gästen mitunter auch Lamm anbieten. Ich ließ also meiner Kreativität freien Lauf und kreierte im Geiste ein herrliches Gericht, mit vielerlei Gewürzen und einer raffinierten Sauce verfeinert. Aber bevor ich es meinen Gästen servieren konnte, brauchte ich ein Versuchskaninchen - und wer würde sich besser eignen als der Brauni. Mein Sous-Chef erklärte sich bereit und kostete mein „fantastisches" Lamm. Ich hatte meiner Fantasie keine

Grenzen gesetzt und das hatte sich ausgezahlt. Brauni war begeistert. Und er sollte nicht der Einzige bleiben. Ein Tester vom Gault Millau hat mir für dieses Gericht eine Haube gegeben – für ein Gericht, das ich nicht gekostet habe und bei dem die Beilage von meiner Oma stammte. Jeden Abend nach der Arbeit packte ich nämlich alle notwendigen Zutaten zusammen und brachte sie zu meiner Oma, die daraus ihren köstlichen Bohnenstrudel zubereitete. Am nächsten Tag nahm ich den fertigen Strudel mit, buk ihn im Restaurant heraus und servierte ihn mit Blattspinat und dem gelobten Lammkarree.

MENÜ

„HAMBURGER" MIT GÄNSELEBERMOUSSE UND PREISELBEERSAUCE

* * *

BASILIKUMCREMESUPPE MIT SCAMPIS

* * *

SAIBLINGSFILET AUF ERDÄPFELPÜRREE UND PETERSILIENSAUCE

* * *

CREPINETTE UND KOTELETTE VOM LAMM AUF BLATTSPINAT UND ROTWEINSAUCE

* * *

LEBKUCHENMOUSSE AUF MANDARINENRAGOUT

* * *

Frohes Fest

Ich weiß nicht welche Ihrer Köstlichkeiten ich zuerst wählen soll!! — Halt! Jetz weiß ich's!!

LEBERPARFAIT MIT BROMBEEREN UND CHIPS	92,-
GLASNUDELSALAT MIT MARINIERTEM FISCH	82,-
TARTARE VOM BEEF MIT 2ERLEI KARTOFFELN	125,-
GEBACKENE KALBSKOPFTERRINE MIT BLATTSALATEN	88,-
PAPRIZIERTE FISCHSUPPE MIT FLUSSHECHTNOCKERL	58,-
SELLERIECREMESUPPE MIT APFELCHIPS UND NÜSSEN	54,-
RINDSUPPE MIT EINLAGE	38,-
GEBACKENES SCHWEINSSCHNITZEL MIT REIS	115,-
HAUSGEMACHTE NUDELN MIT KRÄUTERN UND KNOBLAUCH	98,-
FRITTIERTER WELS MIT LINSEN UND SAUERRAHMKNÖDELN	195,-
GEBRATENES SCHOLLENFILET MIT LACHS GEFÜLLT IN SENF-KAPERNSAUCE	198,-
PUTENBRUST MIT KRÄUTERPÜRREE UND GEBACKENEN JUNGZWIEBEL	174,-
BARBARIEENTENBRUST MIT HASELNUSSKROKANT GRATINIERT, ROTKRAUT UND POWIDLSAUCE	210,-
SCHWEINSFILET MIT BOHNEN-ERDÄPFEL-LAUCH-GRÖSTEL	179,-
RINDSFILET MIT PILZRISOTTO UND SELLERIESTROH	248,-
LAMMKARREE MIT BLATTSPINAT UND GEBACKENEN BOHNENSTRUDEL	248,-
GEMISCHTE FILETSPITZEN MIT ROTWEINZWETSCHKEN UND GEBRATENEN SEMMELKNÖDELWÜRFELN	165,-

h. N. 25. 7. 98.

Lammkarree mit Blattspinat, grünen Bohnen, gebackenem Bohnenstrudel und Minzbutter

Das brauchen wir

Für 4 Personen

80 g **Fisolen**
80 g breite **Bohnen** oder **Schlangenbohnen**
2 **Lammkarrees**, je ca. 250 g
Salz und frisch gemahlener **Pfeffer**
4 EL **Olivenöl**
5 **Knoblauchzehen**
2 frische **Thymianzweige**
400 g **Blattspinat**
1 **Zwiebel**
frisch geriebene **Muskatnuss**
1/16 l **Gemüsefond** oder **Wasser** mit **Suppenwürfel** aus dem Bioladen
15 frische **Minzeblätter**
2 EL **Butter**

Für den Strudelteig:

260 g glattes **Mehl**
280 ml lauwarmes **Wasser**
2 EL **Maiskeimöl**
1 TL **Hesperiden-Essig**
½ TL **Salz**

Für die Bohnenfülle:

6 frische **Semmeln**
2 **Zwiebeln**
3 **Knoblauchzehen**
6 EL **Maiskeimöl**
500 g kleine weiße **Bohnen**
1 EL frisch gehackte **Petersilie**
2 EL getrockneter **Majoran**
Salz und frisch gemahlener **Pfeffer**

Für den Bohnenstrudel:

Mehl zum Bestauben
Öl zum Herausbacken
Strudeltuch oder **Leintuch**

TIPP

Für die Knoblauchfisolen Fisolen weich kochen, in eine Pfanne mit etwas Butter geben und mit geschältem und fein geschnittenem Knoblauch durchschwenken – fertig!

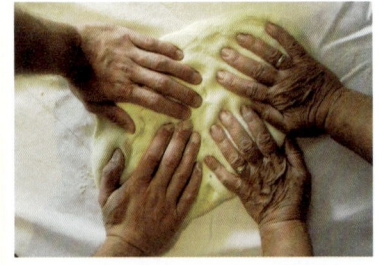

So machen wir's

Zuerst den Strudelteig zubereiten. Dafür das Mehl auf die Arbeitsfläche sieben und in die Mitte eine Mulde drücken. Lauwarmes Wasser, Öl, Essig und Salz hineingeben, mit den Händen gut verkneten und eine glatte Kugel formen. Diese mit etwas Öl bestreichen, mit Klarsichtfolie abdecken und im Kühlschrank mind. 30 Minuten rasten lassen.
Für die Bohnenfülle die Semmeln in 1 x 1 cm große Würfel schneiden und in eine Schüssel geben. Zwiebeln und Knoblauchzehen schälen, fein schneiden und in einer heißen Pfanne im Maiskeimöl anrösten – sie sollen nur wenig Farbe nehmen. Über die Semmelwürfel gießen. Die Bohnen abseihen, abspülen und dazugeben. Petersilie und Majoran beimengen, gut umrühren und mit Salz und Pfeffer würzen. Das Strudeltuch über den Küchentisch legen und ordentlich mit Mehl bestauben. Den Teig darauf geben und flach drücken. Mit beiden Händen unter den Teig fahren und mit den Handrücken von der Mitte ausgehend nach außen ziehen, bis der Teig hauchdünn ist und man fast durchschauen kann. Sollte er reißen, kein Problem. Man kann ihn ganz einfach mit einem Stück vom Rand flicken. Die Bohnenfülle darauf geben und mithilfe des Strudeltuches einrollen. Nun die Größe der Stücke nach eigenem Ermessen bestimmen – 5 oder 10 cm. Mit dem Handrand nach den gewählten Zentimetern abdrücken, mit einem Messer durchschneiden und die Öffnung mit den Fingern zusammendrücken, sodass nichts mehr herausrinnen kann. Unsere Tasche ist geformt. Eine große Pfanne heiß werden lassen und genügend Öl hineingeben. Die Bohnenstrudeltaschen sollen in heißem Fett schwimmend gleichmäßig braun herausgebacken werden. Mit Gurken- oder Krautsalat übrigens ein sehr gelungener Partysnack.

Den Backofen auf 160° Ober- und Unterhitze vorheizen. Fisolen und breite Bohnen putzen und in reichlich Salzwasser bissfest kochen. Abseihen und abschrecken. Die Lammkarrees von den Sehnen und der dünnen Haut befreien und mit Salz und grob gemahlenem Pfeffer würzen. Eine Pfanne heiß werden lassen, 2 EL Olivenöl und die Lammkarrees hineingeben. 2 Knoblauchzehen mit der Schale zerdrücken und ebenfalls hinzufügen. Die Lammkarrees auf allen Seiten scharf anbraten. Aus der Pfanne nehmen, in eine feuerfeste Form geben und den mitgebratenen Knoblauch und die Thymianzweige auf die Lammkarrees legen, damit die Aromen einziehen können. Für 8 Minuten in den Backofen geben. Die Pfanne beiseite stellen und noch nicht abwaschen.
Vom Blattspinat die Stiele entfernen. Zwiebel und 3 Knoblauchzehen schälen, fein schneiden und in einer zweiten, heißen Pfanne in 2 EL Olivenöl anschwitzen. Den Blattspinat und die gekochten Bohnen dazugeben. Mit Salz, Pfeffer und Muskatnuss würzen. Mit dem Gemüsefond aufgießen und kosten – eventuell nochmals nachschmecken.
Die Pfanne mit dem Bratensatz der Lammkarrees nochmals heiß werden lassen. Die Minze grob hacken. Die Butter in die Pfanne geben und aufschäumen lassen. Die Lammkarrees hinzufügen und mit der Butter immer wieder mit einem Löffel übergießen. Herausnehmen und 3 Minuten rasten lassen. Zuletzt die Minze, etwas Salz und Pfeffer beimengen. Das Lammfleisch aufschneiden und mit dem Blattspinat, den Bohnen und den Bohnenstrudeltaschen auf Tellern anrichten. Mit der Minzbutter übergießen und servieren.

Bringen Sie Abwechslung auf Ihren Teller und servieren Sie als Beilage auch einmal einen Mehlsterz.

Mehlsterz

Das brauchen wir

Für 4 Personen

400 g griffiges **Mehl**
1 TL **Salz**
350 ml **Wasser**
3 EL **Schweineschmalz**

So machen wir's

Das Mehl und das Salz in einen großen Topf mit dickem Boden geben und mind. 15 Minuten ohne Öl linden – bei mittlerer Hitze unter ständigem Rühren langsam rösten. Wichtig: ständig umrühren, vor allem in den Ecken, damit das Mehl nicht anbrennt. Meine Oma sagt, man muss das Mehl rösten, bis es knirscht. Dabei greift sie immer wieder auf das heiße Mehl, um es zu kontrollieren. Ich hab das Knirschen auch gehört, aber keine Sorge, wer es nicht hört, verlässt sich auf die 15 Minuten. 5 Minuten, bevor das Mehl fertig ist, das Wasser in einem Topf aufkochen. Sind die 15 Minuten vorbei, das kochende Wasser unter ständigem, langsamem Rühren Schöpfer für Schöpfer einrühren. Es müssen nasse Klumpen entstehen, dann ist es richtig. Mit einem Deckel zudecken, vom Herd nehmen und 5 Minuten ziehen lassen.
In einem kleinen Topf das Schmalz heiß werden lassen. Den Topf mit dem Sterz wieder auf die Herdplatte stellen und langsam erhitzen. Das heiße Schmalz über den Sterz leeren und bei mittlerer Hitze so lange weiterrösten, bis der Sterz leicht knusprig ist. Wer möchte, kann zum Sterz auch noch gekochte Bohnen oder Knoblauchfisolen mischen. Den Sterz wie ich mit einem Glas Milch oder zu Lammgerichten genießen.

Kartoffeln

Erntefrisch auf den Tisch – dank Omas Kartoffelacker. Immer wenn wir zwischen Juni und November Lust auf Kartoffeln hatten, schnappten wir Omas Fahrrad und radelten schnurstracks zum Acker. Schnell die nötige Menge geerntet, ging es mit „Höchstgeschwindigkeit" wieder retour. Zu anfangs saß sie vorne und ich hinten, aber mit den Jahren tauschten wir die Plätze. Nun trat ich in die Pedale und Oma saß hinten am Gepäckträger. Ich glaube, wir waren dank meiner Fahrkünste um 1 km/h schneller. Wer keinen eigenen Kartoffelacker besitzt, muss den Kopf nicht hängen lassen. Zwar ist der Geschmack bis 1 Stunde nach der Ente am intensivsten, aber danach bleibt er gleichmäßig erhalten. Und wenn die Kartoffeln an einem kühlen, dunklen Ort gelagert werden, sind sie lange haltbar.

Omas Kartoffeln mit Butter und Salz

Wenn die Oma für uns beide Kartoffeln kocht, nimmt sie 200 g Kartoffeln. Diese gut mit kaltem Wasser waschen und ungeschält in einem Topf mit viel Wasser, Salz und Kümmelsamen kochen. Sie sind fertig, wenn sie beim Anstechen leicht von der Gabel rutschen. Schälen und mit Butter und Salz essen.

Gebackene Kartoffeln ...

Meine Oma macht zum Wiener Schnitzel meistens Petersilienkartoffeln. Wenn etwas von der Schnitzelpanade übrig bleibt, paniert sie ein paar Kartoffeln und bäckt sie im Schnitzelschmalz heraus.

So machen wir's

16 kleine speckige Kartoffeln in der Schale kochen und schälen. Ich empfehle, sie einige Stunden auskühlen zu lassen. Dann der Länge nach durchschneiden. Die Kartoffelhälften mit einem kleinen Löffel aushöhlen. Nach Belieben füllen (siehe nächste Seite) und die Fülle glatt streichen. Den Rand mit Eidotter bestreichen und die Hälften zusammenkleben. 5 Minuten im Kühlschrank rasten lassen. Herausnehmen und zuerst im Mehl, dann im verquirlten Ei und zuletzt in den Bröseln wenden. Anschließend noch einmal in Ei und Brösel wenden und in heißem Fett herausbacken.

Bernies Minz-Kartoffeln

Kartoffeln nach Omas Kochanleitung kochen. Abseihen, schälen und in einen anderen Topf geben. 1 Bund frische Minze grob schneiden und hinzufügen. 4 EL Olivenöl und Salz dazugeben und umrühren. Den Topf mit einem Geschirrtuch abdecken und 10 Minuten ziehen lassen. Die Kartoffeln herausnehmen und genießen. Sollten die Kartoffeln zu kalt sein, im Backofen bei 150° Ober- und Unterhitze 10 Minuten erwärmen. Bitte ohne Geschirrtuch!

TIPP

Anders als alle anderen Gemüsesorten haben Kartoffeln keine Vitamine und Mineralstoffe in der Schale! Ganz im Gegenteil: Die Schalen (auch die grünen Stellen und die Triebe) enthalten Solanin und das ist giftig. Es ist zwar nicht lebensbedrohlich, verursacht aber Bauchschmerzen – vor allem bei Kindern, Schwangeren und älteren Leuten. Das gilt auch für den Strunk von Tomaten, also immer ordentlich herausschneiden!

Gebackene Kartoffeln ...

... mit Kräuterbutter-Fülle

Das brauchen wir

200 g **Butter**
3 **Eidotter**
3 **Knoblauchzehen**
1 kleine **Zwiebel**
1 TL **Estragon-Senf**
5 EL frisch gehackte **Kräuter** (Petersilie, Dill, Basilikum oder Ihre persönlichen Lieblingskräuter)
Saft und **Schale** von ½ unbehandelten **Zitrone**
Salz und frisch gemahlener **Pfeffer**

So machen wir's

Die Butter in einer Schüssel schaumig rühren. Die Eidotter dazugeben und kurz weiterrühren. Die Knoblauchzehen schälen und zur Butter pressen. Die Zwiebel schälen, fein schneiden und in reichlich Salzwasser blanchieren. Abseihen, in ein Geschirrtuch geben und das Wasser ausdrücken. Mit den restlichen Zutaten zur Butter geben und mit Salz und Pfeffer abschmecken. 30 Minuten kühl stellen – fertig!

Wenn es einmal richtig schnell gehen muss, leistet auch gekaufte Kräuterbutter gute Dienste.

... mit Chili-Currybutter-Fülle

Das brauchen wir

200 g **Butter**
3 **Eidotter**
4 **Chilischoten**, nach Belieben auch mehr
2 **Knoblauchzehen**
1 kleine **Zwiebel**
1 grüner **Apfel** (Granny Smith)
1 Bund frisches **Basilikum**
1 TL **Estragon-Senf**
1 EL gelbes **Currypulver**
1 EL **Honig**
Saft und **Schale** von 1 unbehandelten **Zitrone**
Salz und frisch gemahlener **Pfeffer**

So machen wir's

Die Butter in einer Schüssel schaumig rühren. Die Eidotter hinzufügen und kurz weiterrühren. Die Chilischoten entkernen, klein schneiden und zur Butter geben. Die Knoblauchzehen schälen und dazupressen. Die Zwiebel schälen, fein schneiden und in reichlich Salzwasser blanchieren. Abseihen, in ein Geschirrtuch geben und das Wasser ausdrücken. Die Zwiebel zur Butter geben. Den Apfel schälen und zur Butter reiben. Das Basilikum fein schneiden und mit den restlichen Zutaten beimengen. Mit Salz und Pfeffer abschmecken und kurz kühl stellen.

... mit Blunzen-Sauerkirschen-Fülle

Blunzen: Blutwurst

Das brauchen wir

Maiskeimöl
1 **Zwiebel**
100 g **Blunzen**
2 **Knoblauchzehen**, geschält
80 g getrocknete **Sauerkirschen**
1 EL frisch gehackte **Petersilie**
2 EL frisch gehackter **Majoran**
Salz und frisch gemahlener **Pfeffer**

So machen wir's

Etwas Öl in einer Pfanne erhitzen. Die Zwiebel schälen, klein schneiden und im Öl goldgelb rösten. Die Blunzen von der Haut befreien, klein schneiden und kurz mitrösten. Die Knoblauchzehen und die Sauerkirschen klein schneiden und mit der Petersilie und dem Majoran dazugeben. Gut durchrühren, mit Salz und Pfeffer würzen und auskühlen lassen.

... mit Frischkäse-Fülle

Auch mit Frischkäse kann man eine herrliche Fülle zaubern. Einfach etwas salzen, pfeffern und mit frisch gehackten Kräutern, Crème fraîche oder Zitronensaft verfeinern. Sollte etwas Fülle übrig bleiben, am nächsten Tag aufs Jausenbrot streichen.

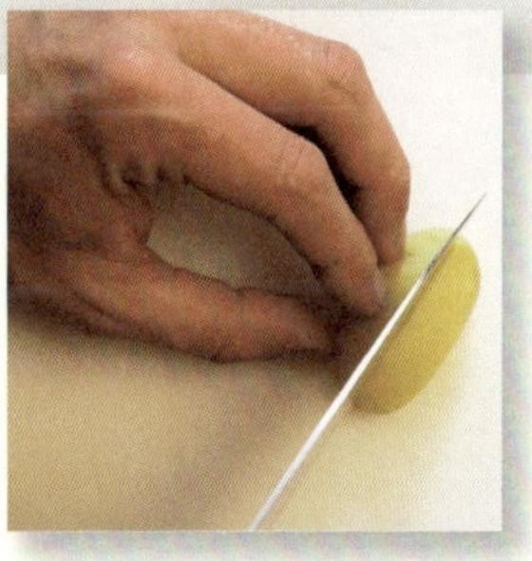

... mit Champignon-Fülle

Das brauchen wir

2 EL **Maiskeimöl**
80 g geschälte und fein geschnittene **Zwiebeln**
120 g **Champignons**
1 **Knoblauchzehe**
1 EL frisch gehackte **Petersilie**
⅙ l **Schlagobers**
Salz und frisch gemahlener **Pfeffer**

So machen wir's

Das Öl in eine heiße Pfanne geben und die Zwiebeln darin farblos rösten. Die Champignons putzen und fein hacken. Zu den Zwiebeln geben und so lange mitrösten, bis die Flüssigkeit verdunstet ist. Die Knoblauchzehe schälen und dazupressen. Petersilie hinzufügen und mit dem Schlagobers aufgießen. Kurz aufkochen, bis das Schlagobers fast verkocht ist. Mit Salz und Pfeffer abschmecken und auskühlen lassen.

Gebratene Kartoffeln mit Lorbeer gefüllt

Das brauchen wir

Für 8 Personen

8 mittelgroße **Kartoffeln**
ca. 12 **Lorbeerblätter**
8 EL **Olivenöl**
Salz und frisch gemahlener **Pfeffer**
190 ml **Geflügelfond** oder **Wasser** mit **Suppenwürfel** aus dem Bioladen

So machen wir's

Den Backofen auf 210° Ober- und Unterhitze vorheizen.
Die Kartoffeln gut waschen, schälen und in Abständen von 1 cm vorsichtig so weit einschneiden, dass die Kartoffeln gerade noch zusammenhalten. Die Lorbeerblätter in die Einschnitte stecken. Sie sollen nicht zu weit herausragen. Wenn doch, einfach zurechtschneiden. Eine Dariolform oder jede andere feuerfeste Form mit 4 EL Olivenöl auspinseln und die Kartoffeln hineinschlichten.

Mit dem restlichen Olivenöl beträufeln und gut salzen und pfeffern. Mit dem Geflügelfond aufgießen und für ca. 40 Minuten in den Backofen geben. Wenn die Flüssigkeit vollkommen verdampft ist und die Kartoffeln goldgelb sind, die Dariolform aus dem Backofen nehmen und die Kartoffeln genießen. Die Lorbeerblätter vor dem Verzehr entfernen, da sie nur als Geschmacksträger dienen.

Rosinen-Kreuzkümmel-kartoffeln mit Koriander

Das brauchen wir

Für 4 Personen

16 speckige **Kartoffeln**
2 **Chilischoten**
6 **Knoblauchzehen**
3 EL **Rosinen**
2 EL **Korianderkörner**
1 EL gemahlener **Kreuzkümmel**
1 TL gemahlener **Zimt**
Schale von 1 unbehandelten **Zitrone**
Sesamöl
1 Bund frischer **Koriander**
Salz und frisch gemahlener **Pfeffer**

So machen wir's

Die Kartoffeln mit der Schale kochen. Schälen und bis zur Hälfte der Länge nach einschneiden. Die Chilischote entkernen und klein schneiden. Die Knoblauchzehen schälen und ebenfalls klein schneiden. Chili, Knoblauch, Rosinen, Korianderkörner, Kreuzkümmel, Zimt und Zitronenschale in eine Küchenmaschine oder einen Cutter geben und zu einer Paste mixen. Die Paste in die Schnitte der Kartoffeln einarbeiten und 1 Stunde ziehen lassen.

Etwas Sesamöl in eine heiße Pfanne geben. Die Kartoffeln hinzufügen und kurz durchschwenken. Mit dem frisch gehackten Koriander bestreuen und mit Salz und Pfeffer würzen. Schmeckt auch gegrillt hervorragend.

Omas Kartoffelgratin

Das brauchen wir

Für 4 Personen

1 EL **Butter**
2 **Knoblauchzehen**
500 g mehlige **Kartoffeln**
Salz und frisch gemahlener **Pfeffer**
frisch geriebene **Muskatnuss**
225 ml **Milch**
225 ml **Schlagobers**
3 EL frisch geriebener **Bergkäse**

So machen wir's

Den Backofen auf 160° Ober- und Unterhitze vorheizen. Eine feuerfeste Form mit der Butter einfetten. Die Knoblauchzehen schälen, pressen und in der Form verteilen. Die Kartoffeln gut waschen und schälen. In 2 mm dicke Scheiben schneiden und in die Form schlichten. Mit Salz, Pfeffer und Muskatnuss würzen.
Die Milch mit 125 ml Schlagobers vermischen und darüber gießen. Im Backofen ca. 35 Minuten backen. Die Kartoffeln mit einer Gabel anstechen. Wenn sie leicht von der Gabel rutschen, sind sie fertig. Herausnehmen und 10 Minuten überkühlen lassen.
Die Temperatur des Backofens auf 250° Oberhitze oder Grillstufe erhöhen.
Das restliche Schlagobers halb schlagen und mit dem Käse vermischen. Salzen und pfeffern, auf die Kartoffeln geben und im Backofen gratinieren, bis das Gratin schön braun ist. Herausnehmen und mit einem Steak oder gegrilltem Fleisch servieren.

Bernies Kartoffelgratin mit Sardellen

Das brauchen wir

Für 4 Personen

500 g mehlige **Kartoffeln**
4 große **Zwiebeln**
15 Scheiben **Zwieback**
4 **Knoblauchzehen**
135 g **Sardellenfilets**
2 EL **Butterflocken**
Salz und frisch gemahlener **Pfeffer**
frisch geriebene **Muskatnuss**
400 ml **Schlagobers**

So machen wir's

Den Backofen auf 180° Ober- und Unterhitze vorheizen. Die Kartoffeln gut waschen, schälen und in dünne Scheiben schneiden. Die Zwiebeln schälen und in dünne Streifen schneiden. Mit den Zwiebackscheiben eine Auflaufform auslegen. Mit der Hälfte der Zwiebeln bedecken und die Kartoffeln darauf legen. Die restlichen Zwiebeln darauf geben. Die Knoblauchzehen schälen, klein schneiden und mit den Sardellenfilets darauf legen. Die Sardellenmarinade aufbewahren. Mit den Butterflöckchen krönen.
Die Sardellenmarinade, Salz, Pfeffer, Muskatnuss und Schlagobers in einer Schüssel verrühren. Die Hälfte davon über die Kartoffeln gießen. In den Backofen geben und ca. 45 Minuten backen. Nach der Hälfte der Zeit die restliche Schlagobersmischung darüber gießen. Die Kartoffeln mit einer Gabel anstechen. Wenn sie leicht von der Gabel rutschen, sind sie fertig. Das Kartoffelgratin aus dem Backofen nehmen und auf Tellern anrichten.

Kartoffelgratin mit Kürbis und Oliventapenade

Das brauchen wir

Für 4 Personen

300 g **Muskatkürbis**
400 g mehlige **Kartoffeln**
1 EL **Butter**
2 **Knoblauchzehen**
170 ml **Schlagobers**
170 g **Crème fraîche**
Salz und frisch gemahlener **Pfeffer**
frisch geriebene **Muskatnuss**
200 g **Schafkäse**

Für die Oliventapenade:

140 g schwarze **Oliven**
55 g getrocknete **Tomaten**
40 g **Sardellenfilets**
½ roter **Paprika**
3 **Knoblauchzehen**
1 **Chilischote**
20 g **Kapernbeeren**, ohne Stiel
½ TL **Kreuzkümmel**
2 TL frisch gehackter **Thymian**
3 TL frisch gehacktes **Basilikum**
1 TL **Paprikapulver**, edelsüß
2 TL **Honig**
1 TL **Aceto balsamico di Modena**
2 EL **Erdnussbutter**
2 EL **Olivenöl**
Salz und frisch gemahlener **Pfeffer**

So machen wir's

Zuerst die Oliventapenade vorbereiten. Hierfür die Oliven, die getrockneten Tomaten und die Sardellenfilets klein schneiden. Den Paprika entkernen und in grobe Stücke schneiden. Die Knoblauchzehen schälen und klein schneiden. Die Chilischote entkernen und ebenfalls klein schneiden. Alle Zutaten in ein hohes Gefäß geben und mit dem Pürierstab oder in einer Küchenmaschine fein pürieren. Wer die Tapenade gerne dünner möchte, gibt ein paar EL Olivenöl dazu. Den Backofen auf 170° Ober- und Unterhitze vorheizen.
Den Kürbis schälen, entkernen und in ca. 5 mm dicke Stücke schneiden. Die Kartoffeln schälen und in 2 mm dicke Scheiben schneiden. Eine feuerfeste Form mit der Butter einfetten. Die Knoblauchzehen schälen, pressen und in der Form verteilen.

In einer Schüssel Schlagobers und Crème fraîche vermischen und mit Salz, Pfeffer und Muskatnuss würzen. Jetzt abwechselnd Tapenade, Kartoffeln, Tapenade, Kürbis, Tapenade, Kartoffeln, Tapenade, usw. bis zum obersten Rand in die Form schichten. Die Schlagobersmischung darüber leeren. Unter Umständen mit einer Gabel öfter hineinstechen, damit die Flüssigkeit eindringen kann.
Für 45 Minuten in den Backofen geben. Die Temperatur auf 220° Oberhitze oder Grillstufe erhöhen. Den Schafkäse darüber streuen und nochmals ca. 5 Minuten backen. Herausnehmen und am besten mit Basilikumpesto (siehe Rezept auf Seite 210) bestreichen.

Sollte etwas Oliventapenade übrig bleiben, gibt es allen Grund zur Freude, denn auf frisch gebackenem Brot schmeckt sie einfach großartig.

Omas Kartoffel-Ricottanockerl (Gnocchi)

Das brauchen wir

Für 4 Personen

200 g mehlige **Kartoffeln**
200 g **Ricotta**
130 g griffiges **Mehl**
45 g **Stärkemehl**
3 **Eidotter**
1 EL **Olivenöl**

So machen wir's

Die Kartoffeln bereits am Vortag mit der Schale kochen und schälen. Auf Bachpapier legen und im Kühlschrank lagern. Sollte der Ricotta zu feucht sein, auch am Vortag in ein Geschirrtuch einwickeln und mit einem Topf beschweren, damit das Wasser herausdringen kann.
Am nächsten Tag die Kartoffeln und den Ricotta mit einer Kartoffelpresse pressen oder durch eine Flotte Lotte drehen. Kartoffeln und Ricotta mit den anderen Zutaten auf der Arbeitsfläche zu einem Teig kneten und 1 Stunde rasten lassen. Sollte der Teig zu nass sein, noch etwas Mehl dazukneten. Den Teig zu fingerdicken Rollen formen und beliebig große Nockerl herunterschneiden. Die Nockerl in genügend kochendes Salzwasser geben, aufkochen lassen und ca. 3 Minuten ziehen lassen. Mit einem Siebschöpfer aus dem Topf nehmen.

Kochtipp: Nicht zu viele Nockerl auf einmal kochen, da sie sonst zerfallen oder zusammenkleben.

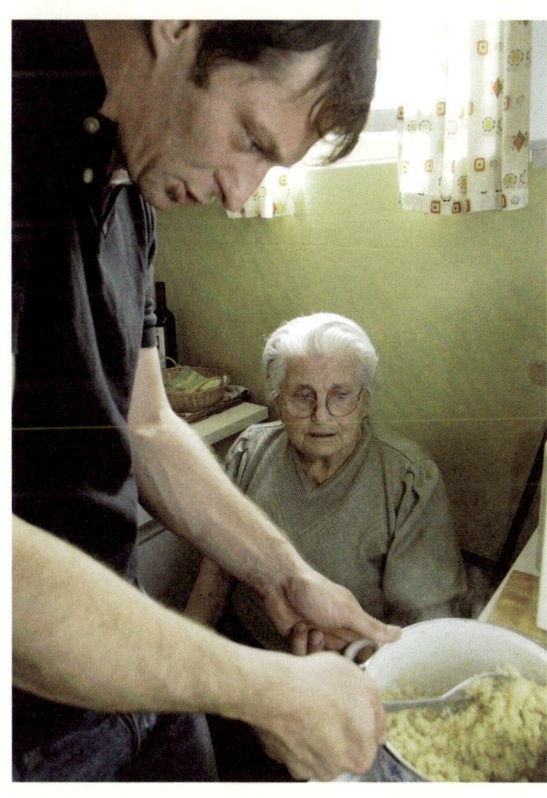
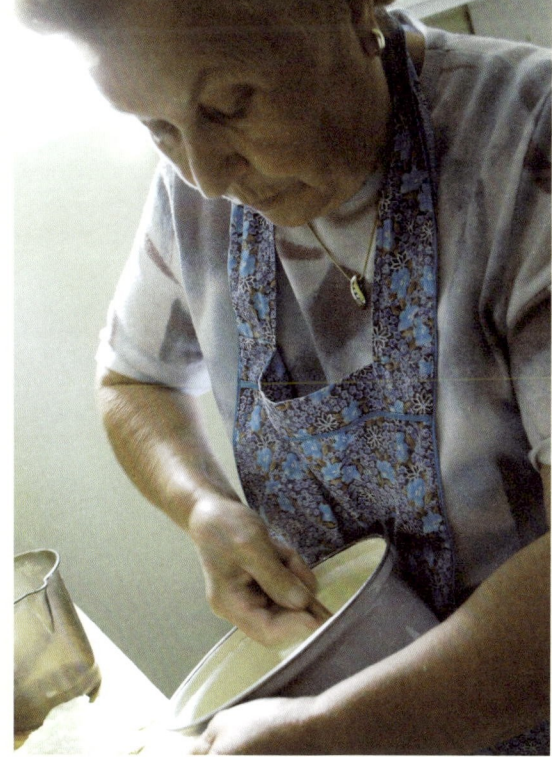

Bernies Kartoffel-Ricottanockerl mit roter Paprikacrème, Oliven und Prosciutto

Das brauchen wir

Für 4 Personen

2 **Zwiebeln**
3 **Knoblauchzehen**
Olivenöl
4 rote **Paprika**
4 **Tomaten**
1 **Chilischote**
1 EL **Paprikapulver**, edelsüß
$1/16$ l **Weißwein**
500 ml **Gemüsefond** oder
Wasser mit **Suppenwürfel**
aus dem Bioladen
2 EL **Crème fraîche**
1 TL brauner **Zucker**
Salz und frisch gemahlener
Pfeffer
Omas Kartoffel-Ricottanockerl
(siehe Rezept auf Seite 205) oder
gekaufte **Gnocchi**
2 EL **Kapernbeeren**, ohne Stiel
100 g entkernte schwarze **Oliven**
1 Bund frischer **Thymian**
16 Scheiben **Prosciutto**

So machen wir's

Für die Paprikacrème Zwiebeln und Knoblauchzehen schälen, klein schneiden und in einem heißen Topf in etwas Olivenöl anrösten. Die Paprika entkernen und grob schneiden. Die Tomaten vom Strunk befreien und vierteln. Die Chilischote entkernen und klein schneiden. Paprika, Tomaten und Chili in den Topf geben und mitrösten. Das Paprikapulver hinzufügen, umrühren und mit dem Weißwein ablöschen. Wenn der Wein verdunstet ist, mit dem Gemüsefond aufgießen und weich kochen. Pürieren und Crème fraîche, braunen Zucker, Salz und Pfeffer dazugeben.

Die Paprikacrème auf Tellern anrichten, die gekochten Nockerl darauf legen und mit Kapernbeeren und Oliven garnieren. Mit frisch gehacktem Thymian bestreuen und zuletzt den Prosciutto darüber legen. Nach Belieben noch ein paar Spritzer Olivenöl darüber träufeln und etwas Parmesan darüber reiben.

Omas Kartoffelpüree

Das brauchen wir

Für 4 Personen

500 g mehlige **Kartoffeln**
3 **Knoblauchzehen**
1 EL **Schweineschmalz**
1 EL glattes **Mehl**
Salz und frisch gemahlener **Pfeffer**
frisch geriebene **Muskatnuss**

So machen wir's

Was wäre nur ohne Omas Kartoffelpüree aus mir geworden? Dank Omas Püree bin ich groß und stark geworden. Aber wie hat Oma das genau zubereitet? Bevor ich etwas falsch mache, ruf ich sie lieber an.

Bernie: Hallo, Oma! Vor mir liegen gerade die Zutaten für dein Kartoffelpüree. Wie machst du es?
Oma: Hallo, Bernie! Zuerst musst du die Kartoffeln schälen und klein schneiden.
Bernie: Welche Sorte ist denn am besten?
Oma: Mehlig müssen sie sein. Am besten die rosaroten aus unserem Garten.
Bernie: Ja, die sind super, aber die kann ich nicht in meinem Kochbuch empfehlen. Sonst stehen ein paar Hundert Leute bei dir im Garten und du hast keine Kartoffeln mehr.
Oma: Ich sperr das Tor eh immer zu. Dann gib am besten mehlige Biokartoffeln an. Die sind fast so gut wie meine.
Bernie: Ok, perfekt. Und was mach ich, nachdem ich die Kartoffeln geschnitten hab?
Oma: Stell einen Topf mit genügend Wasser auf und gib die Kartoffeln hinein. Und du weißt eh, die Kartoffeln müssen vollständig mit Wasser bedeckt sein.
Bernie: Ja, ja, weiß ich. Und wie geht's weiter?
Oma: Den Knoblauch schälen und mit der Handfläche zerdrücken. Gib den Knoblauch dann mit 1 EL Salz zu den Kartoffeln. Jetzt die Kartoffeln so lange kochen, bis sie weich sind. Dann abseihen, und hebe das Kochwasser unbedingt auf. In der Zwischenzeit kannst du einen zweiten Topf erhitzen und das Schweineschmalz hineingeben. Darin röstest du jetzt das Mehl an. Aber unbedingt ständig umrühren und pass auf, dass das Mehl keine Farbe bekommt.
Bernie: Wird gemacht! Und jetzt muss ich doch ¼ des Kartoffelkochwassers hinzufügen?
Oma: Ganz genau. Rühr das Kochwasser ein und lass es aufkochen. Wenn es leicht zu binden anfängt, press die Kartoffeln hinein. Am besten mit einer Kartoffelpresse. Und dann gleich umrühren.
Bernie: Ich kann aber auch die Kartoffelwürfel hineingeben und sie dann mit einem Kartoffelstampfer zerdrücken, oder?
Oma: Ja, klar, wie du willst. Das Püree sollte nur nicht zu dick sein. Wenn doch, gib noch etwas Kochwasser hinzu. Jetzt musst du das Püree nur mehr mit Salz, Pfeffer und Muskatnuss würzen und fertig!
Bernie: Fertig? Gibst du denn keine Milch dazu?
Oma: Nein. Die Milch kommt nur in das Fertigpüree.
Bernie: Super, dann ist das Püree fertig. Und was essen wir dazu?
Oma: Das weißt du doch! Ein gutes Geselchtes oder ein gesottenes Rindfleisch!
Bernie: Danke! Bussl, Oma!

Bernies Kartoffelpüree

Das brauchen wir

Für 4 Personen

500 g mehlige **Kartoffeln**
110 ml **Milch**
110 g **Butter**
Salz und frisch gemahlener
Pfeffer
frisch geriebene **Muskatnuss**

So machen wir's

Die Kartoffeln schälen, vierteln und in reichlich kaltem Salzwasser so lange kochen, bis sie beim Anstechen von alleine von der Gabel rutschen. Abseihen und 3 Minuten ausdampfen lassen. Mit einer Kartoffelpresse in eine Schüssel pressen. Milch und Butter in einen anderen Topf geben und aufkochen lassen. Über die Kartoffeln leeren, mit Salz, Pfeffer und Muskatnuss würzen und mit einem Schneebesen umrühren.

Kartoffelpüree mit Kren

Kren: Meerrettich

Beim Abschmecken des Kartoffelpürees je nach Geschmack beliebig viel Kren einrühren. Ich empfehle den Kren im Glas, da frisch gerissener Kren bitter wird, wenn er warm wird. Passt perfekt zu meinen geschmorten Schweinsbackerl und meinem Schweinebauch mit Zwiebelpüree, gebackenen Zwiebeln und gefüllten Kräuterbutterkartoffeln (siehe Rezept auf Seite 160).

Kartoffelpüree mit Wasabi

Das Kartoffelpüree nach Belieben mit Wasabipaste verfeinern. Vom Pulver rate ich ab, da es erstens mühsamer zum Unterrühren ist und zweitens nicht so gut schmeckt. Zu Fischgerichten servieren.

Kartoffel-Basilikumpüree mit gerösteten Pinienkernen

Das Kartoffelpüree schmeckt hervorragend mit Basilikumpesto. Das Pesto bleibt länger grün, wenn man das Olivenöl 10 Minuten vor Gebrauch in das Tiefkühlfach gibt.

Das brauchen wir

Für das Basilikumpesto:

2 Bund frisches **Basilikum**
2 **Knoblauchzehen**
100 ml **Olivenöl**
Schale von 1 unbehandelten **Limette**
20 g frisch geriebener **Parmesan**
Salz und frisch gemahlener **Pfeffer**

Für die gerösteten Pinienkerne:

50 g **Pinienkerne**
50 g braune **Butter** (siehe Rezept auf Seite 12)

So machen wir's

Für das Basilikumpesto vom Basilikum die Stiele entfernen und die Blätter grob schneiden. Die Knoblauchzehen schälen und in Scheiben schneiden. Basilikum und Knoblauch mit den übrigen Zutaten in eine Schüssel geben und mit einem Pürierstab fein pürieren. Für eine längere Lagerung das Pesto in Gläser füllen, diese gut verschließen und zusätzlich mit Alufolie abdecken. Vor Licht geschützt, bleibt es länger grün. Die Gläser unbedingt im Kühlschrank aufbewahren. Das Pesto passt auch hervorragend zu Fisch- und Fleischgerichten.
Die Pinienkerne in einem heißen Topf in der braunen Butter rösten. Das Basilikumpesto in der gewünschten Menge in das Kartoffelpüree einrühren und das Püree mit den gerösteten Pinienkernen bestreuen.

Kartoffel-Rucolapüree mit Parmesan

Das brauchen wir

200 ml **Olivenöl**
3 **Knoblauchzehen**
1 Bund frischer **Rucola**
80 g getrocknete **Tomaten**
20 g **Kapernbeeren**, ohne Stiel
50 g frisch geriebener **Parmesan**

So machen wir's

Das Olivenöl 10 Minuten vor Gebrauch in das Tiefkühlfach geben. Die Knoblauchzehen schälen und in Scheiben schneiden. Den Rucola grob schneiden. Das Olivenöl mit Rucola und Knoblauch in eine Schüssel geben und pürieren. Je nach Geschmack, Lust und Laune unter das Kartoffelpüree mischen. Die getrockneten Tomaten in kleine Würfel schneiden. Das Püree mit den Tomatenwürfeln, den Kapern und dem Parmesan bestreuen.
Die perfekte Beilage zu gebratenem Zander und Wolfsbarsch.

Kartoffel-Lauchpüree

Das brauchen wir

200 g **Lauch** (nur das Grüne)
60 g **Butter**

So machen wir's

Den Lauch in kleine Würfel schneiden und in kochendem Salzwasser weich kochen. Herausnehmen und sofort in Eiswürfeln abschrecken. In einem Geschirrtuch ausdrücken und gemeinsam mit der Butter in einer Moulinette fein pürieren. In Gläser füllen und im Kühlschrank aufbewahren. Das Lauchpesto nach Belieben in das Kartoffelpüree einrühren. Passt hervorragend zum Lachsforellenfilet mit Wasabikruste (siehe Rezept auf Seite 121).

Papas Semmelknödel

Semmelknödel wollen gelernt sein. Und jeder macht sie anders – zumindest in meiner Familie. Wenn es nach meinem Papa ging, waren Omas Knödel die besten. Aber nicht von einer Oma, sondern von beiden. Zumindest ließ er das meine Omas wissen, obwohl die Konsistenz der Knödel nicht unterschiedlicher hätte sein können. Die Juzzi Oma nahm immer zu viel Fett und Mehl und machte so zu feste Knödel. Die Steffi Oma verwendete hingegen zu viel Ei und keine Milch zum Aufweichen der Semmelwürfel. Das Ergebnis waren außen zu weiche und innen zu feste Knödel. Für mich als kleinen Stöpsel waren Papas Knödel einfach die besten – durch und durch flaumig, sodass sie auf der Zunge zergingen. Und so müssen Semmelknödel sein.

Das brauchen wir

Für 4 Personen

250 g getrocknete **Semmelwürfel**
1 **Zwiebel**
Maiskeimöl
250 ml **Milch**
Salz und frisch gemahlener **Pfeffer**
frisch geriebene **Muskatnuss**
2 TL glattes **Mehl**
4 **Eier**
2 EL frisch gehackte **Petersilie**

So machen wir's

Die Semmelwürfel in eine große Schüssel geben. Die Zwiebel schälen, klein schneiden und in einem heißen Topf in etwas Öl goldgelb anschwitzen. Mit der Milch aufgießen und aufkochen. Mit Salz, Pfeffer und Muskatnuss würzen und über die Semmelwürfel gießen. Gut umrühren und 10 Minuten ziehen lassen. Das Mehl unterrühren. Die Eier dazugeben, nochmals abschmecken und gut verrühren. Erneut 10 Minuten ziehen lassen. Die gehackte Petersilie dazugeben und aus der Masse mit feuchten Händen Knödel formen. Die Knödel in kochendes Salzwasser geben und bei mittlerer Hitze zugedeckt 20 Minuten leicht kochen lassen.

Bernies Serviettenknödel

Variante 1:

Das brauchen wir

Für 4 Personen

6 **Semmeln** vom Vortag
125 ml **Milch**
200 g **Butter**
6 **Eier**
Salz und frisch gemahlener **Pfeffer**
frisch geriebene **Muskatnuss**
Maiskeimöl

So machen wir's

Die Semmeln grob entrinden, in Würfel schneiden und in der Milch einweichen. Die Butter aufschlagen, bis sie weiß ist und sich ihr Volumen verdoppelt hat. Die Eier trennen. Die Eidotter langsam in die Butter rinnen lassen und aufschlagen. Das Eiweiß mit 1 Prise Salz steif schlagen. Die Semmeln unter die Buttermasse rühren, mit Salz, Pfeffer und Muskatnuss würzen und den Schnee vorsichtig unterheben. Eine Alufolie mit etwas Öl bestreichen und die Knödelmasse darauf geben. Die Folie einrollen und die Enden zusammendrehen. In kochendem Wasser 25 Minuten kochen.

Variante 2:

Das brauchen wir

Für ca. 6 Personen

1 Pkg. **Toastbrot**
4 **Semmeln**
500 ml **Milch**
550 g **Butter**
7 **Eier**
Salz und frisch gemahlener **Pfeffer**
frisch geriebene **Muskatnuss**
Maiskeimöl

So machen wir's

Das Toastbrot und die Semmeln grob entrinden, in große Würfel schneiden und in der Milch einweichen. Die Butter aufschlagen. Die Eier trennen. Die Eidotter langsam in die Butter einrühren. Das Eiweiß mit 1 Prise Salz steif schlagen. Die Toast-Semmelmasse unter die Buttermasse rühren, mit Salz, Pfeffer und Muskatnuss würzen und den Schnee unterheben. Eine Alufolie mit etwas Öl bestreichen und die Masse darauf verteilen. Die Folie einrollen und die Enden zusammendrehen. In kochendem Wasser 25 Minuten kochen.

Kakao-Briocheknödel

Das brauchen wir

Für 4 Personen

1 **Briochestriezel** à 500 g
3 EL **Milch**
170 g **Butter**
4 **Eier**
1 **Eiweiß**
Salz und frisch gemahlener **Pfeffer**
frisch geriebene **Muskatnuss**
Maiskeimöl
4 EL **Kakaopulver**

So machen wir's

Den Briochestriezel entrinden, in 3 x 3 cm große Würfel schneiden und mit der Milch befeuchten. Die Butter aufschlagen. Die Eier trennen. Die Eidotter zur Butter geben und einrühren. Das Eiweiß mit 1 Prise Salz zu festem Schnee schlagen. Die Buttermasse unter die Briochewürfel rühren. Mit Salz, Pfeffer und Muskatnuss würzen und den Schnee vorsichtig unterheben. Eine Alufolie mit etwas Öl bestreichen und die Masse darauf verteilen. Die Folie einrollen und die Enden zusammendrehen. 20 Minuten in kochendem Wasser kochen lassen. Herausnehmen und 5 Minuten überkühlen lassen. Aus der Folie nehmen. Das Kakaopulver auf eine neue Alufolie streuen – am besten mit einem Sieb. Die gekochten Briocheknödel darauf legen und erneut eindrehen. 5 Minuten ziehen lassen, herausnehmen und aufschneiden.

Sauerrahmknödel

Das brauchen wir

Für ca. 6 Personen

1 ½ Pkg. **Toastbrot**
500 g **Sauerrahm**
4 EL **Crème fraîche**
Salz und frisch gemahlener **Pfeffer**
frisch geriebene **Muskatnuss**
4 **Eier**

So machen wir's

Das Toastbrot entrinden und vierteln. Mit Sauerrahm und Crème fraîche vermischen und mit Salz, Pfeffer und Muskatnuss abschmecken. Die Eier verquirlen und unter die Masse rühren. Nicht erschrecken, die Masse soll sehr flüssig sein! Von einer Klarsichtfolie ein so großes Stück abreißen, dass es noch in den breitesten Topf passt. Mit einem Löffel einen zweilöffelbreiten Streifen der Masse gleichmäßig auftragen und die Folie einschlagen. Zur Stabilisierung nochmals in Alufolie einrollen und in kochendem Wasser 25 Minuten kochen.

Die Sauerrahmknödel sind ein Gedicht zum Beuschel (siehe Rezept auf Seite 80).

Gebackene Grießknödel

Das brauchen wir

Für 4 Personen

¼ l **Milch**
20 g **Butter** oder **Trüffelbutter**
Schale von 1 unbehandelten **Zitrone**
1 EL frisch gehackter **Thymian**
Salz und frisch gemahlener **Pfeffer**
frisch geriebene **Muskatnuss**
80 g **Weizengrieß**
1 **Eidotter**
Mehl, 1 **Ei** und **Brösel** zum Panieren
Maiskeimöl

So machen wir's

Milch, Butter, Zitronenschale und Gewürze in einen Topf geben und aufkochen lassen. Den Grieß einrühren, bis die Milch ganz verkocht ist – das geht sehr schnell! In eine Schüssel leeren und kurz überkühlen lassen. Den Eidotter einrühren und aus der Masse kleine Knödel formen. Die Knödel zuerst im Mehl, dann im verquirlten Ei und zuletzt in den Bröseln wenden. In Öl schwimmend herausbacken. Die gebackenen Grießknödel zum Rinderfilet im Ganzen „rosa" im Rotwein gegart (siehe Rezept auf Seite 190) servieren.

Knödel auf Kartoffelteig-Basis

Kartoffelteig

Das brauchen wir

500 g mehlige **Kartoffeln**
100 g **griffiges Mehl**
90 g **glattes Mehl**
40 g **Weizengrieß**
60 g weiche **Butter**
2 **Eier**
1 **Eidotter**
frisch gemahlener **Pfeffer**
frisch geriebene **Muskatnuss**

So machen wir's

Die Kartoffeln bereits am Vortag mit der Schale kochen und schälen.
Am nächsten Tag fein passieren – am besten mit einer Kartoffelpresse. Die Kartoffeln mit den restlichen Zutaten zu einem Teig verkneten und den Teig mit Klarsichtfolie zugedeckt ca. 45 Minuten im Kühlschrank rasten lassen. Aus dem Teig Knödel formen und diese in kochendes Salzwasser geben. Aufkochen und zugedeckt ca. 12 Minuten ziehen lassen. Der Kartoffelteig eignet sich perfekt zum Füllen (siehe folgende Rezepte).

Kartoffelknödel mit Kräuterbutter- oder Bärlauchbutter-Fülle

Das brauchen wir

Kartoffelteig (siehe Rezept)

Für die Kräuterbutter:

½ **Zwiebel**
100 g **Butter**
2 TL fein gehackte **Petersilie**
2 TL fein gehacktes **Basilikum**
1 TL fein gehackter **Kerbel**
1 TL fein gehackter **Thymian**
1 TL **Estragon-Senf**
2 **Knoblauchzehen**, gepresst
Schale von ½ unbehandelten **Zitrone**
1 Prise fein gemahlene **Koriandersamen**
Salz und **Cayennepfeffer**

Für die Bärlauchbutter:

½ **Zwiebel**
100 g **Butter**
2 TL fein gehackte **Petersilie**
8 TL fein geschnittener **Bärlauch**
1 TL **Estragon-Senf**
Schale von ½ unbehandelten **Zitrone**
Salz und **Cayennepfeffer**

So machen wir's

Die Zwiebel schälen, fein schneiden und blanchieren. In ein Geschirrtuch geben und das Wasser ausdrücken. Die Butter in einer Schüssel schaumig rühren. Die übrigen Zutaten dazugeben und gut vermischen. Mit Salz und Cayennepfeffer abschmecken. Die Masse in einen Dressiersack geben, kleine Kugeln auf ein Backpapier spritzen und diese einfrieren. Die Arbeitsfläche mit griffigem Mehl stauben, den Teig darauf ausrollen und mit einem Keksausstecher runde Kreise ausstechen. Die Butterkugeln herausnehmen und den Kartoffelteig darüber drehen. In Salzwasser 3 Minuten kochen und 5 Minuten im Wasser ziehen lassen. Unbedingt darauf achten, dass die Knödel gut verschlossen sind und das Wasser nicht zu stark kocht, damit die Knödel nicht ausrinnen.

Enten-Ingwerknödel

Das brauchen wir

Für ca. 20 Knödel

150 ml **Sherry**
150 ml weißer **Portwein**
1 EL **Schmalz**
150 g geschälte und fein geschnittene **Zwiebeln**
40 g geschälter und klein geschnittener **Knoblauch**
100 g **geräucherte Entenbrust**
2 weibliche **Entenbrüste** (120–150 g), rosa gebraten
200 g **Enten-** oder **Schweinsgrammeln**
1 **Chilischote**
1 TL gelbes **Currypulver**
1 TL **Kreuzkümmel**
2 EL **Hoisin-Sauce**
1 EL **Honig**
1 EL frisch gehackte **Petersilie**
1 EL frisch gehackter **Majoran**
Salz und frisch gemahlener **Pfeffer**
Kartoffelteig (siehe Rezept auf Seite 216)

So machen wir's

Zuerst Sherry und Portwein in einen Topf geben und auf ⅓ der Menge einkochen.
Das Schmalz in einem Topf erhitzen. Zwiebel und Knoblauch darin bei mittlerer Hitze langsam rösten, bis der Zwiebel karamellisiert und schön braun ist. Die Entenbrüste in kleine Würfel schneiden und mit den grob gehackten Grammeln kurz mitrösten. Die Chilischote entkernen und klein schneiden. Chili, Curry, Kreuzkümmel, Hoisin-Sauce und Honig dazugeben und umrühren. Mit dem Sherry-Portweingemisch ablöschen und vom Herd nehmen. Petersilie und Majoran dazugeben und mit Salz und Pfeffer abschmecken. Aus der Masse Knödel formen und in den Kartoffelteig einwickeln. Die Knödeln in kochendes Salzwasser geben. Aufkochen und zugedeckt ca. 12 Minuten ziehen lassen.

Achtung: Suchtgefahr! Aber keine Sorge, die Knödel einfach einfrieren und jederzeit genießen.

Kümmelbratenhascheeknödel

Das brauchen wir

125 g geschälte und fein geschnittene **Zwiebeln**
Maiskeimöl
2 **Knoblauchzehen**
250 g **Kümmelbraten**
1 EL frisch gehackter **Majoran**
2 EL frisch gehackte **Petersilie**
Salz und frisch gemahlener **Pfeffer**
gemahlener **Kümmel**
Kartoffelteig (siehe Rezept auf Seite 216)

So machen wir's

Die Zwiebeln in einem heißen Topf in etwas Öl langsam rösten, bis sie dunkelbraun sind. Die Knoblauchzehen schälen, klein schneiden und kurz mitrösten. Den Kümmelbraten in kleine Würfel schneiden und dazugeben. Die Kräuter hinzufügen und mit Salz, Pfeffer und etwas Kümmel abschmecken. Die Masse aus dem Topf nehmen und daraus Knödel formen. Die Knödel mit dem Kartoffelteig einwickeln und in kochendes Salzwasser geben. Aufkochen und zugedeckt ca. 12 Minuten ziehen lassen.

Desserts

Wie man ein Twinni auseinanderbricht und ein Cornetto isst

Meine ersten „Gehversuche" mit Twinni und Cornetto endeten in einem kleinen Desaster: Auf Fingern, Hose und T-Shirt war mehr Eis als in meinem Mund. Und beim Auseinanderbrechen von Twinni hielt ich in 101 von 100 Fällen eineinhalb Hälften in der einen und eine halbe in der anderen Hand. Aber wer kennt die Tücken dieser beiden Eissorten nicht? Von meiner Juzzi Oma weiß ich, dass man das Twinni noch in der Verpackung brechen muss. Das Twinni einfach mit der Sollbruchstelle an die Tischkante legen und dann mit beiden Händen gleichmäßig Druck ausüben – et voilà: Zu 99,9% sind orange und grüne Hälfte perfekt getrennt.

Aber das weitaus schwierigere Problem: Wie verhindert man ein Bekleckern beim Cornettoessen? Sobald ich die Papierhülle entfernt hatte und von oben zu essen begann, rann das Eis unten heraus – auf mein Leiberl und meine Hose. Meine Steffi Oma brachte mir aber einen tollen

Trick bei – ganz ohne Bekleckern. Das Cornetto für ein paar Minuten in die Sonne legen und erst danach die Papierhülle abstreifen. Wenn der Spitz nicht abbricht, beißt sie ihn trotzdem ab und isst das Cornetto von unten. Genauer: Sie saugt das weich gewordene Eis an der unteren Öffnung heraus und Finger, Rock und Bluse bleiben sauber.

Holunderblütensirup

Das brauchen wir

3 l **Wasser**
2 kg **Kristallzucker**
65 g **Zitronensäure**
3 unbehandelte **Zitronen**
60 **Holunderblüten**

So machen wir's

Wasser und Zucker in einen Topf geben und aufkochen, bis sich der Zucker aufgelöst hat. Auskühlen lassen. 1 Tasse Zuckerwasser herausnehmen und in eine Schüssel gießen. Die Zitronensäure mit einem Schneebesen unterrühren und diese Mischung zurück ins Zuckerwasser schütten. Die Zitronen in Scheiben schneiden und dazugeben. Die gesäuberten Holunderblüten einrühren und zugedeckt 5 Tage an einem kühlen Ort ziehen lassen – unbedingt zweimal am Tag umrühren. Am fünften Tag abseihen und den Saft aufkochen lassen. In saubere Flaschen füllen, nach Belieben mit Wasser verdünnen und genießen.

Ein Tipp: Für ein spritziges Weißweinerfrischungsgetränk einen Schuss Holundersaft in einen Spritzer geben – auch bekannt als Kaiserspritzer!

Ingwer-Zitronen-Limonade

Das brauchen wir

10 unbehandelte **Zitronen**
150 g **Ingwer**
14 **Minzezweige**
80 g brauner **Zucker**
3 EL **Honig**
2 l **Mineralwasser**

So machen wir's

Die Zitronen in grobe Würfel schneiden. Den Ingwer schälen und reiben. Die Minze grob schneiden. Zitronen, Ingwer, Minze, braunen Zucker und Honig in einem Mörser gut zerreiben und in einen Krug füllen. Nach 4 Stunden mit dem Mineralwasser auffüllen.

Ingwersirup mit Holunder

Das brauchen wir

340 g **Ingwer**
880 ml **Wasser**
80 ml **Weißwein**
300 g **Kristallzucker**
125 ml **Holundersirup**

So machen wir's

Den Ingwer schälen und in 1 x 1 cm große Stücke schneiden. Die Ingwerschalen mit den Ingwerstücken, dem Wasser, dem Weißwein und dem Kristallzucker in einen Topf geben und so lange kochen lassen, bis die Flüssigkeit auf die Hälfte reduziert ist. Abseihen und die Ingwerschalen herausnehmen. Holundersirup, Ingwerstücke und Ingwersirup nochmals 2 Minuten kochen lassen. In Einmachgläser gießen. Der Ingwersirup hält viele Monate und schmeckt hervorragend in Obstsalaten, im Beerenkompott oder als Aufgussgetränk. Auch einem Spritzer verleiht der Ingwersirup eine tolle Geschmacksnote.

Vanille-Ananas-Erfrischung

Das brauchen wir

½ l **Wasser**
½ l **Ananassaft**
600 g **Gelierzucker**
2 EL **Honig**
2 Beutel **Kamillentee**
1 **Vanilleschote**
6 unbehandelte **Zitronen**
4 unbehandelte **Orangen**
60 g frisch gezupftes **Basilikum**
60 g frisch gezupfte **Pfefferminze**
10 g frisch gezupfter **Zitronenthymian**
10 g frisch gezupfter **Lavendel**
16 g **Zitronensäure**

So machen wir's

Wasser, Ananassaft, Zucker und Honig in einen Topf geben und aufkochen lassen. Von der Herdplatte nehmen und die Kamillenteebeutel hineinhängen. Die Vanilleschote halbieren und auskratzen. Mark und Schote in den Saft geben. Zitronen und Orangen in Scheiben schneiden und mit den übrigen Zutaten hinzufügen. Die Teebeutel nach 1 Stunde wieder entfernen, da die Erfrischung sonst einen bitteren Beigeschmack bekommt. 1 Tag zugedeckt ziehen lassen. Abseihen und in Flaschen füllen. Nach Belieben mit Mineralwasser verdünnen.

Der Kirschbaum, der niemals leer wird

52 Kirschbäume stehen im Weingarten der Juzzi Oma. 52 Bäume voller herrlicher Kirschen, die kein Mensch je verarbeiten kann. Also waren Abnehmer gern gesehen. Onkel Pepi ließ sich nicht lange bitten und kam mit seinem Fiat Panda und großem Anhänger den weiten Weg von Niederösterreich nach Purbach. Ich präsentierte ihm einen besonders vollen Baum und wir machten uns an die Arbeit. Nach einem ganzen Tag waren der Fiat Panda und der Anhänger voll. Auch wenn man mit den am Baum verbliebenen Kirschen noch einen Fiat hätte füllen können, Onkel Pepi fuhr glücklich heim. Am nächsten Tag fragte mich meine Oma, warum der Onkel Pepi denn keine Kirschen geholt habe. Ich war sprachlos, hatte ich doch den lieben langen Tag mit Kirschenbrocken verbracht. „Dann muss jemand über Nacht die Kirschen wieder auf den Baum gehängt haben", scherzte meine Oma. Das ließ ich nicht auf mir sitzen und zeigte meiner Oma den halb leer geräumten Baum. „Das ist nicht meiner. Der gehört dem Nachbarn." Reife Leistung! Ich hab es echt geschafft, von 52 Bäumen ausgerechnet den 53. auszusuchen.

Omas schneller Kirschkuchen

Das brauchen wir

1 kg **Kirschen**
6 **Eier**
6 ei-schwer **Butter**
6 ei-schwer **Kristallzucker**
Schale von 1 unbehandelten **Zitrone**
1 TL **Vanillezucker**
6 ei-schwer griffiges **Mehl**
2 Msp. **Backpulver**
Staubzucker zum Bestreuen

So machen wir's

Den Backofen auf 180° Ober- und Unterhitze vorheizen.
Die Kirschen entkernen. Die Eier trennen. Die Butter in eine Schüssel geben und mit ⅔ des Zuckers schaumig rühren. Zitronenschale, Vanillezucker und Eidotter hinzufügen und schaumig rühren. Das Mehl mit dem Backpulver mischen. Das Eiweiß halb schlagen, den restlichen Zucker dazugeben und zu festem Schnee schlagen. Nun abwechselnd Mehlmischung und Schnee unter die Buttermasse heben – am Schluss sollte noch 1 Teil Schnee übrig bleiben, der als Letztes untergehoben wird. Ein Backblech mit Backpapier auslegen, die Masse darauf verteilen und mit Kirschen bestreuen. In den Backofen geben und ca. 45 Minuten backen. Herausnehmen und mit Staubzucker bestreuen.

Bernies Kirschenkompott mit Topfen-Zitronencrème gratiniert

Das brauchen wir

Für 4–6 Personen

900 g **Kirschen**
150 g **Kristallzucker**
⅛ l **Weißwein**
600 ml **Kirschsaft**
Saft von 1 **Zitrone**
1 TL **Vanillezucker**
2 **Nelken**
1 **Zimtstange**

Für die Topfen-Zitronencrème:

½ kg **Topfen** oder **Quark**
100 g **Milch**
250 g **Sauerrahm**
Saft und **Schale** von 1 unbehandelten **Zitrone**
1 TL **Vanillezucker**
40 g **Maismehl**
40 g **Staubzucker**
4 **Eier**
40 g **Kristallzucker**

So machen wir's

Den Topfen in ein sauberes Geschirrtuch und auf einen tiefen Teller geben. Mit einem Topf beschweren, damit das Wasser entweicht.
Die Kirschen entkernen. Den Zucker in einen Topf geben und karamellisieren. Mit Weißwein ablöschen. Den Kirschsaft dazugeben und aufkochen lassen, bis der Zucker sich vom Boden gelöst hat. Zitronensaft, Vanillezucker, Nelken und Zimtstange hinzufügen und nochmals aufkochen. Die Kirschen beigeben, aufkochen und den Topf von der Herdplatte ziehen. Auskühlen lassen.
Den Backofen auf 250° Oberhitze oder Grillstufe vorheizen.
Für die Topfen-Zitronencrème den Topfen durch ein Haarsieb in eine Schüssel streichen. Mit Milch, Sauerrahm, Zitronensaft, abgeriebener Zitronenschale, Vanillezucker, Maismehl und Staubzucker glatt rühren. Die Eier trennen und die Eidotter beimengen. Das Eiweiß halb schlagen, den Kristallzucker unterrühren und zu steifem Schnee schlagen. Den Eischnee unter die Topfenmasse heben.
Das Kirschenkompott in eine feuerfeste Form gießen. Die Topfenmasse in einen Spritzbeutel geben und auf die Kirschen dressieren. In den Backofen geben. Wenn die Gratiniermasse eine schöne braune Farbe hat, ist das gratinierte Kirschkompott fertig.
Die Gratiniermasse kann man auch alleine zubereiten und als sogenanntes Topfensoufflé genießen. Dafür Kaffeetassen ausbuttern, mit Staubzucker auskleiden und die Topfenmasse zu drei Vierteln einfüllen. Im Wasserbad im Backofen bei 200° Ober- und Unterhitze ca. 10 Minuten backen.

Steffi Omas Mohn-Wuzzinudeln

Das brauchen wir

500 g mehlige **Kartoffeln**
110 g **Butter**
70 g **griffiges Mehl**
70 g **glattes Mehl**
1 EL **Weizengrieß**
3 **Eidotter**
1 Prise **Salz**
6 cl **Rum**
3 EL **Kristallzucker**
1 **Zimtstange**
120 g geriebener **Mohn**
Staubzucker, nach Belieben
1 TL **Vanillezucker**

So machen wir's

Die Kartoffeln bereits am Vortag in reichlich Salzwasser kochen, abseihen und schälen. In Backpapier einwickeln und kühl lagern.
Am nächsten Tag 30 g Butter in einem Topf zerlassen. Das Mehl auf die Arbeitsfläche sieben und in die Mitte eine Mulde drücken. Die Kartoffeln mit einer Kartoffelpresse hineinpressen oder fein auf das Mehl reiben. Zerlassene Butter, Grieß, Eidotter und das Salz dazugeben und zu einem Teig kneten. 30 Minuten rasten lassen.
Aus dem Teig eine 3 cm dicke Rolle formen. Mit einer Teigkarte daumendicke Stücke abschneiden und diese auf der bemehlten Arbeitsfläche mit den Handflächen zu Nudeln wuzzeln.

In einem Topf genügend Wasser aufstellen. Rum, Kristallzucker und Zimtstange hinzufügen und aufkochen. Sollte das Kochwasser zu wenig süß sein, etwas Zucker oder Rum beimengen. Die Nudeln in das kochende Wasser geben und nach dem erneuten Aufkochen 5 Minuten ziehen lassen. Ein Tipp: Nicht alle Nudeln auf einmal kochen, da sie sich sonst anlegen.
Eine Pfanne heiß werden lassen und die restlichen 80 g Butter darin aufschäumen. Die Nudeln mit einem Siebschöpfer abschöpfen, direkt in die Butter geben und durchschwenken. Mit Mohn und Staubzucker bestreuen und den Vanillezucker darauf geben. Dazu passen Apfelmus oder Zwetschkenröster (siehe Rezept auf Seite 232).

Bernies Mohn-Birnen-Flammkuchen

Das brauchen wir

700 ml **Milch**
4 cl **Rum**
1 TL **Vanillezucke**r
180 g **Kristallzucker**
1 EL **Honig**
80 g **Weizengrieß**
400 g geriebener **Mohn**
3 **Eier**
100 g **Butter**
Schale von 1 unbehandelten **Zitrone**
4 **Birnen**
1 Glas **Marillenmarmelade**

Für den Hefeteig:

300 g glattes **Mehl**
26 g **Hefe**
30 g **Kristallzucker**
125 ml **Milch**
1 Prise **Salz**
30 g weiche **Butter**
1 **Ei**

So machen wir's

Für den Hefeteig das Mehl in eine Schüssel geben und in die Mitte eine Mulde drücken. Die Hefe mit dem Zucker in lauwarmer Milch auflösen und in die Mulde gießen. 20 Minuten zugedeckt bei Zimmertemperatur gehen lassen. Salz, Butter und das Ei zum Mehl geben und in einer Küchenmaschine verkneten oder in einer Schüssel mit einem Kochlöffel schlagen. Nochmals 40 Minuten zugedeckt gehen lassen. Den Backofen auf 180° Ober- und Unterhitze vorheizen.
Für die Mohnmasse Milch, Rum, Vanillezucker, 80 g Zucker und Honig in einen Topf geben und aufkochen. Grieß und Mohn unterrühren, bis eine glatte Masse entsteht. Den Topf beiseite stellen.

Die Eier trennen. Das Eiweiß halb schlagen, den restlichen Zucker dazugeben und zu festem Schnee schlagen. Die Butter mit den Eidottern schaumig rühren. Die Zitronenschale hinzufügen und gemeinsam mit dem Schnee unter die Mohnmasse heben. Ein Backblech mit Backpapier auslegen. Den Teig in der Größe des Backblechs ausrollen und auf das Backpapier legen. Die Ränder hochdrücken. Die Birnen schälen, vierteln und entkernen. Auf der runden Seite alle 3 mm mit einem scharfen Messer 5 mm tief einschneiden. Die Mohnmasse auf den Teig streichen. Die Birnen darauf verteilen und leicht andrücken. In den Backofen geben und ca. 50 Minuten backen. Herausnehmen und überkühlen lassen. Die Marillenmarmelade langsam erwärmen, glatt rühren und damit den Kuchen bepinseln.

Omas Eierlikörkuchen

Das brauchen wir

Butter zum Ausfetten der Gläser
200 g geriebene **Mandeln**
10 **Eier**
480 g **Kristallzucker**
½ l **Maiskeimöl**
½ l **Eierlikör**
4 Pkg. **Vanillezucker**
500 g glattes **Mehl**
2 Pkg. **Backpulver**

So machen wir's

Saubere Einmachgläser mit etwas Butter ausfetten – die oberen Glasränder müssen frei bleiben. Mit den Mandeln ausstreuen.
Die Eier in einer Schüssel schaumig schlagen. Zucker, Öl, Eierlikör, Vanillezucker hinzufügen und vermengen. Das Mehl mit dem Backpulver mischen und durch ein Sieb einstreuen. So lange mit einem Schneebesen umrühren, bis ein glatter Teig entsteht.
Die Gläser zu drei Vierteln mit dem Teig füllen, die Gummi-Einkochringe darauf geben und mit den Deckeln verschließen.
30° warmes Wasser in ein tiefes Blech füllen. Die Einmachgläser hineinstellen und das Blech in den Backofen geben. Die Temperatur auf 80° erhöhen. In dieser Zeit muss der Kuchen aufgehen. Wenn der Kuchen aufgegangen ist, auf 90° steigern und 30 Minuten backen. Dann auf 100° erhöhen und 1–1 ½ Stunden backen. Danach den Backofen ausschalten und die Gläser im Backofen im Wasserbad erkalten lassen.

Der Kuchen hat einen großen Vorteil: Solange das Glas verschlossen ist, hält er im Kühlschrank bis zu 6 Monaten. Man kann also gleich mehrere Gläser vorbereiten. Kurz vor dem Servieren einen kräftigen Schuss Eierlikör über den Kuchen gießen und mit einem Glas Milch genießen.

Ich habe diesen Kuchen sogar einmal zu Weihnachten verschenkt.

Rotweinkuchen

Das brauchen wir

½ l **Rotwein** (klassisch ausgebauter Wein, kein Barrique)
170 g **dunkle Schokolade** mit 70 % Kakaoanteil
6 **Eier**
250 g **Butter**
250 g **Kristallzucker**
1 TL **Vanillezucker**
1 Pkg. **Backpulver**
1 TL gemahlener **Zimt**
250 g glattes **Mehl**

So machen wir's

Den Backofen auf 180° Ober- und Unterhitze vorheizen. Den Rotwein in einen Topf geben und auf ⅛ reduzieren. In einem anderen Topf und über einem Wasserbad die Schokolade zerlassen.
In der Zwischenzeit die Eier trennen. Die Butter und 200 g Kristallzucker in eine Schüssel geben und schaumig schlagen. Vanillezucker, Backpulver und Eidotter hinzufügen und weiterschlagen. Den Zimt dazugeben und abwechselnd die zerlassene Schokolade und den Rotwein unter die Masse rühren. Das Eiweiß halb schlagen, die restlichen 50 g Zucker hinzufügen und zu festem Schnee schlagen. Mit dem Mehl unter die Masse heben. In den Backofen geben und ca. 50 Minuten backen. Eventuell mit Schokolade glasieren.

Judiths Becherkuchen

Das brauchen wir

Für 4 Personen

3 **Eier**
1 Becher **Kristallzucker**
1 Becher **Sauerrahm** (¼ l)
½ Becher **Maiskeimöl**
1 Becher glattes **Mehl**
1 Becher fein gemahlene **Nüsse**, nach Wahl
1 EL **Kakaopulver**
1 Pkg. **Backpulver**
Butter zum Ausfetten der Form
Mehl zum Bestauben der Form

So machen wir's

Den Backofen auf 200° Ober- und Unterhitze vorheizen. Eier und Zucker in einer Schüssel schaumig rühren. Sauerrahm und Öl dazugeben und unterrühren. Nacheinander Mehl, Nüsse, Kakaopulver und Backpulver einarbeiten. Die Masse in eine ausgefettete und bemehlte Backform füllen, in den Backofen geben und ca. 30 Minuten backen. Herausnehmen und zu einer Tasse Kaffee genießen. Der Becherkuchen meiner Cousine Judith ist einfach ein Traum.

Flüssiger Schokoladenkuchen

Das brauchen wir

250 g **dunkle Schokolade** mit mind. 75 % Kakaoanteil
190 g **Butter**
8 **Eier**
110 g **Kristallzucker**
60 g glattes **Mehl**
Butter zum Ausfetten der Tassen
Mehl zum Auskleiden der Tassen

So machen wir's

Die Schokolade in einem Topf über einem Wasserbad zergehen lassen und die Butter dazugeben. Eier und Zucker in eine Schüssel geben, mit einem Mixer aufschlagen und vorsichtig in die handwarme Schokolade einrühren. Zuletzt das Mehl unterrühren. Kaffeetassen oder Souffléformen mit etwas Butter ausfetten und mehlieren.
Die Masse zu drei Vierteln in die Tassen füllen – vorzugsweise mit einem Spritzsack, ist aber nicht notwendig.
24 Stunden im Kühlschrank rasten lassen. Bei 220° Ober- und Unterhitze ca. 10 Minuten backen und auf Teller stürzen. Mit Vanilleeis oder Eierlikörschaum (siehe Rezept auf Seite 241) servieren.

1.3.94.

Lieber Bernhard!

Lach mich bitte nicht aus, wenn Du den Inhalt dieses Tonkerl siehst. Aber schon vor zwei Wochen hat Herr Lichtenberger gesagt dass er nach Saalbach fährt und da dachte ich mir etwas sollte ich Dir mitschicken. Und weil mir nichts besseres eingefallen ist habe ich den Kuchen gebacken. Weil das nun schon so lange dauert hab ich den Kuchen tiefgefroren und inzwischen ist mir auch eingefallen dass Du ja in einem Cafe-Restaurant arbeitest und wahrscheinlich bessere Mehlspeisen hast.

Aber weil er für Dich bestimmt war und die Gelegenheit jetzt da ist schick ich ihn trotzdem mit. Solltest Du keinen Apetitt drauf haben verteile Ihm unter den Armen vielleicht gibts solche auch in Saalbach. Weil die Schachtel so eng ist muss ich das Geschirr mitschicken bringe es wenn Du wieder kommst mit nach Hause.

Was sich sonst alles ereignet hat in Turbach werden wir besprechen wenn Du wieder da bist. Ich hoffe Du hast Dich inzwischen wieder beruhigt, Ludwig sagte mir das Du in zwei Wochen kommen wirst. Das wird ja noch zum aushalten sein.

Recht liebe Grüsse auch an Ulli und
Dich von Oma

Omas Marmorgugelhupf

Ich bin ein Verfechter der Geschmacksfreiheit. Jeder soll essen, was ihm schmeckt. Ich mag einen Gugelhupf am liebsten, wenn er zu früh aus dem Backofen genommen wird. Dann ist er innen noch leicht flüssig. Wer das auch einmal probieren möchte, zieht von der Backanleitung 10 Minuten ab. Meine Oma macht mir auch heute noch den Gugelhupf auf diese Weise und schickt ihn mir sogar überallhin nach, wo ich auch gerade bin.

Das brauchen wir

4 **Eier**
110 g **Butter**
70 g **Staubzucker**
1 TL **Vanillezucker**
Schale von 1 unbehandelten **Zitrone**
170 g glattes **Mehl**
5 g **Backpulver**
1 Prise **Salz**
70 g **Kristallzucker**
8 EL **Milch**
17 g **Kakaopulver**
1 Msp. gemahlener **Zimt**
Butter zum Ausfetten der Form
Mehl zum Auskleiden der Form
Staubzucker zum Bestreuen

So machen wir's

Den Backofen auf 180° Ober- und Unterhitze vorheizen.
Die Eier trennen. Die Butter in eine Schüssel geben und mit Eidotter, Staubzucker, Vanillezucker und der Zitronenschale schaumig rühren. Das Mehl mit dem Backpulver mischen. Das Eiweiß halb schlagen, dann Salz und Kristallzucker hinzufügen und zu festem Schnee schlagen. Jetzt abwechselnd Mehl, Eischnee und 6 EL Milch unter die Butter heben. Den Kakao mit den restlichen 2 EL Milch glatt rühren. Ein Drittel der Mehl-Buttermasse in eine andere Schüssel geben und die Kakao-Milchmischung und den Zimt unterrühren.
Eine Gugelhupf- oder Kastenform mit etwas Butter ausfetten und mit ein paar EL Mehl auskleiden. Zuerst die Hälfte der hellen Masse in die Form geben, die dunkle Masse darauf verteilen und mit der restlichen hellen Masse abschließen. Mit einem Löffel kreisförmig durch den Kuchen fahren – so entsteht das typische Muster.
Für 60 Minuten in den Backofen schieben. Sollte der Kuchen nach 40 Minuten oben zu dunkel sein, mit Alufolie abdecken. Herausnehmen und 10 Minuten in der Form abkühlen lassen. Stürzen und mit Staubzucker bestreuen.

Omas Kaiserschmarren

Das brauchen wir

Für 4 Personen

9 **Eier**
½ l **Milch**
230 g glattes **Mehl**
1 EL **Vanillezucker**
1 unbehandelte **Zitrone**
1 unbehandelte **Orange**
6 EL **Rum**
1 Prise **Kardamom**
1 Prise **Salz**
7 EL **Kristallzucker**
100 g **Butter**
4 cl **Grand Marnier**
Staubzucker zum Bestreuen

So machen wir's

Den Backofen auf 200° Ober- und Unterhitze vorheizen.
Die Eier trennen. Eidotter, Milch, Mehl, Vanillezucker, die fein geriebenen Schalen der Zitrone und der Orange, 2 EL Rum und Kardamom in einer Schüssel zu einem glatten Teig rühren. Das Eiweiß halb schlagen, Salz und 5 EL Kristallzucker dazugeben und zu einem festen Schnee schlagen. Unter die Masse heben. Die Butter in einer Pfanne schmelzen und die Masse dazugeben. Kurz anbraten und für 20 Minuten in den Backofen geben. Kurz bevor der Kaiserschmarren fertig ist, in einer zweiten Pfanne die restlichen 2 EL Kristallzucker schmelzen. Mit Grand Marnier und 4 EL Rum ablöschen und diese fast verdunsten lassen. Den Kaiserschmarrn aus dem Backofen nehmen, mit zwei Gabeln zerreißen und in der anderen Pfanne durchschwenken. Mit Staubzucker bestreuen und genießen.

Für alle Rosinenliebhaber: Bitte nach eigenem Ermessen beimengen. In meinem Kaiserschmarren haben Rosinen nichts verloren. Ich mag nämlich keine.

Omas Zwetschkenröster

Das brauchen wir

Für 8 Personen

200 g **Kristallzucker**
100 ml **Rum**
6 cl **Birnenschnaps**
400 ml **Rotwein**
250 ml **Wasser**
100 ml **Orangensaft**
100 ml **Zitronensaft**
1 **Zimtstange**
1 EL **Vanillezucker**
1 kg **Zwetschken**

So machen wir's

Den Kristallzucker in einem Topf karamellisieren. Mit Rum und Birnenschnaps ablöschen und diese fast vollkommen verdunsten lassen. Den Rotwein dazugeben und auf die Hälfte einkochen lassen. Wasser, Orangensaft, Zitronensaft, Zimtstange und Vanillezucker hinzufügen und 4 Minuten kochen lassen. Die Zwetschken entkernen und halbieren. Ein Drittel der Zwetschken beigeben und 3 Minuten kochen lassen. Die Zimtstange entfernen. Mit einem Stabmixer pürieren und durch ein Haarsieb streichen. Nochmals in einen Topf geben und aufkochen. Die restlichen Zwetschken dazugeben und erneut aufkochen. Von der Herdplatte ziehen und auskühlen lassen.

Bernies Schmarren aus Sauerrahm

Das brauchen wir

Für 4 Personen

6 **Eier**
190 g glattes **Mehl**
100 g **Schlagobers**
500 g **Sauerrahm**
40 g **Staubzucker**
1 EL **Vanillezucker**
Schale von 1 unbehandelten **Zitrone**
1 EL **Grand Marnier**
1 Prise **Salz**
70 g **Kristallzucker**
80 g **Butter**
Staubzucker zum Bestreuen

So machen wir's

Den Backofen auf 200° Ober- und Unterhitze vorheizen.
5 Eier trennen. Mehl, Schlagobers, Sauerrahm, Staubzucker, Vanillezucker und Zitronenschale gut miteinander verrühren. Das restliche ganze Ei, die Eidotter und den Grand Marnier dazugeben und unterrühren. Das Eiweiß halb schlagen, das Salz und den Kristallzucker dazugeben und zu steifem Schnee schlagen. Den Schnee unter die Rahmmasse heben. Die Butter in einer Pfanne schmelzen und die Masse darin anbacken. Den Rahmschmarren im Backofen 20 Minuten backen. Herausnehmen, mit zwei Gabeln zerreißen und mit Staubzucker bestreuen.

Bernies Zwetschkenröster mit Ingwer

Zuerst muss ein bisschen Vorarbeit geleistet werden. Omas Zwetschkenröster (siehe Rezept) und mein Ingwersirup mit Holunder (siehe Rezept auf Seite 223) sind die Grundrezepte für diese Variation. Danach geht es ganz schnell und einfach: Den Zwetschkenröster nach eigenem Geschmack mit dem Ingwer-Holundersirup abschmecken. Die geschmackliche Spannbreite reicht von sehr intensiv bis ganz dezent. Keine Sorge: Es kann nichts schiefgehen.

Äpfel im Schlafrock mit Honig und Marzipan

Das brauchen wir

Für 4 Personen

4 **Äpfel**
Saft von 1 **Zitrone**
100 g **Marzipan**
80 g **Nougat**
8 EL **Honig**
Butter zum Ausfetten der Form
2 Pkg. **Blätterteig**
1 **Ei**

So machen wir's

Den Backofen auf 200° Ober- und Unterhitze vorheizen.
Die Äpfel schälen und das Kerngehäuse ausstechen. Mit Zitronensaft gut einreiben. Marzipan und Nougat mit einem groben Hobel herunterreißen und miteinander verkneten. Die Äpfel damit füllen und mit Honig bestreichen.
Eine feuerfeste Form mit etwas Butter ausfetten. Den Blätterteig in 18 x 18 cm große Quadrate schneiden. Die Äpfel in die Mitte legen und den Teig rund um die Äpfel einschlagen und fest andrücken. Das Ei verquirlen und den Teig damit bestreichen. Die Äpfel in die Form stellen und im Backofen 45 Minuten backen.

Eine wunderbare Ergänzung zu diesem Dessert ist eine Vanillesauce. Verfeinert man die Vanillesauce noch mit 2 EL Lavendelblüten, erhält man ein unglaubliches Geschmackserlebnis.

Buchteln mit Powidl gefüllt

So machen wir's

30 g **Hefe**
190 ml lauwarme **Milch**
300 g glattes **Mehl**
60 g **Butter**
1 Prise **Salz**
40 g **Kristallzucker**
1 EL **Vanillezucker**
1 **Ei**
2 **Eidotter**
1 Glas **Powidl**
80 g flüssige **Butter**

So machen wir's

Den Backofen auf 180° Ober- und Unterhitze vorheizen.
Die Hefe in eine Schüssel geben und in der lauwarmen Milch auflösen. Mit 1 EL Mehl glatt rühren. 1 TL Mehl darüber streuen und zugedeckt an einem warmen Ort 25 Minuten gehen lassen. Die Butter in einem Topf erwärmen. Das restliche Mehl, Salz, Kristallzucker, Vanillezucker, Ei und Eidotter in eine Schüssel geben und mit der erwärmten Butter gut verrühren. Den Hefevorteig dazugeben und mit einem Kochlöffel so lange schlagen, bis sich der Teig von der Schüssel löst. Mit einem Geschirrtuch abdecken und an einem warmen Ort erneut 25 Minuten gehen lassen. Aus der Schüssel nehmen und zu einem glatten Teig kneten. Den Teig ausrollen und mit einem runden Keksausstecher mittelgroße Scheiben ausstechen. Auf jede Scheibe 1 TL Powidl geben und wie einen Sack zusammendrehen. In die flüssige Butter eintunken und mit der glatten Seite nach oben in eine tiefe Form schlichten. Nochmals an einem warmen Ort 30 Minuten gehen lassen. In den Backofen geben und ca. 20 Minuten backen. Nach etwa 10 Minuten die Buchteln nochmals mit Butter bepinseln. Die Backzeit hängt von der Größe der Buchteln ab. Wenn die Buchteln auf der oberen Seite goldbraun sind, aus dem Backofen nehmen und am besten mit Vanillesauce servieren.

Zitronentarte

Das brauchen wir

Für 4 Personen

170 ml **Zitronensaft**
Schale von 4 unbehandelten **Zitronen**
200 ml **Schlagobers**
1 TL **Vanillezucker**
200 g **Kristallzucker**
1 Prise **Salz**
5 **Eier**

Für den Mürbteig:

300 g glattes **Mehl**
180 g **Butter**
120 g **Staubzucker**
2 **Eier**
1 Prise **Salz**
1 TL **Vanillezucker**
½ TL **Backpulver**
Butter zum Ausfetten der Form
Mehl zum Auskleiden der Form
etwas ungekochter **Reis**

So machen wir's

Den Backofen auf 180° Ober- und Unterhitze vorheizen.
Für den Mürbteig das Mehl auf die Arbeitsfläche sieben und in die Mitte eine Mulde drücken. Die kalte Butter fein reißen und mit den anderen Zutaten in die Mulde geben. Schnell zu einem glatten Teig verarbeiten und 45 Minuten im Kühlschrank rasten lassen. Den Teig dünn ausrollen und in eine gebutterte und gemehlte Tarteform geben. Die Teigränder hochstellen und glatt abschneiden. Mit einer Gabel kleine Löcher in den Boden stechen, damit sich keine Luftblasen bilden können. Ein Backpapier oder eine Alufolie auf den Teig legen, den Reis in der Form verteilen und 20 Minuten im Backofen blindbacken. Herausnehmen und auskühlen lassen. Den Reis wegschütten.

Die Temperatur des Backofens auf 110° Ober- und Unterhitze reduzieren.
Für die Zitronenfüllung alle Zutaten in einer großen Schüssel miteinander vermischen. In einen Topf geben und bei schwacher Hitze unter ständigem Rühren auf etwa 70° erhitzen. Die Temperatur mit einem Thermometer überprüfen oder so lange rühren, bis die Masse eine etwas dickere Bindung hat. Aber aufpassen, die Masse darf nicht kochen und sollte auch keine Eierspeise werden. Die Masse durch ein Sieb passieren und in den vorgebackenen Teigboden füllen. In den Backofen geben und 45 Minuten fertig backen.
Auch frische oder kandierte Früchte sowie Schokolade machen sich besonders gut in der Tarte. Variieren zahlt sich aus!

Schokoladentarte

Das brauchen wir

Für 4 Personen

Mürbteig (siehe Rezept Zitronentarte)
1 **Vanilleschote**
100 g **Butter**
200 g helle oder dunkle **Kuvertüre**
200 g **Schlagobers**
100 g **Kristallzucker**
2 **Eier**
4 **Eidotter**
Schale von 1 unbehandelten **Orange**, bei Bedarf

So machen wir's

Zuerst den Mürbteigboden zubereiten und die Temperatur des Backofens auf 110° Ober- und Unterhitze einstellen.
Für die Schokoladenfüllung die Vanilleschote der Länge nach aufschneiden und das Mark herauskratzen. Butter, Kuvertüre und Schlagobers in einer Schüssel über einem Wasserbad so lange erwärmen, bis alles geschmolzen ist. In einer separaten Schüssel Zucker, Eier, Eidotter, Vanillemark und Orangenschale verrühren.

Die Schokoladenmasse hinzufügen und in die vorgebackene Form gießen. Im Backofen ca. 35–40 Minuten fertig backen. Mit Nougatschokolade oder flüssigem Nougat dekoriert, einfach sensationell!

Statt der Kuvertüre kann man auch 200 g dunkle Schokolade mit 80% Kakaoanteil verwenden und eine entkernte, klein geschnittene Chilischote beimengen – welch feurige Gaumenexplosion!

Gratinierte Topfenpalatschinken mit Ingwer-Topfenfülle

Das brauchen wir

Für 10 Personen

¼ l **Milch**
130 g glattes **Mehl**
2 **Eier**
1 Prise **Salz**
Maiskeimöl zum Herausbacken
Vanillesauce, selbst gemacht oder gekauft

Für die Fülle:

50 g **Butter**
100 g **Staubzucker**
Schale von ½ unbehandelten **Zitrone**
1 TL **Vanillezucker**
2 **Eidotter**
250 g **Topfen** oder **Quark**

Topfen-Zitronencrème (siehe Rezept auf Seite 225) oder folgende Gratiniermasse

Für die Gratiniermasse:

250 g **Sauerrahm**
Saft von 1 **Zitrone**
2 EL **Staubzucker**
1 EL **Vanillezucker**
4 cl **Rum**
5 **Eidotter**
200 ml **Schlagobers**

So machen wir's

Für den Palatschinkenteig Milch und Mehl in eine Schüssel geben und glatt rühren. Die Eier und das Salz hinzufügen und glatt rühren. 10 Minuten stehen lassen. In einer heißen, beschichteten Pfanne mit wenig Öl hauchdünne Palatschinken herausbacken.
Für die Fülle in einer zweiten Schüssel Butter aufschlagen. Staubzucker, Zitronenschale und Vanillezucker dazugeben und kurz weiterschlagen. Die Eidotter beimengen, gut durchrühren und den Topfen unterheben. Die Palatschinken mit der Topfenfülle bestreichen und zusammenrollen. In 4 cm große Stücke schneiden.
Den Backofen auf 200° Ober- und Unterhitze vorheizen. Die Vanillesauce in eine feuerfeste Form geben und die Topfenpalatschinken hineinlegen.
Für die Gratiniermasse den Sauerrahm mit Zitronensaft, Staubzucker, Vanillezucker, Rum und den Eidottern in einer Schüssel glatt rühren. In einer anderen Schüssel das Schlagobers halb schlagen und unter die Sauerrahmmasse rühren. Die Gratiniermasse oder die Topfen-Zitronencrème über die Palatschinken gießen und im Backofen 30 Minuten backen. Herausnehmen und genießen.

Wer möchte, kann den Ingwersirup mit Holunder (siehe Rezept auf Seite 223) zubereiten und die Fülle der Palatschinken damit abschmecken. Einfach sensationell!

TIPP

Für die „selbst gemachte" Vanillesauce das Pulver mit Milch und dem Mark von 2 Vanilleschoten anrühren.

Dessert-Idee Bernies „Eiskaffee"

Dieses Dessert ist eine Kreation aus mehreren Komponenten mit Vanilleeis.

Das brauchen wir

Für die Nougatmousse:

150 g **Nougat**
5 **Eidotter**
80 g **Kristallzucker**
300 g **Schlagobers**
2 **Eiweiß**
3 **Gelatineblätter**
4 cl **Rum**
4 **Eiskaffeegläser**

Für das Kaffeegelee:

100 g **Kristallzucker**
500 ml starker **Kaffee**
1 TL **Vanillezucker**
⅛ l **Rum**
6 cl **Mandellikör**
4 **Gelatineblätter**

Für den Eierlikörschaum:

125 ml **Milch**
380 ml **Schlagobers**
320 ml **Eierlikör**
200 g **Mascarpone**
1 TL **Vanillezucker**
iSi Gourmet Whip (1l)
mit 2 Sahnekapseln

Zum Zusammenbauen:

1 Pkg. **Vanilleeis**

So machen wir's

Das Nougat in grobe Würfel schneiden und in eine große Schüssel geben. Über einem Wasserbad zergehen lassen.
In der Zwischenzeit die Eidotter und 50 g Kristallzucker ebenfalls in einer Schüssel über einem Wasserbad aufschlagen – am besten mit einem Handmixer.
Das Schlagobers in einer Schüssel halb schlagen. In einer anderen Schüssel das Eiweiß ebenfalls halb schlagen, die restlichen 30 g Kristallzucker dazugeben und zu festem Schnee schlagen. Die Gelatineblätter in kaltem Wasser einweichen. Wenn sie weich sind, herausnehmen und ausdrücken. Den Rum in eine kleine Stielkasserolle geben und gemeinsam mit der Gelatine unter ständigem Rühren erhitzen. Die Rum-Gelatinemischung darf nicht aufkochen, da sonst die Gelatine die Bindung verliert.
Nun alles zusammenführen. Die flüssige, noch warme Rum-Gelatinemischung mit einem Schneebesen unter das ebenfalls flüssige, noch warme Nougat rühren. Die Eidottermischung flott unterrühren und nacheinander das Schlagobers und den Eischnee unterheben. Die Masse in die Eiskaffeegläser füllen und für 2 Stunden in den Kühlschrank stellen.
Wenn man jetzt nicht mehr weiterkochen will, die Nougatmousse mit Vanilleeis, frischen Beeren oder einer Schokoladensauce (siehe Rezept auf Seite 244) auf dem Gaumen zergehen lassen. Schmeckt hervorragend!

In einem Topf den Zucker zergehen lassen und karamellisieren. Mit dem Kaffee aufgießen und so lange kochen lassen, bis sich der Zucker aufgelöst hat. Vanillezucker, Rum und Mandellikör dazugeben, aufkochen und beiseite stellen. Die Gelatineblätter in kaltem Wasser einweichen, bis sie weich sind. Ausdrücken und unter den nicht mehr kochenden Kaffee rühren. Im Kühlschrank auskühlen lassen. Wenn der Kaffee ausgekühlt ist, eine hauchdünne Schicht auf die Nougatmousse geben. Den Rest für mind. 2 Stunden in den Kühlschrank geben, stocken lassen und aufheben. Auch die Nougatmousse wieder kühl stellen. Das Kaffeegelee peppt jede Vanille- oder Haselnusseiskugel auf.

Alle Zutaten in einer Schüssel miteinander verrühren und den Zucker vollständig auflösen. In den iSi Gourmet Whip einfüllen. Nacheinander 2 iSi Sahnekapseln aufschrauben und kräftig schütteln. Mind. 1 Stunde kalt stellen. Erneut gut durchschütteln und auf flüssigen Schokokuchen, Omas Marmorgugelhupf, Kirschkuchen oder Becherkuchen spritzen oder mit dem Eiskaffee-Rezept weitermachen.

Das Kaffeegelee aus dem Kühlschrank nehmen und mit einem Pürierstab kräftig mixen, bis schöne Blasen entstehen. Auch die Eiskaffeegläser mit der Nougatmousse aus dem Kühlschrank nehmen und eine oder mehrere Vanilleeiskugeln darauf setzen. Den aufgeschäumten Kaffee darauf geben und zuletzt mit einer Eierlikörschaumhaube garnieren. Waffeln und Kaffeestaub geben dem Dessert den letzten Schliff.

Dessert „Heiße Liebe flambiert" mit Mascarpone-Crème brulée

Dieses Rezept besteht aus vielen Komponenten. Aber auch einzeln zubereitet, sind sie ein Hammer. Wer die „Heiße Liebe" mit der Mascarpone-Crème brulée genießen möchte, sollte etwas Zeit einplanen und das Rezept der Reihe nach kochen.

Das brauchen wir

½ l **Vanilleeis**

Für den Biskuit für Punschmasse oder Biskuitroulade:

5 **Eier**
2 **Eidotter**
150 g **Kristallzucker**
½ TL abgeriebene **Zitronenschale**
150 g glattes **Mehl**
30 g **Maisstärke**
80 g flüssige **Butter**

So machen wir's

Aus dem Vanilleeis Kugeln formen und sofort einfrieren.

Den Backofen auf 190° Ober- und Unterhitze vorheizen.
Eier, Eidotter, Kristallzucker und Zitronenschale in einen Schneekessel geben. Einen Topf mit etwas Wasser zum Sieden bringen und den Schneekessel darauf stellen. Mit einem Stabmixer aufschlagen. Den Schneekessel vom Topf nehmen und so lange weiterschlagen, bis die Masse kalt ist. Mehl, Maisstärke und flüssige Butter unter die Masse heben. Die Masse auf ein Blech mit Backpapier streichen und im Backofen 30–35 Minuten backen. Herausnehmen und gleich das Backpapier abziehen.
Wer möchte, kann aus dem Biskuitteig eine herrliche Biskuitroulade zubereiten: Den Teig mit Marmelade nach Wahl bestreichen, einrollen und mit Staubzucker bestreuen.

Für die Punschmasse:

1 **Biskuit**, selbst gemacht oder gekauft
180 g **Marillenmarmelade**
8 cl **Rum**
180 ml **Orangensaft**
100 g **Kristallzucker**
1 TL **Vanillezucker**
Saft von 1 **Zitrone**

Den Biskuitteig in 2 x 2 mm große Würfel schneiden und in eine Schüssel geben. Marillenmarmelade, Rum, Orangensaft, Kristallzucker, Vanillezucker und den Zitronensaft in einen Topf geben und aufkochen lassen. Immer gut durchrühren und über die Biskuitwürfel leeren. Gut umrühren, in eine Schüssel geben und 30 Minuten ziehen lassen.
Aus der ausgekühlten Punschmasse eine Kugel kneten und auf ein Backpapier geben. Mit einem Nudelholz ausrollen und mit einem runden Ausstecher Kreise ausstechen. Die tiefgefrorenen Vanilleeiskugeln darauf legen und mit der Punschmasse einwickeln. Man darf kein Vanilleeis mehr sehen. Da das Eis zerrinnt, ist schnelles Arbeiten angesagt. Auf einen Holzspieß stecken und sofort für ein paar Stunden einfrieren – am besten über Nacht im Tiefkühlfach lassen. Sollte etwas Punschmasse übrig bleiben, aus der Masse kleine Kugeln formen und durch flüssige Schokolade ziehen. Et voilà: wunderbar schmeckende Pralinen für die Liebsten.

Für den Backteig:

1 **Ei**
⅛ l **Milch**
125 g **Mehl**
1 Prise **Vanillezucker**
20 g **Butter**
1 Prise **Salz**
ca. ½ l **Maiskeimöl** zum Herausbacken
Staubzucker zum Bestreuen

Für den Backteig das Ei trennen und Eidotter und Eiweiß in zwei separate Schüsseln geben. Milch, Mehl und Vanillezucker zum Eidotter geben und zu einem glatten Teig verrühren. Die Butter in einem Topf flüssig werden lassen und in die Masse rühren. Das Eiweiß mit 1 Prise Salz zu Schnee schlagen und unterheben. Das Dessert entweder weiter zubereiten, dann zuerst die Mascarpone-Crème brulée vorbereiten und erst danach die Eiskugeln herausbacken, oder die Eiskugeln wie folgt zubereiten.
Genügend Öl in einem hohen Topf erhitzen. Die Eiskugeln steinhart gefroren aus dem Tiefkühlfach nehmen und durch den Backteig ziehen. Wenn das Öl ordentlich heiß ist, die Eiskugeln im Öl schwimmend herausbacken. Dank der Holzspieße kann man die Eiskugeln ganz bequem in das Öl halten. Die Eiskugeln müssen komplett mit Fett bedeckt sein. Wenn sie goldgelb sind, herausnehmen und die Holzspieße entfernen. Auf einem Küchenrollenpapier abtropfen lassen und zuckern.

Für die Mascarpone-Crème brulée:

1 **Vanilleschote**
300 g **Mascarpone**
3 EL **Kristallzucker**
3 **Eidotter**
Saft von 1 **Zitrone**
2 EL **Vanillezucker**
2 cl **Grand Marnier**
2 EL brauner **Zucker**
1 Tasse frische **Himbeeren**, bei Bedarf
4 cl **Orangenschnaps** oder **Rum** (mind. 40 %)

Den Backofen auf 100° Ober- und Unterhitze vorheizen.
Die Vanilleschote der Länge nach aufschneiden und das Mark herauskratzen. In einer Schüssel Mascarpone, Kristallzucker, Eidotter, Zitronensaft, Vanillezucker, Grand Marnier und Vanillemark glatt rühren. Wer es lieber etwas säuerlicher möchte, gibt etwas Zitronensaft dazu. Für einen süßlicheren Touch mehr Zucker hinzufügen. Die Masse in kleine Schüsseln oder Suppenteller füllen. In ein tiefes Backblech ca. 2 cm hoch Wasser gießen und die Schüsseln in das Wasser stellen. Für ca. 7 Minuten in den Backofen geben. Wenn die Crème brulée gestockt ist, herausnehmen. Wenn nicht, ein paar Minuten nachziehen lassen. Bei Zimmertemperatur auskühlen lassen. Mit braunem Zucker bestreuen und entweder mit einem Bunsenbrenner abflämmen oder bei 250° Oberhitze oder Grillstufe in den Backofen geben, bis der Zucker karamellisiert ist. Anschließend die Crème brulée entweder nur mit frischen Himbeeren und Vanilleeis genießen oder die Eiskugeln darauf anrichten. Auf jeden Fall Orangenschnaps oder Rum in einem Topf etwas erwärmen, darüber gießen und anzünden. Wenn das Feuer versiegt ist, am phänomenalen Dessert erfreuen.

TIPP

Die ausgekratzten Vanilleschoten nicht wegwerfen. Am besten in ein Einmachglas geben und halb mit Staubzucker und halb mit Kristallzucker bedecken. Eigener Vorrat an Vanillezucker ist also gesichert!

Bananensplit 2011

Das brauchen wir

Für 4 Personen

½ l **Vanilleeis**
1 EL **Mandelblättchen**
2 **Bananen**
1 Pkg. **Blätterteig**
2 **Eier** zum Bestreichen
Holzspieße

Für die Schokoladensauce:

100 g **dunkle Schokolade** mit mind. 78 % Kakaoanteil
50 g **Milchschokolade**
100 ml **Schlagobers**
1 EL **Honig**

So machen wir's

Aus dem Vanilleeis Kugeln formen und auf Holzspieße stecken – 1 Kugel pro Spieß. Sofort für mind. ein paar Stunden tiefkühlen. Das Eis muss komplett fest sein.
Den Backofen auf 140° Ober- und Unterhitze vorheizen.
In der Zwischenzeit die Schokoladensauce zubereiten. Dafür die Schokoladen in ein sauberes Geschirrtuch geben und mit einem Fleischklopfer oder mit einem kleinen Stieltopf zertrümmern. Auch mit dem Messer ganz klein schneiden, ist eine Möglichkeit. In eine Schüssel geben. Schlagobers und Honig in einem Topf aufkochen lassen. Unter ständigem Rühren mit einem Schneebesen über die Schokolade gießen und so lange weiterrühren, bis alle Schokoladenstücke aufgelöst sind. Wenn die Schokolade zu stocken beginnt, über einem Wasserbad wieder flüssig werden lassen.
Die Mandelblättchen auf ein Backblech mit Backpapier legen und in den Backofen geben. Öfter durchrühren. Wenn sie schön braun geröstet sind, herausnehmen.
Die Temperatur des Backofens auf 180° Ober- und Unterhitze erhöhen.
Die Bananen schälen und in 2 cm große Stücke schneiden. Den Blätterteig in 2 x 10 cm große Streifen schneiden und um die Bananenstücke wickeln. 1 Ei verquirlen und die Bananen damit leicht bestreichen. Auf ein Blech mit Backpapier geben und im Backofen so lange backen, bis der Blätterteig eine schöne Farbe hat.
Aus dem restlichen Teig Blätterteigstangerl zur Dekoration zubereiten: Streifen schneiden, auf ein Blech mit Backpapier geben, mit dem zweiten verquirlten Ei bestreichen und goldgelb backen.
Zwei Löffel der flüssigen, aber nicht mehr heißen Schokoladensauce auf einem Teller anrichten. Die Bananen darauf legen. Die Vanilleeisspieße aus dem Tiefkühlfach nehmen und durch die Schokoladensauce ziehen. Abtropfen lassen und auf den Teller geben. Die Blätterteigstangerl dazugeben und mit den Mandelblättchen garnieren. Genialer Geschmack garantiert!

Danke!

An erster Stelle möchte ich meinen Dank an meine Familie und mein Piratenteam (Doris und Thomas Diezl, Thomas Holzapfel und Michael Bauböck) aussprechen, die in Zeiten der Buchproduktion außergewöhnlichen Belastungen ausgesetzt waren und diese immer vorbildlich meisterten.

Ebenso möchte ich mich vor den großen Köchen verneigen, denen ich meine Karriere zu verdanken habe: Roland Neubauer, Christian Sponring, Reinhard Gerer, Hermann Huber, Christian Meister, Roland Trettl, Eckart Witzigmann und vielen anderen.

Herzlichen Dank auch an das FrischeParadies im 12. Wiener Gemeindebezirk für die tolle Zusammenarbeit im Frisch-Fisch-Bereich. Es war mir immer ein Vergnügen, die Fische aus den Becken zu holen, frischer geht es einfach nicht. Aus der Zusammenarbeit ist mittlerweile mehr geworden – gegenseitige Wertschätzung und Freundschaft.

Danke an Karl Zeisler und Werner Weissinger für die „wunderbaren Jahre" in der Eselmühl.

Danke an Gottfried Kreimer für sein Bemühen, uns schnell und unkompliziert knackfrisches Obst und Gemüse zu liefern.

Danke an Harald Braun für die tolle Gastfreundschaft in seinem Haus.

Danke an Oliver und Sigrun Svec für die Fotos und die Freundschaft.

Danke an Kurt-Michael Westermann für seine Geduld, seine Flexibilität und seine Ausdauer.

Purbach, am 20.8.2011